●● YTN 사이언스

생각연구소

이동귀

이 사람,
왜 이러는지
아시는 분?

박영
story

일러두기

본서의 인용 부분 출처는 본문 중에 윗첨자 번호를 달고, 본서의 [참고문헌] 장에 해당 번호와
함께 표기하였습니다.

머리말

2017년 4월 YTN 사이언스 김유진 작가로부터 한 통의 전화를 받은 이후 매주 수요일 오후 3~5시면 거의 늘 상암동 YTN 방송국에 출근하게 되었다. YTN 사이언스의 '사이언스 투데이'라는 방송의 한 코너인 '생각 연구소' 생방송에 참여한 것이다. 처음에는 한 4개월 정도만 하려고 했던 것인데 벌써 1년 반이 넘는 시간이 흘렀다. 작가분들과 함께 매주 주제를 선정하고 원고를 쓰는 일이 어느덧 나에게도 일상이 되었다.

이 책은 그간 방영된 80여 편의 '생각연구소' 방송 중 엄선된 30편의 방송 원고를 책의 형식으로 재구성하고 수정 보완한 것으로, 오늘을 살아가는 우리들이 겪는 다양하고 흥미로운 일들에 대한 심리학 이야기이다. 예를 들면, '현대인들이 풀지 못하는 난제! "오늘 뭐 먹지?"'에서는 현대인의 '결정장애' 문제를 다루었고 '운전대만 잡으면 성격이 변한다?'에서는 요즘 문제가 되고 있는 난폭운전과 보복운전을, 그리고 '머릿속 맴도는 노래 '귀벌레 현상', 극복하고 싶다면?'에서는 한번 시작되면 계속 흥얼거리게 되는 노래들과 이런 귀벌레 현상을 극복하기 위한 방법을 다루었다. 특별한 순서가 있지 않기에 마음에 드는 장부터 먼저 읽어도 무방하다.

이 책이 완성되기까지 많은 분들의 도움이 있었다. 먼저 함께 책을 구성·기획하고 각 장의 도입부에 나오는 '젊은 감성'의 사례의 초고를 작성해 주신 김유진, 서혜원 두 분 작가님들께 감사드린다. 아울러 초고의 내용과 출처를 처음부터 끝까지 꼼꼼하게 검토해서 수정 보완해 주고 젠더 감수성 측면을 포함한 다각도의 피드백을 해 준 두 제자, 손하림, 김서영 선생에게 고마움을 전한다. 이분들의 헌신적인 도움이 없었다면 이 책은 나오지 못했을 것이다. 함께 고민하고 작업했던 시간들을 소중하게 생각한다.

   방송을 같이 했던 앵커분들(권재일, 오수현, 박철민, 황보혜경, 오세혁), 그리고 작가분들(허윤희, 정유진)께도 감사의 인사를 전한다. 특히 박철민, 황보혜경 두 앵커는 이 책의 뒷면에 실린 추천사를 써 주셨고 함께 방송한 사진을 게재하도록 허락해 주셨다. 감사드린다. 이 책의 출판을 허락해 주신 YTN 사이언스의 이경아, 신현준 팀장님, 책을 출간해 주신 박영스토리의 노현 대표님, 그리고 박송이 대리님을 비롯한 편집부에도 감사드린다. 늘 응원하고 격려해 주시는 가족 및 지인들께도 감사한다. 특히 투병 중이신 어머님의 쾌유를 빈다.

   이 책에 나온 내용들과 출처를 최대한 정확하게 기술하려고 하였으나, 생각지 못한 미진한 부분이 있을 것이다. 이는 전적으로 저자의 부족함 때문이다. 관대한 양해를 바란다.
   모쪼록 이 책을 통해 일상에서 경험하는 다양하고 흥미로운 일들에 대한 심리학적인 이해가 깊어지기를 바란다.

                                        2019년 이동귀 拜

차 례

01 우리는 왜 꾸물거릴까? 일을 미루는 심리   008

02 우리는 사과하는 법을 모른다?… '사과문의 정석'   020

03 홧김 비용·멍청 비용… 우리의 소비 형태는?   034

04 현대인들이 풀지 못하는 난제! "오늘 뭐 먹지?"   044

05 "왜 안 생길까요?"… '모태솔로' 심리학   056

06 "걱정말아요 그대"… 현대인의 '과잉 근심'   068

07 딱 맞는 '족집게' 심리테스트, 그 비결은?   082

08 까칠하지만 따뜻한 '츤데레'… 매력 느끼는 우리의 심리는?   092

09 머릿속 맴도는 노래 '귀벌레 현상', 극복하고 싶다면?   104

10 가족 잃은 슬픔… '펫로스 증후군', 극복법은?   114

11 우리의 사랑은 어떤 모양일까? '사랑의 삼각형'   126

12 오늘도 실패… 지긋지긋한 다이어트 왜 실패할까?   136

13 "24시간이 모자라"… 최악의 빈곤 '타임푸어(Time poor)'   146

14 일상 예능, 힐링과 불편 사이   156

15 응답하라 내 첫사랑의 추억! 과거를 아름답게 기억하는 이유는?   166

16 온종일 SNS 삼매경 + SNS에 판치는 '조작'과 '과장'   178

17 팔랑 팔랑~ '팔랑귀' 이럴 때 더 잘 속는다?   190

18 시험 날에는 미역국 안 먹는다? 징크스의 심리학   200

19 운전대만 잡으면 성격이 변한다?   210

20 막장 드라마… 욕하면서도 보는 이유는?   220

21 갑질 횡포에도 울지 못하는 우리들   230

22 "그거 TMI야!"… 정보 과잉 시대 + 현대인의 자발적 고독   242

23 일과 삶의 균형 '워라밸', 주목받는 이유는?   254

24 봄바람에 흩날리는 벚꽃잎… 왜 사랑하고 싶을까?   264

25 상사 때문에 걸리는 직장인 '상사병'… 왜?   276

26 텅텅 빈 공용물품… 책임감 없는 사회   290

27 마성의 '인형 뽑기, 복권' 안될 줄 알면서도 사는 이유는?   300

28 보복을 부르는 이웃 간 '층간소음', 갈등 심해지는 이유는?   310

29 선거 후 스트레스 장애(PESD) 발생?   320

30 '최악의 부부싸움'을 막아라!   330

참고문헌   344

우리는 왜 꾸물거릴까?
일을 미루는 심리

PART 01

우리는 왜 꾸물거릴까?
일을 미루는 심리

어떤 종류의 일이든 '반드시 해야만 한다'는 말이 붙으면 괜히 하기가 싫어진다. 일을 꼭 마쳐야만 하는 기한은 다가오고, 어떻게든 미뤄보려 애를 쓰지만 영 쉽지 않다. 그래서 마음 불편한 채로 다른 일들을 하며 마침내 과제를 시작하기까지 시간을 흘려보낸 적도 많았을 것이다.

Q 혹시 어떤 일을 앞두고 꾸물거리곤 하는 습관이 있으신가요?

닉네임 [시험 전날 is 뭔들, 알럽 유튜브]님이 인터뷰를 시작합니다:
저는 고등학교 1학년 학생입니다.
평소에도 유튜브에서 축구나 게임플레이 영상, 웃긴 영상들을 자주 찾아보곤 해요.
그런데 시험기간이 되면 유독... 유튜브에 더 푹 빠지게 됩니다ㅠㅠ
영상 하나를 다 보고 나면, 연관 추천영상들이 주르르륵 나와요.
추천영상들을 따라서 줄줄이 보다 보면 시간은 쏜살같이 흘러가고요.
그중 몇 개는 이미 본 것들인데도 그렇게 재밌을 수가 없습니다...
시험준비를 해야 한다는 건 저도 잘 알고 있어요ㅠㅠ
그런데도 시험기간만 되면 유튜브에서 빠져나오기가 더 힘들어지는데, 저는 어떻게 해야 할까요?

필자도 가능한 한 해야 할 일을 미루지 않으려고 하지만, 워낙에 할 일이 많은 데다가 거절을 잘하지 못하다 보니 슥 – 미루게 되는 일이 없지 않다. 생각해 보면 재미있는 것이, 여행을 할 때 출입국심사를 가장 빨리 마치고 싶다면 한국인 관광객들이 모여 있는 심사 열을 선택해야 한다는 우스갯소리가 있을 만큼 한국인은 진정 '빨리빨리'의 민족임에도 말이다. 게다가 우리 한국인들은 어릴 적부터 시간과 관련된 수없이 많은 지침과 격언들 속에 자라왔다.

"시간은 금이다."
"오늘 할 일을 내일로 미루지 마라."
"네가 꿈을 꾸는 동안에 누군가는 꿈을 이루고 있다!"

그래서 잘 '알고는 있다'. 마쳐야만 하는 과제가 주어졌을 때 착수는 빠를수록 좋다는 걸. 일이 많고 복잡할수록, 일단 시작하고 봐야 기한 내에 마치고, 약간의 여유시간이 허락된다면 한 번쯤 검수하는 정도의 수고로움이 보다 만족스럽고 뿌듯한 결과물에 기여할 수 있다는 것을...

●● 오늘 할 일을 내일로 미룬다. 불안하고 초조해하면서도.

꾸물거림의 심리 속으로 들어가기 전에 우선 '팩트 체크'를 해 볼까? 실제 할 일이 벅찰 정도로 많은 것은 아닌지, 혹은 다른 사람의 부탁을 거절하기 어려워서 과도한 업무량을 감당하고 있는 것은 아닌지 스스로

점검하라. 꾸물대고 싶은 심리와 무관하게 실제 일의 양과 책임의 정도가 너무나 과중하다면, 꾸물거리는 습관을 점검하고 개선하는 일에 앞서 맡겨지는 과제의 양을 조절하는 것이 1차적인 해결법이 될 수 있을 것이다. 반면 과제의 양 자체가 절대적인 이유가 아니라면, 우리는 불안하고 초조해하면서도 가능한 최대한으로 일의 시작과 마무리를 미루고 싶은 심리에 대해 탐구해 볼 수 있다.

여러분은 과제가 주어졌을 때 가장 먼저 무엇을 하는가? 사람마다 스타일이 다르겠지만, 누군가는 일의 분량이 어느 정도인지, 기한 내에 마치기 위해서는 스스로의 능력을 감안할 때 어느 정도의 시간과 노력이 필요할지 가늠해 볼 것이다. 또 다른 누군가는 개별 과제에 대한 타임라인을 세우기에 앞서 '작업 표시줄'에 대기 중인 하나 이상의 할 일 목록 중 우선순위를 정해 볼 수 있다. 섬세한 계획을 세우기보다, 우선순위에 따라 당장 먼저 처리해야 할 중요한 일부터 착수하는 것이다. 반면 누군가는 일단 미루고 본다. 과제의 분량은 어느 정도인지, 이것이 아직 미완성인 다른 과제들보다 더 중요한지, 들춰 보고 파악하는 일조차 '아직 하고 싶지 않다'. 읽어야 할 두꺼운 책은 가방에서 꺼내 놓지 않는다. 귀찮은 질문들을 잔뜩 품고 있는 까다로운 이메일은 열어 보지 않는다. 책은 아직 가방에, 이메일은 '수신 미확인' 상태로 미뤄 둔 채 핸드폰을 만지작거린다. 유튜브의 인기 동영상, 오늘자 웹툰과 연예면 기사들… 이벤트와 보상이 업데이트됐다는 핸드폰 게임 팝업은 도무지 무시하기 어렵다.

책상 근처에도 가지 않고 반나절, 하루, 이틀을 미루며 보낸다. 일을 아직 시작하지 않았다고 해서 마냥 편안한 것은 아니다. 핸드폰을 뒤적이며 몸은 편안하게 보냈을지언정 이 '미루는 마음'은 그렇지 않다. 개

그 웹툰으로 정신을 마취시키고 있는 상태로도 마음 한편의 불안과 초조, 조급함은 시간이 지날수록 점차 커져만 간다. 약간의 찜찜함에서 불편함으로, 잔인한 데드라인(Deadline)이 저벅저벅 다가올수록 위기감이 엄습한다.

●● 꾸물거림 이면의 두려움, 그리고 소극적 완벽주의

분리수거를 하러 나가야 한다든가, 코트를 드라이클리닝 맡겨야 하는 정도의 소소한 일을 미루는 경우가 아니라 중요한 과제, 특히 까다롭고 복잡하게 '느껴지는' 과제를 꾸물대며 미루는 마음의 이면에는 '실패에 대한 두려움'이 깔려 있다. 이렇다 할 진전이 없는 며칠을 보내고 데드라인을 코앞에 앞두고서야 책상에 앉으면 자신을 게으른 사람이라고 자책하기 십상이지만, 사실은 과제의 모든 면에서 꼼꼼하게 잘 해내고 싶다는 마음 때문에 심한 부담감을 느끼게 된다. 완벽히 해내고 싶기 때문에 '잘 해내지 못하면 어쩌지?' 하는 두려움을 경험하게 되는 것이다. 최근 꾸물거리는 습관으로 스스로를 게으르다 자책하는 사람들을 '소극적 완벽주의자'라고 부르는데,[1] 이는 꾸물거리는 습관을 잘 설명해 준다. 완벽하게 훌륭히 과제를 해내고 싶은 소극적 완벽주의자들은 부담감도 많고, 생각과 걱정도 많다. 중요한 요소를 놓치면 어쩌지? 프레젠테이션 대본을 완벽하게 외우지 못하고 얼어 버리는 것은 아닐까? 연쇄적으로 이어지는 수많은 질문과 걱정거리에 쫓기며 정작 실천은 미루게 된다.

일의 시작과 진행에 있어 조금 느린 사람들은 많지만, 이 장에서 꾸물거림을 주제로 삼은 것은 미루는 행동이 만성적인 습관이 되기 쉽고, 계속 미루다 보면 압박 속에 (잘 해내고 싶은 마음에도 불구) 시간에 쫓기어 불만족스러운 결과를 내게 되며, 때문에 우울해지고 무기력해지는 현상을 초래하기 때문이다. 그래서 스스로 행동력, 심지어는 '정신력이 약하다'며 자신을 게으른 사람이라고 단정하게 되는 것이다.

●● 나도 습관적으로 꾸물거리는 사람? – 일을 미루는 사람의 유형

이 장을 읽어 내려오며 분명 한두 명쯤 떠오르는 인물이 있었을 것이다. 바로 자신이 꾸물거리는 습관을 가지고 있다고 느낄 수도, 연인 혹은 가까운 친구나 지인의 얼굴이 하나둘 떠오르며, "어! 딱 걔 얘긴데!?" 했을지도. 그렇다면 '습관적으로 일을 미루는 사람'의 유형과 특징은 무엇일까?

유형 1. 반항하는 사람

"아 몰라... 일단 남들이 하라고 하는 일은 괜히 다 하기가 싫어!"

떼쓰는 아이가 연상되는 이 '반항하는' 유형의 사람들의 미루는 심리 속엔 뿌리가 깊다. 어릴 때 부모로부터 "이것 해라 저것 해라" 하도 잔소리를 많이 듣고 자라 '하라는 일'에 대한 자동적인 반항과 반발심이 내재화된 경우이다. 잔소리와 함께 닦달 당했던 어린 시절의 지겨운 기억들이 있다 보니, 외부에서 주어지는 요구사항과 과제 자체에 강한 거부감을 느끼게 되고, 이렇게 부정적인 정서를 자주 자극했던 뿌리로부터 탄생한 꾸물거림 습관은 특히 고치기 어려운 유형이다.

유형 2. 심리 '스릴'을 즐기는 사람

"난 약간 아슬아슬한 느낌이 있어야 일이 더 잘되더라!?"

바로 내일, 심지어 단 몇 시간 후의 마감기한을 앞두고 눈을 부릅뜬 채 전광석화의 속도로 키보드를 두드릴 때, 손과 발에선 식은땀이 나고 살짝 오금이 저려온다. 심장박동이 빨라지고 체온이 상승하는 '신체적 긴장감'을 즐기는 '감각 추구형' 사람들이 바로 이 심리적 스릴을 즐기는 유형이다. '남들은 시간이 한참 걸리지만 나는 일단 시작만 하면 금방 할 수 있어'라는 은근한 자만심도 한 몫 거든다.

스릴의 끝에 일을 마친 후 강하게 차오르는 해방감과 성취감은 분명 짜릿한 구석이 있다. 다만 스릴을 즐기며 일을 미루다가 과제를 기한 내에 마치지 못하는 '실패 경험'을 연속해서 하게 되면 매우 불안해진다. 캐나다의 푸시아 사이로이스(Fuschia Sirois) 박사의 연구 결과에 의하면, 습관적으로 꾸물대면서 벼락치기를 많이 할수록 불안수준이 높아지고, 이로 인해 심혈관계 질환을 겪게 될 확률도 높아지며, 만성적인 실패 경험을 하게 되면 우울증과 무기력증을 겪게 될 수 있다.[2] 스릴과 짜릿함이 빛을 잃고 불안과 우울, 무기력증으로 변모하게 되면, 심각한 경우엔 자살충동을 호소하기도 한다.

유형 3. 완벽주의자

"이 과제가 완벽해질 때까지 완성이란 없어!"

철저하고 꼼꼼한 완벽주의자라면 일을 미루지 않을 것 같지만, 앞서 언급했던 '소극적 완벽주의자', 실제 심리 용어로 '사회부과 완벽주의자'

들은 '자기 지향적 완벽주의'를 가진 사람들과는 달리 스스로의 의지와는 상관없이 가정과 사회의 압박, 요구로 인해 완벽주의자로 길러진 사람들을 일컫는다. 자기 지향적, 사회부과적 모두 일을 뛰어나게 잘 해내야만 한다는 강박적인 신념을 가지고 있지만, 특히 사회부과 완벽주의자의 경우 잔걱정도 많고 '완벽하지 못한' 결과에 대해 두려워하기 때문에 꾸물거리는 경우가 많다. 실수에 대해 과도하게 두려워하고, 자신의 '완벽하지 못한' 행동/수행에 회의적인 유형이다.

●● 꾸물거림과 '동거'하는 것 – 데드라인이 없는 일들에 관하여

일을 미루는 사람들이 항상 기한을 초과하거나 늘 수행이 나쁜 것은 아니다. 아슬아슬하긴 하지만 기한에 맞춰 과제물을 끝내거나, 실제 어떤 분야에서는 실수에 대한 두려움으로 인한 꼼꼼함 덕분에 꽤 좋은 성과를 내는 경우도 있다. 그런데, '데드라인이 없는 일'에 대해선 어떨까? 그 누가 부과한 일이 아니기에 기한이 없는 많은 일들이 있다. 주로 스스로와의 약속, 올해의 결심 같은 일들이 이에 해당할 것이다. 금주, 금연, 다이어트, 취미 만들기... "다음 봄엔 꼭 어머니를 모시고 꽃구경을 가야지!"와 같은 결심 말이다.

차라리 기한이 정해진 일이라면 어떻게든 직전에 몰아치며 시작하게 되지만 꾸물거리는 습관과 데드라인이 없는 일이 만나면? 결론부터 말하자면, '심신이 피폐해진다'. 미루는 것이 습관화된다고 부담감에 대해서도 무뎌지는 것은 아니기에, 부담감은 점차 산처럼 쌓이고 계속해서 미루는 자신을 한심하다고 자책하게 된다. 아울러 대인관계에서도 고전할 확률이 높은데, 협력해서 완성해야 하는 과제에 있어서도 늘 꾸물거리기 때문에 좋은 평판을 유지하기 어렵고 '불신의 아이콘'으로 등극할 수 있다. 꾸물거림이 심신을 피폐하게 만드는 보다 결정적인 이유는 '악순환 속에서 심화'되기 때문이다. 미룰 때마다 자존감은 더 낮아지고, 낮아진 자존감은 주어진 과제에 대해 더 큰 부담을 느끼도록 하기 때문에 더더욱 미루고 싶어진다. 스스로를 '게을러 터졌다'며 자책하게 된다.

●● 꾸물거림아, 이젠 내 인생에서 나가 줘

 닉네임 [준비는 perfect! 프로 계획러]님이 인터뷰를 시작합니다:
저는 어떤 일이든 철저한 계획 세우기로 시작해요.
그래야 실패 확률을 줄일 수 있으니까요.
그런데 문제는... 끝까지 계획만 세운다는 점입니다.
계획을 열심히 짜다 보면 거기에 몰두해서 에너지를 다 써버리는 느낌이에요...ㄷㄷ
그러다 막상 실천을 해야 하는 시간이 오면 차일피일 미루는 거죠.
실천 없는 계획이 의미 없다는 건... 저도 잘 알고 있습니다.
하지만, 머리로 아는 것과 진짜 행동으로 옮기는 건 정말 하늘과 땅 차이인 것 같아요.
정말 '실천에 도움이 되는 계획'은 어떻게 세워야 하는 걸까요?

미루기와 자책, 무기력의 악순환을 끊고 불쾌한 동거인인 꾸물거림을 인생에서 퇴출하기 위해 다음을 실천해 보자.

꾸물거림에게 작별을 고하기 위한 새로운 태도와 습관

1. "마음만 먹으면 언제든 할 수 있을 거야"라는 생각을 버리고 작은 행동부터 '일단 시작하라'.
   '시험 준비'라는 크고 모호한 계획보다는 일단 책을 펴고 두 페이지라도 소리 내어 읽기부터 '시작하라'.
2. 한 시간이나 하루 단위로 계획을 세우기보다 15분 단위로 작은 계획을 세운 뒤 이를 달성하는 '반복적인 성공경험'을 도모하라.
   복잡하고 연쇄적인 여러 과제를 '오늘 할 일'로 줄줄이 적어 내려가는 대신, 필요한 일을 15분 단위로 쪼개고, 한 번에 한 가지씩 실천하라. 실패와 부담감을 딛고 반복적인 '목표 달성'의 기쁨을 누리게 될 것이다.
3. 해야 할 일을 상기시킬 수 있는 글, 이미지 등을 집요할 정도로 붙여라.
   그 어디에라도 좋다. 냉장고, TV 스크린, 책상과 침대 머리맡에, 매일 사용하는 텀블러에! 필요하다면 집 안 모든 거울에 포스트잇을 붙이는 방법을 감행하라 – "내 자신이여, 진정 보고서는 어찌되었는가?"
4. 가까운 가족, 친구와 지인에게 내가 꾸물거리기 시작하면 지적해 달라고 부탁하라.
   온 세상에 포스트잇을 붙일 수 없다면 믿을 만한 가까운 사람들에게 지지와 도움을 요청하라.

오랜 연인과의 이별처럼 꾸물거림과의 작별 또한 '칼같이 끊기는 어렵다'. 하루아침에 바뀌지 않고 여러 번 실패할 수도 있다. 수년에 걸쳐 악순환을 반복해 온 습관이기에 전환을 위해서는 뚝심과 재도전이 필요하다. 그래도 지금 다시 시작하는 것이 중요하다.

[크고 구체적이지 않은 목표]
"세 달 안에 무조건! 어떻게든! 8kg 감량한다!"

[중간 크기의 보다 구체적인 목표]
"한 달에 3kg 정도씩! 헬스장에 다니는 것은 취향에도 안 맞고 이전에도 매 번 실패했으니 홈트레이닝(Home-training) 유튜브를 보면서 다이어트하 자!"

[작은 크기, 15분 단위의 구체적인 목표]
오후 6:00 – 퇴근
(6:00 ~ 6:40 – 퇴근 중, 지하철 안 – 마음에 드는 오늘의 홈트레이닝 영상 찾기)
6:40 ~ 6:55 – 귀가 후 집안 정리하고 요가매트 깔기
6:55 ~ 7:10 – 영상을 보면서 따라할 수 있게 세팅하고 물 한 잔 마시기
7:10 ~ 7:25 – '코어(복근)' 홈트레이닝 운동
7:25 ~ 7:40 – 1.5kg 덤벨을 이용한 팔 운동
7:40 ~ 7:55 – 폼롤러를 이용한 허벅지 운동

작은 행동부터, 15분 단위의 구체적인 계획을 세운 뒤 '일단 하라' (작성하기)

[크고 구체적이지 않은 목표]

[중간 크기의 보다 구체적인 목표]

[작은 크기, 15분 단위의 구체적인 목표]

02
PART

우리는 사과하는 법을 모른다?…
'사과문의 정석'

PART 02

우리는 사과하는 법을 모른다?…
'사과문의 정석'

학교 가는 길에 스마트폰으로 포털 사이트에 접속했다가 깜짝 놀랐다. 나의 '최애' 아이돌 그룹 멤버인 '라이온P' 오빠가 실시간 검색어 1위에 올라 있는 것이 아닌가. 다른 멤버의 이름이었더라면 무슨 일로 화제가 됐을까 설레어 하면서 클릭했을 것이다. 하지만 이름만 보고도 내 가슴이 철렁한 이유는 '라이온P'가 팀 내 둘째가라면 서러운 트러블 메이커이기 때문이었다. 초콜릿 복근, 멋진 작사 작곡 등으로 화제를 모으는 다른 멤버들과 달리 '라이온P' 오빠와 관련된 기사는 늘 이런 식이었다.

> - 인기 아이돌 그룹 P군, 음악방송 태도 논란 '뭇매'
> - 라이온P 과거 일진 논란? 피해자 인터뷰에도 모르쇠
> - "O그룹은 B+급, K양은 A-급"… 라이온P, 여아이돌 품평 논란

얼마 전에는 가방과 옷을 협찬한 업체에 무상으로 고가의 가방을 제공할 것을 일방적으로 요구했다는 사실이 드러나면서 논란을 일으켰었지…

오늘은 무슨 일인가 가슴을 졸이면서 포털 사이트 검색 창을 살폈다. 인기 검색어 1위는 '라이온P', 2위는 '라이온P 사과문', 4위는 '최

악의 사과문'이었다. 문제는 사과문이었던 모양이었다. 대체 어떤 사
과문을 올렸기에 이렇게 열렬한 반응인 걸까. 나는 한숨을 쉬며 기사
를 클릭했다.

라이온P입니다.
먼저, 국민 여러분과 팬 분들께 본의 아니게 심려 끼친 점 사과드립니다.
저에게 협찬해 준 A업체에도 제 실수가 있었다면 죄송합니다.
먼저 A업체에서 브랜드 가치를 높이기 위해 저에게 협찬을 하면서
계약 당시 특별히 원하는 제품이 있다면 미리 말해 달라고 언급한 바 있습
니다.
방송 외에 일상에서도 제가 그 제품을 상시 착용하면 더 효과가 좋을 것 같
아서 반납하지 않고 가방을 계속 사용하겠다는 의사를 밝힌 건데
그럴 뜻은 없었지만 부득이하게 제가 과도한 '갑질'을 했다는 이야기로 번
진 것 같습니다.
제게도 분명 잘못이 있지만 100% 저만의 문제가 아니라 커뮤니케이션
과정에서 다소 문제가 있었다는 점 알아주셨으면 좋겠습니다..
당시 업체 측에서도 조금 망설이기는 했지만 그렇다고 당장 반납해 달라
는 말은 하지 않았고, 그래서 이게 이렇게 큰 문제가 될 줄은 몰랐습니다.
죄송합니다.
앞으로는 언행에 있어 더욱 신중을 기울이겠습니다.

뭐야, 결국은 자기 잘못이 아니라는 거네. 무슨 사과문에 반성하는 기색이 없어?

헐 무개념... 자기가 공짜로 달라고 한 건 사실인데 안 말린 업체 잘못이라는 거야?

소속사에서 사과문 올리라고 하니까 억지로 쓴 듯

본의 아니게... 그럴 의도는 아니었다... 문제가 될 줄 몰랐다... 어쩌면 사과 레퍼토리가 매번 똑같지?

　기사 하단에는 이미 온갖 악플이 가득했다. 아무래도 논란이 쉽게 끝나지는 않을 것 같았다. 라이온P뿐만 아니라 덩달아 고생할 그룹 멤버들 생각에 한숨이 절로 나왔다. 항의하는 사람들의 마음도 이해가 갔다. 진심도 별로 느껴지질 않고 자기방어에만 급급한 이 사과문이라니... 즐거우려고 하는 '팬질'인데, 스트레스만 더 생긴다... 이제는 정말 '탈덕(스타, 연예인을 좋아하는 것을 그만둠)'을 해야 할 때일까...

바야흐로 '그냥 넘어가는 것'이 허용되지 않는 시대가 되었다. 물의를 저지른 공무원이나 연예인, 기업의 CEO들은 공식적인 '피드백 사과문'을 작성해 올리거나 기자 간담회, 청문회 등을 통해 여론 정의의 심판장에 오르게 되는 것이 요즘이다. 더 이상 '내 아이돌'이라고 무조건 감싸주거나, 대기업이 만들어 내는 건 무엇이든 '그냥 사용, 그냥 먹는' 시대는 끝났다.

그런데 종종 사과문이나 공식의견이 공개된 후 오히려 더 큰 분노를 사는 경우가 있다. 매체에서 뿐만 아니라 일상생활 속 친구 혹은 연인 간 관계에서도 '잘못된 사과'로 인해 갈등이 심화되는 경우가 흔하다. 가진 지위, 인기의 정도나 관계가 가까운 정도와 상관없이 '올바르게 사과하는 법'을 익혀야 할 때가 온 것이다.

●● 왜 제대로 사과하지 못할까?

참 아이러니한 일이 아닐 수 없다. 아이돌이 물의를 일으킨 사례를 앞서 예로 들었지만 또 한 가지 상황으로 '갑질 논란'을 일으킨 대기업 임원과 이 사건을 '대충 쉽게 쉽게' 잠재우기 위해 잘못된 피드백 사과문을 작성한 기업의 예를 상상해 보자. 여론은 '갑질을 시전'한 임원에 대해 매서운 비판을 제기하고, 그 방법으로 해당 기업의 상품들을 보이콧 하는 등 적극적으로 공식적인 사과를 요청했을 것이고, 여론의 분노를 잠재우기 위해 기업에서는 '효과적으로 논란을 잠재우고 하락한 기업 이미지를 회복하기 위한 사과문'을 게시하기 위해 머리를 모았을 것이다.

그럼에도 왜! 올바른 사과문 작성에 실패하게 되는 것일까?

　사람들은 본래 스스로에 대해서는 관대한 '자기본위적인 사고방식'에 익숙하다. 우리의 두 눈은 자신의 허물은 보지 않고 타인의 허물만을 바라보고 불평하게 되기 쉬운 것처럼, 오직 내가 타인과 세상을 바라보는 '나의 입장'에 갇히게 되면, "이만한 일로 왜 이 난리를 피우는 거야? 내가 뭘 그렇게 잘못했는데?"라는 비논리의 억울한 감정이 사과문에서도 그대로 드러나게 된다. 또, 한국문화에서는 공식적으로 잘못을 인정하는 것보다 비공식적으로 일을 처리하려는 시도가 흔했기 때문에, "꼭 미안하다고 말을 해야만 해? 적당히 이해하고 넘어갈 수 있는 거잖아?" 하는 태도는 일련의 구체적인 이유로 사과를 요청하는 입장에서는 또 한번 어안이 벙벙, 더 큰 분노감을 느끼게 되는 것이다.

●● 그렇다면 제대로 사과하기 위해서는?

　사과할 것을 요청받으면 심정적으로는 불편하고 피하고 싶은 마음이 들 수 있지만 개인적인 인간관계의 회복과 유지를 위해, 그리고 예시 속 아이돌 스타나 기업의 입장에서는 빠르게 잘못을 인정하고 팬, 여론의 용서를 구하기 위해 반드시 기억해야 할 '사과하고자 하는 사람의 기본적인 태도'가 있다. 반면교사의 '나쁜 예'를 살펴보자.

"(나는 그런 의도가 전혀 없었지만) 네가 일단 불편했다고 하니깐...
(난 그게 왜 그렇게 불편할 일인지 잘 모르겠지만) 일단 미안하다..."
"(내가 좀 잘못한 것 같긴 한데) 너도 완전히 잘한 건 아니잖아?"

사과문에 절대로 들어가지 말아야 하는 표현:

- 본의 아니게
- 오해
- 그런 뜻은 아니었지만
- 앞으로는 신중하게
- 억울합니다
- 하지만 저만 잘못한 것은 아닙니다
- 그럴 의도는 아니었지만

사과문을 올바르게 적는 방법[1]

사과가 필요한 순간 '네가 예민해서 그렇다'는 방어적인 태도로 사과에 임하는 것은 독이 된다. 마찬가지로 마음에 상처를 입힌 자신의 과실에 대해 명쾌하게 인정하지 않고 상황에 (마음의 상처를 입었다고 표현하고 있는) 상대를 가담시켜 잘못을 일부 전가해 보려는 태도 또한 '잘못된 사과방식'의 전형이다. 전혀 진정성을 느낄 수 없을뿐더러 듣는 이의 화를 돋우는 방식이다. 잘못된 예를 통해 듣는 이의 입장에 이입해 보았다면 이제 제대로 사과하기 위해 사과문의 여러 특징을 탐구해 보자.

   미국 오하이오 주립대학교의 로이 르위키(Roy Lewicki) 명예교수와 연구팀(2016)은 755명의 피험자들을 대상으로[2] '사과문의 구성요소'를 추려냈다. 연구팀은 참가자들에게 가상의 시나리오를 부여했는데, 각 실험 참가자가 한 기업의 부장으로 신입사원을 선발하는 도중 지원자 한 사람이 이전 기업에서 큰 실수를 했던 사실을 알게 된 것이다. 이어, 면접관의 입장인 참가자가 지원자를 추궁하면 문제의 지원자가 현장에서 과거의 잘못을 사과하는 그런 방식이었다. 각 실험의 참가자들이 주어진 시나리오 속에서 '사과 요청하고 듣기'를 마치면 문제의 지원자에게서 자신이 들은 사과가 '얼마나 잘한 사과였는지' 평가했다. 이러한 실험과정을 통해 연구팀은 '잘 전달된 사과'에는 어떤 요소가 들어가야 하고, 어떤 요소들은 반드시 제거되어야 하는지 755명의 피드백을 통해 파악할 수 있었다. 실험 결과에서 도출된 사과의 6가지 구성요소는 다음과 같았다.

1. 후회의 표현
2. 일이 틀어진 경위의 설명
3. 책임 인정
4. 뉘우침 선언
5. 피해복구 약속
6. 용서 호소

　사과문의 형태를 분석해 보았더니 먼저 잘못을 저지르게 된 것에 대해 후회를 표현했고, 또 일이 왜 이렇게 (잘못된 방향으로) 되었는지 경위를 설명했다. 이어, 잘못된 일에 대해 자신의 책임을 명확히 인정하고 뉘우치는 표현을 하였고, 마침내 벌어진 일에 관하여 어떻게 복구/보상을 위한 노력을 기울이겠다—는 약속의 표현 끝에 직접적으로 용서를 구하였다. 듣는 이로 하여금 '이 정도면 용서해도 좋지 않을까?' 하는 너그러운 마음이 들도록 하기 위해서는 실험에서 도출한 6가지 요소가 모두 포함된다면 가장 좋을 것이다. 하지만 이 6가지 요소가 모두 같은 효과를 지닌 것은 아니었고, 분석 결과 사과라는 큰 의미 안에서 각기 조금씩 다른 효과를 가지는 것으로 나타났다.

●● 미안해? '뭐가' 미안한데?

　르위키 명예교수 연구팀이 밝혀낸 올바른 사과를 위한 6가지 구성요소 중 가장 핵심적인 것은 바로 '책임 인정'이었다. 그 내용이 뭐가 되었든, 가령 친구와의 약속 시간에 상습적으로 늦었다든가 연인에게 귀가했다고 거짓말을 하고 아주 늦은 시간까지 술자리를 가진 것을 들키게 되었을 때, 자신이 상대에 대하여 잘못과 실수를 저질렀음을 명확히 시인하는 것이다. 잘못을 저지른 이의 '책임 인정'은 사과를 요청하는 이로 하여금 잘못을 저지른 이가 더 이상 위협적이고 '못 믿을 존재'로 느껴지지 않도록 돕고 당장의 화를 가라앉히는 놀라운 작용을 한다. '사과해야 할 입장의 사람이 누구인가, 그리고 그는 이 사건에 대해 어떤 책임이 있는가'를 명확히 하고 이후의 소통을 이어 나갈 때, 감정적으로 소모적인 잘잘못 따지기의 시간을 최소화하고 이성적인 대화가 가능해진다. 사건의 책임에 대한 명쾌한 인정이 선행되어야만 용서에 대해 생각해 볼 수 있는 공간과 채널이 열리게 되는 것이다. 그 다음으로 효과적인 요소로는 '복구 약속'이 뒤따랐다.

> "네가 내게 여러 번 경고했음에도 내가 너와의 약속을 진지하게 생각하지 않고 다시 약속시간을 어기게 된 것은 명확히 나의 책임이고 잘못이야."
> "다시는 이런 일이 없도록 내가 약속시간 전에 뭘 하고 있었든 약속시간을 20분 전으로 일정에 기록하고 여유 있게 출발할 수 있도록 할게. 그리고 혹여나 늦을 것 같은 상황에서는 적어도 약속시간 세 시간 전엔 미리 메시지나 전화를 할게."

●● 용서를 맡겨 놓으셨어요?

용서는 제대로 된 사과의 끝에 요청한 이가 원한다면 부여하는 '가장 마지막의 단계'이다. 그런데 오히려 용서를 구하는 사람이 상처를 입은 사람에게 용서를 '요구'한다면? 아직 용서할 준비가 되지 않은 상대에게 이 '요청을 가장한 요구'는 더한 분노를 일으킬 것이다. 때문에, 사과의 마지막 요소인 '용서 요청'은 부득이한 경우엔 아예 생략해도 사과 그 자체의 의미전달엔 무방하다.

사과−용서와 관련된 또 다른 실험에서, 미국의 심리학자 맥커로프(McCullough) 박사 연구팀(1997)은 가해자의 사과가 피해자의 용서로 이행되기 위해서는 반드시 가해자 '나름의 입장'에 대한 공감이나 감정이입이 이뤄져야만 함을 밝힌 바 있다.[3] 용서를 구하기에 앞서 명쾌한 책임의 인정과 뉘우침, 그리고 복구를 위한 노력을 충분히 표현했을 때, 비로소 피해를 입은 이와 피해자를 사랑하고 지지하는 주변 인물들에게 '진정어린 사과를 받았다는' 느낌, 진중함을 전달할 수 있을 것이다.

글의 형태가 아니라 직접 대면하고 사과의 말을 전할 때, 이 '진정어린 사과'라는 느낌은 '어떤 말이 들어가야 하는가' 외에도 비언어적인 표정이나 시선, 자세에서 드러날 수 있을 것이다. 입에서 나온 말만을 떼어놓으면 아주 진중하고 믿을 만한 것들이라고 해도, 잘못을 시인하고 용서를 구할 때 그 태도가 좋지 않거나 진심이 담긴 눈빛 대신 반발심을 잔뜩 품고 있다면 아무런 의미가 없을 것이다. 반면, 직접적으로 표현된 말 자체는 다소 투박하고 요령이 부족했더라도 뺨을 타고 흐르는 뜨거운 눈물에서 느낄 수 있는 상대의 미안함, 책임 인정의 끝에 손을 잡고 피해복구를 약속하는 등의 '진심이 느껴지는 제스처'들은 단순히 말의 내용보다 더 묵직한 울림을 가져올 수 있다. 물론! 가장 중요한 것은 '진심으로 사과하려는 마음'일 것이고, 이것은 '되도록 빨리 용서받으면 된다는 마음'과는 결이 다른 것이다.

●● 의미 있는 사과를 위한 가이드

"그럼 잘못을 하질 말던가!" 하는 외침을 들어본 적이 있는가? 드라마와 영화에서도 연인의 싸움 중 단골로 등장하는 대사 중 하나이니 아마 비슷한 뉘앙스의 말을 한 번 쯤 듣거나 말해본 경험이 있을 것이다. 정말이지 안타깝게도 잘못과 실수를 한번도 저지르지 않고 살아갈 수 있는 방법은 없다. 그런 의도가 아니었음에도 관점 차이로 인해, 도무지 도움이 되지 않는 환경적인 요인으로 인해 실수를 저지르고, 그 결과 누군가에게 사과를 전해야 하는 상황이 되었을 때... '고마워', '미안해', '사랑해'라는 세 표현은 되도록 많이 할수록 좋다고 했던가? 조심스레 용서를 구하는 상황에 관하여 조금은 머쓱하고 부끄럽게 느껴질지언정 정중하고 진정성 있게 전해질 수만 있다면 그 관계에서 뿐만 아니라 '좋은 사과를 할 수 있는 이'로서 스스로에게도 큰 성장 기회가 될 수 있을 것이다. 나아가, 내가 (본의이든 아니든) 상처를 입힌 '나의 친구, 연인, 부모님에게 사과하는 것'은 상대에게 심리적인 위로 혹은 힐링이 될 뿐 아니라, 상승했던 혈압을 정상화하고 심박과 호흡을 안정적으로 하는 등 ('화병'이라는 말이 있듯) 진심어린 사과와 용서는 신체건강에도 긍정적으로 작용한다.

사과를 위한 6가지 요소를 단순히 외우기보다 다음의 활동지를 통해 '제때 사과하지 못해 가장 후회스러운 기억'을 떠올리며 오늘 '나의 사과문'을 새로 작성해 보자.

생전 사과가 처음이라거나 용서를 구하고 싶은 상대가 긴 시간을 허락할 수 없을 때, 사과의 6요소 중 핵심인 3Rs 중에서도 '책임 인정'과 '복구 약속'은 어떤 경우에라도 반드시 포함되어야 함을 기억하라.

상대방의 뜨거운 분노를 대화가 가능한 정도까지 진정시킬 수 있도록 대화에 다음 두 가지를 포함하라. 잘못을 인정하고 상처를 입은 이가 심경을 모두 표현해 낼 수 있도록 초대할 수 있는 표현들이다.

(1) "당신이 화가 날만 합니다. 죄송합니다."
(2) "늦었지만 지금이라도 좀 더 자세히 그 마음에 대해 얘기해 줄래요?"

제때 사과하지 못해 관계가 악화되거나 '이전 같지 않은' 대인관계 경험, 혹은 실제 물리/신체적인 피해를 입혔던 후회스러운 때를 떠올려 보고, 위의 두 표현을 포함하여 3Rs를 반영하는 사과문을 작성한 후 각 (1) 후회 표현, (2) 책임 인정, (3) 복구 약속에 해당되는 부분에 밑줄을 그어 보자.

❖ 상황:

PART 03

홧김 비용 · 멍청 비용…
우리의 소비 형태는?

홧김 비용 · 멍청 비용···
우리의 소비 형태는?

"이상하네, 그럴 리가 없는데···"

통장 잔액이 영 이상하다. 월급 들어온 지 하루밖에 되지 않았는데 벌써부터 남은 돈이 얼마없다. 혹시 이상한 곳으로 돈이 빠져나간 건 아닐까 싶어 어제 하루 동안 결제했던 영수증을 찾아봤다.

일자	시간	내역	금액
25일	08:20	택시	12,000
	09:20	카페, 아이스 아메리카노 x 6	18,000
	13:00	편의점, 소화제	900
	13:10	카페, 아이스 캐러멜 모카 라떼	6,300
	18:00	헬스클럽 3개월 연장 회원권	180,000
	19:30	카페, 아이스 초코칩 라떼 x 2 허니버터브레드	13,500
	21:30	택시	12,400
26일	00:40	맛있는 곱창, 곱창 2인세트, 소주 3병	41,000
	01:00	택시	4,000

영수증을 꼼꼼히 확인하고 입이 떡 벌어졌다. 어제 하루 결제한 내역이 틀림 없었다. 분명히 하나하나 내 손으로 결제한 내역이었다.

어제 아침 잠기운에 늦장을 부리다가 10분 늦게 나오는 바람에 눈앞에서 버스를 놓쳤고, 결국 택시를 잡아탔다. 하지만 출근길 성산대교는 꽉 막혔고, 그 결과는 지각. 하필이면 회의가 있는 날이었고, 회의에 늦은 벌로 팀원 6명의 커피를 쏴야만 했다.

팀장은 회의에 지각했다고 오전 내내 꼬투리를 잡아댔고, 오후에 잠깐 보자고까지 이야기했다. 팀장과 독대할 생각에 밥이 입으로 들어가는지 코로 들어가는지 모를 점심시간을 보냈고, 덕분에 속이 더부룩해서 소화제를 하나 챙겨 먹었다. 점심 먹고 동료들과 함께 카페에 들렀는데, 스트레스 때문인지 역시 달달한 커피가 당겼다. 다이어트 때문에 아이스 아메리카노만 마시기로 결심한 지 얼마 안 됐는데... 고민 끝에 결국 아이스 아메리카노 대신 두 배나 비싼 달달한 모카 라떼를 시켰다. 그래도 달달한 커피 때문에 기분 전환도 하고 잠시나마 팀장 생각을 떨칠 수 있었으니 이만하면 제값을 한 셈이지.

팀장과 면담은 역시나 최악이었다. 회의실에 갇힌 채 요즘 일에 집중하지 못하는 것 같다느니, 지각 상습범이니 잔소리를 한참이나 들어야만 했다. 면담을 마치고 풀이 죽어 나오는데 거울에 비친 내 모습이 부쩍 살이 쪄 보였다. 매일 야근하면서 야식 먹고, 팀장 때문에 스트레스 받아서 달달한 커피까지 마시니 살이 찔 수밖에. 울며 겨자 먹기로 회사 지하에 있는 헬스장을 연장하기로 했다. 그런데, 알고 보니 행사가 어제부로 같이 났다는 게 아닌가. 이번 주까지인 줄 알았다고 사정을 해 봤지만 형평성 때문에 회원님만 봐줄 수가 없단다. 분명 그저께까지 기억하고 있었는데, 바보처럼 까먹어서는... 결국 어제보다 3만원 비싼 가격으로 헬스회원권을 연장했다. 아까운 내 돈...

회원권을 긁고 그대로 퇴근하려는데 내일 프레젠테이션에 필요한 자료 중에서 누락된 부분이 있다고 연락이 왔다. 헐레벌떡 사무실로 돌아가 누락된 내용을 찾아 정리했다. 저녁도 제대로 못 먹고 계획에도 없던 야근을 하는 내 신세가 안타까워 홧김에 더 달달한 커피를 한 잔 더 시켰다. 당분을 충전하니 기분이 조금은 나아지는 것 같았다.

일을 다 마치고 나자 밤 9시가 넘어 버렸다. 저녁 시간을 버린 게 안타까워서 화가 났다. 회사에 매인 삶, 내 인생은 왜 이럴까 답답한 마음만 들었다. 우울한 마음에 오늘은 택시를 타고 가기로 했다. 그래, 오늘 같은 날 택시를 안 타면 언제 타겠어.

택시 타고 집에 가는 길에 슬슬 출출했다. 곱창에 소주 한 잔이 너무 먹고 싶은데 아무래도 혼자 집에서 시켜 먹기는 싫었다. 누구라도 좋으니 상사 뒷담화라도 하면서 같이 먹으면 좋을 것 같았다. 결국 근처 사는 친구에게 오늘 내가 쏠 테니 나오라고 전화를 했다. 한 잔 두 잔 마시면서 하소연을 하다 보니 금세 12시를 넘겼다. 친구와 헤어진 후 알딸딸하게 취한 상태로 걷기가 힘들어 또 택시를 탔다...

그리고 이렇게 하루 동안 쓴 금액이 무려 28만 8천 100원이었다. 손이 부들부들 떨릴 지경이었다. 영수증에는 어제 나의 후회와 실수, 멍청함과 분노, 외로움까지 모두 들어 있었다.

●● '확 지르고 싶다.'

'홧김 비용'이라는 말이 있다. 스트레스를 풀기 위해서 홧김에 쓰는 돈을 말한다. '쓸쓸 비용', '멍청 비용' 등 이와 유사한 다양한 신조어들이 등장하고 있다.[1] 사람들의 소비에는 다양한 경제 및 심리 법칙들이 작용하겠지만, 인형 뽑기, 원 플러스 원 쇼핑의 예시에서 알 수 있듯이 현대인들의 다양한 소비 형태에는 이전과는 달라진 심리가 숨어 있다. 특히, 정신건강 분야에서의 관심은 스트레스와 소비의 관계이다. 흔히 스트레스 받을 때 가장 먼저 하는 행동 중의 하나는 먹는 것이다.

고기·치킨·술·초콜릿은 대표적인 컴포트 푸드(Comfort food)이다. 컴포트 푸드는 몸이 아프거나 속상할 때 찾게 되는 음식이나 어머니의 사랑을 느끼게 해주는 음식, 마음의 안정과 기쁨을 주는 음식을 말한다.[2] 대학생을 대상으로 한 설문조사 결과, 기분이 좋을 때 가장 많이 찾는 음식은 고기와 치킨이었고, 슬프거나 화가 날 때 위로받기 위해 찾는 식품은 술과 초콜릿, 매운 음식이 있었다고 한다. 맛있는 음식을 먹으면 뇌에서 행복 호르몬인 세로토닌이 분비돼 생기가 돌고 의욕이 생긴다. 매운 맛 성분인 캡사이신도 엔돌핀 분비를 촉진시키는 효과가 있다. 이처럼, 우리의 기억과 경험 속에서 가장 빨리 스트레스를 완화하고 쾌감을 줄 수 있는 행동은 먹는 것, 그리고 소비도 쌍벽을 이룬다.

●●홧김 비용

스트레스를 받으면 갑자기 나 자신에 대한 사랑이 흘러넘치면서 나를 위해 돈을 쓰기 시작한다. 피곤한 심신을 스스로 위로하기 위해 택시를 타거나, 나에게 주는  작은 선물이라는 명목으로 치킨을 시킨다. 스트레스를 완화하거나 기분 전환 목적 혹은 나쁜 일을 잊기 위해 기꺼이 지갑을 연다. 즉, 홧김 비용은 스트레스를 받은 후의 즉흥구매라고 할 수 있는데, 스트레스에 대한 반작용 혹은 보상심리라는 점에서 일반적인 충동구매의 경우와는 다소 차이가 있다.

이 현상을 일부 설명하는 경제 및 심리법칙으로 '립스틱 효과' 혹은 '넥타이 효과'라는 것이 있다. 경제 스트레스로 위축된 자신의 자존감을 높이기 위해 소비를 하는 것이다. '내가 이렇게 애를 쓰면서 생활하고 있는데, 수고한 나를 위해서 이 정도는 사도 되는 것 아니야?'와 같은 생각으로 즉흥적으로 구매하는데, 가격을 무시할 수는 없으니 작은 기호품 같은 것에 끌리게 되는 것이다. 그런데 문제는 이렇게 홧김에 혹은 스트레스 받을 때 소비하는 패턴이 습관으로 고착되기 쉽고 그 액수도 기호품 정도가 아니라 커질 수 있다는 점이다.

●● 멍청 비용

멍청 비용은 자신의 부주의로 안 써도 될 돈을 썼을 때를 의미한다. 어떻게 보면 소비보다는 조금 실수에 가까운 것 같기도 한데, '멍청 비용'과의 차이는 무엇일까?

할인기간을 놓쳐서 제값을 다 주고 상품을 구매하면 속이 쓰리다. 또, 내가 예금한 은행의 ATM에서 돈을 인출하면 수수료가 없는데도 미리 현금인출을 안 했다가 수수료를 물면서 다른 ATM에서 인출할 때 발생하는 수수료가 그렇게 아까울 수 없다. 정말 급하게 편의점에서 현금을 인출하기라도 한 날에는 후회막급이다.

멍청 비용이라는 말은 좀 더 꼼꼼하게 계획하거나 또 필요한 정보를 먼저 알아본 후 규모 있게 구매하기보다, 소비 후 후회하게 되는 상황에서 주로 사용된다. 멍청하다는 이야기를 스스로에게 함으로써 다음에 같은 실수를 하지 않겠다는 의지가 묻어나는 말이기도 하다. 동시에 내가 쓴 돈이 바른 것이었나, 제대로 쓴 것이었나, 스스로 압박감을 느끼고, 후회와 자책의 모습도 느낄 수 있다.

●● 쓸쓸 비용

살짝 씁쓸한 소비
다. 요즘 1인 가구와
혼밥이 많이 증가하
면서, 다른 사람과 함
께 식사를 하기 위해
서 쓰는 돈이라고 볼
수 있다. 인간의 가장

오래된 두려움은 외로움과 소외감이다. 타인과 소통되지 못하고 고립된
쓸쓸함의 반영이다. 1인 가구와 혼밥, 혼술 인구가 늘어나면서 외로움을
느끼는 경우가 많다. 그러면 카톡을 쭉 둘러보고 누군가를 불러내는데,
그냥 나오라고 하기는 어려우니까 가장 쉽게 유인가로 제시할 수 있는
것이 식사나 쇼핑이다. 혼자 있고 싶지만, 막상 혼자가 되면 외로워지는
요즘의 세태를 반영하는 용어이다.

●● 향상초점과 예방초점

이 세 비용의 공통점은, 작지만 나름의 '작은 사치'를 부리는 것처럼
보인다는 점이다. 세 비용 모두 예상하지 않고 계획되지 않은 즉흥적인
지출이어서, 정도의 차이는 있겠지만 후회감을 동반할 가능성이 있다.
또한 꼭 필요하거나 마음에 쏙 드는 물건을 구매할 때 생기는 긍정적인 효과를 취하기 위한 소비라기보다는 부정적인 것(스트레스, 외로움)을 피하는 방향, 즉, 심리적인 문제를 완화하는 소비라는 점이다. 미국의 심리학자 토리 히긴스(Tory Higgins)의 자기 조절초점 이론(Self-regulatory focus theory)[3]에 의하면 사람은 자신의 생각, 기분, 행동을 조절해서 원하는 목표를 이룬다. 긍정적인 결과를 추구하는 데 초점을 두는 것은 향상초점(Promotion focus), 나쁜 결과를 회피하는 데 초점을 두는 것은 예방초점(Prevention focus)이라고 한다. 처음에는 부정적인 것을 피하기 위한 작은 사치의 일부로 볼 수도 있지만 습관이 되면 후회, 허탈감의 반복 경험과 경제적인 부담이 가중될 수 있다.

향상초점과 예방초점

긍정적인 결과를 추구하는 데 초점을 두는 것은 향상초점, 나쁜 결과를 회피하는 데 초점을 두는 것은 예방초점이라고 한다.

예전에는 적은 돈으로 큰 행복을 누렸던, '가성비'를 따지는 합리적인 소비를 더 중시했던 분위기와는 사뭇 다르다. 아마도 합리적인 소비를 통해 쾌락이 증가하고 불쾌함이 감소한다면 문제가 없겠지만 오히려 스트레스가 심화되는 사회가 되면 합리적인 소비가 합리적이라기보다는 사고 싶은 것을 마음대로 살 수 없는 쩨쩨한 현실을 반영하는 것으로 받아들여질 수도 있을 것이다. 스트레스의 반작용/보상심리로 소비하는 경우가 많아지고 마치 성냥팔이소녀가 성냥을 켜서 바라본 신기루 같은 잠깐의 쾌락을 추구하지만 이내 성냥불이 꺼지면 카드 값만 떠안게 된다.

●● 돈으로 스트레스 풀지 않기

이런 '홧김 비용', '멍청 비용', '쓸쓸 비용'의 증가가 장기화될 경우 소비패턴이나 습관이 비합리적이 되기 쉽다. 불필요한 것들을 사거나 소비하는 일이 심화되고, 그러면 이런 사람들을 혹하게 유인하는 각종 마케팅 상술들이 기승을 부린다. 개인이나 가계, 그리고 나가서 우리 사회의 재정 건전성이 악화될 수도 있다. 무엇보다 스트레스에 대한 인내력의 약화가 당연시되면 일단 쓰고 보자는 식의 무책임한 태도도 만연할 위험도 도사리고 있다. 합리적인 소비를 위한 개인의 노력이 필요하다.

합리적 소비를 위한 조언

1. 계획성 있는 소비태도가 필요하다. 미래 소비를 위해 지금 아낀다고 해서 그다지 희망적이지 않아 보일 수 있다. 이때가 예방초점이 필요한 때다. 진짜 필요한 순간에 빈털터리인 상황을 피하기 위해서는 뭔가를 살 때는 아무리 좋은 것이라도 계획에 없던 것은 사지 않겠다는 태도가 필요하다.
2. 소비를 대신할 수 있는 건전한 취미생활(예: 운동, 그림, 음악, 독서 등)을 계발하라. 소비를 하더라도 향상초점 방향, 소비 후에 정말 잘했다고 할 만한 종류의 취미생활을 찾아보자.
3. 물론 욜로(YOLO) 라이프가 대세이지만, 그럼에도 불구하고 현실적인 필요를 위해 공익광고나 방송에서도 합리적 방향의 소비를 권장하는 교육이 필요하다.
4. 페이스북, 인스타그램에서도 허무맹랑한 과대광고로 사람들을 현혹한다. 과대광고, 혹세무민하는 마케팅을 근절할 정책을 마련할 필요가 있다.

04
PART

**현대인들이 풀지 못하는 난제!
"오늘 뭐 먹지?"**

PART 04

현대인들이 풀지 못하는 난제!
"오늘 뭐 먹지?"

사례 1

오늘은 누구 차례야?

전 아녜요~ 어제 했어요.

전 체한 것 같아서... 그냥 건너뛸게요.

그러면 역시 막내가 할까?

저... 지난번에도 제가 했는데... 다른 분이 하시면 안 될까요?

오늘 팀장 기분도 안 좋아 보이는데 한 번만 부탁하자. 잘할 수 있지?

　　결국 오늘도 연차가 제일 낮은 나에게 임무가 주어졌다. 팀원들의 기대에 부응하는 것은 정말 버거운 일이다. 점심시간은 근무시간 중에서도 가장 난처하고 힘든 시간이다. 이 시간만 되면 우리는 매일 똑같은 문제에 당면하지만, 매일 다른 해결책을 생각해 내야만 했다.

지금 이 순간에도 시계 바늘은 점점 12시를 향하고 있었다. 슬슬 '그 시간'이 다가오자 팀장님이 자리에서 일어난다. 그리고 현대인들의 난제를 꺼낸다.

"오늘 뭐 먹을까?"

현대인들에게 점심시간이란 일을 잠시 멈추고 쉴 수 있는 시간이면서 동시에 매일 풀어야 하는 숙제와도 같다. 회사 앞에 즐비한 수많은 식당들 중에서 어디로 가야 할 것인가. 중식, 일식, 한식, 분식, 심지어 요즘엔 도시락이나 샐러드 서비스까지 있다. 팀원들의 니즈 (Needs)를 두루 만족시킬 수 있는 팔색조의 매력을 지닌 식당을 고르는 건 정말 어려운 일이다. 심지어 괜찮은 식당을 골랐다고 해도, 메뉴판을 드는 순간 고민은 계속된다. 짜장면과 짬뽕, 탕수육 부먹과 찍먹, 물냉면과 비빔냉면... 대체 뭘 먹어야 할까. 뭘 골라야 후회 없는 시간을 보낼 수 있을까?

야, 나 어쩌냐. 이번 주말에 소개팅이 잡혔는데, 뭘 어떻게 해야 할지 하나도 모르겠다.

코스를 하나도 못 짰어?

응... 이따가 어디서 만나냐고 물어볼 거 같은데 어떡하지?

음, 일단 어디서 만나려고?

걔네 집은 2호선 라인이고, 나는 5호선이니까 환승역에서 만나야 하나? 그런데 환승역은 좀 먼데... 중간에서 만나야 할까? 아니면 내가 걔네 집 근처로 가는 게 맞을까?

원래 만나면 뭘 하려고 했는데?

정해진 건 하나도 없는데... 먼저 식사를 하는 게 좋겠지? 소개팅의 정석은 파스타 집 아냐? 그런데 나 그런 데 자주 안 가 봐서 실수할 것 같은데, 그냥 닭갈비나 먹을까? 고기 굽는 집은 냄새 나서 싫을까? 깔끔하게 초밥 같은 게 나으려나.

식사하고 나서는? 그 친구는 같이 하고 싶은 거 없대?

VR방에 가 보고 싶다고 하긴 했었어.

그러면 거기 가면 되겠네.

그런데, 나도 처음 가 보는 거라 괜히 허둥지둥하면 어떡해. 익숙한 오락실 같은 게 나을까? 아.. 게임 잘 모르면 민망할지도 모르겠다. 노래방을 갈까? 참, 걔가 노래 못 해서 싫어하면 어쩌지?

하... 뭐 하나라도 좀 정해 봐. 결정장애도 아니고, 어떻게 한 번에 정하는 게 없냐.

●● "골라 주세요."

이 시대의 직장인들에게는 희대의 난제가 있다. 어떤 사람은 생애 최대의 고민이라고 이야기하는 바로 이것.

'오늘 점심 뭐 먹을까?'

점심 메뉴를 고르고 나면 다음에는 또 다른 고민에 맞닥뜨린다. '저녁 메뉴' 고르기! 최근 무엇을 골라야 할지 모르겠다며 소위 '결정장애'를 호소하는 사람들이 늘었다. 그래서 짜장면 먹을지 짬뽕을 먹을지 고민하는 손님들을 위해 '짬짜면'이 등장한 지도 제법 시간이 흘렀다. 배달 어플리케이션을 열면 온갖 반반 메뉴들이 우리를 더욱 고민에 빠뜨린다. 된장찌개와 김치찌개 사이에서 망설이는 고객을 위한 '된치찌개'라는 신메뉴까지 개발되었다. 심지어 점심 메뉴를 대신 골라 주는 앱도 등장했다. 흔히들 "나는 '결정장애'가 있어" 이렇게 이야기하지만, 이게 실제로 장애에 속하는 수준은 아니다.

'결정장애'는 우유부단한 성격을 여러 가지 장애 중 하나로 끼워 넣은 것인데, 심리학에 결정장애라는 공식적인 학술용어는 없다. 대신 '결정 미루기(Decisional procrastination)'라는 용어가 있다. 일부 심리학자들은 결정 미루기가 불안정한 애착과 관련이 있다고 이야기한다. 즉, 어릴 때 주양육자와의 분리불안을 극복하는 과정에서 "양가적인 애착" 즉, 주 양육자와 너무 멀어지는 것도 두렵고 또 너무 친밀해지는 것도 두려워서 전전긍긍했던 그런 경험이 결정 미루기와 관련된다는 이야기이다.

●●● 낯선 상황에 놓인 아이들

애착 연구자 에인스워스(Ainsworth)는 낯선 상황 실험을 통해 유아들이 분리불안에 어떤 반응을 보이는지 관찰했다.[1] 아이들은 장난감이 가득 놓인 편안하지만 낯선 환경에 초대된다. 실험은 몇 가지 단계로 이루어져 있는데, 일단 낯선 환경에 노출되는 것으로 실험이 시작된다. 두 번째로 엄마가 자리를 비워 아이는 혼자 방에 남겨지고, 잠시 뒤 낯선 사람(연구자)을 만나게 된다. 에인스워스는 아이들이 분리불안을 느낄 때, 그리고 나중에 엄마가 돌아왔을 때 각각 어떻게 행동하는지 살폈다.

양가적인 유아들은 엄마를 찾느라 장난감이 가득 놓인 방을 탐험하지도 못했고, 막상 엄마를 다시 만났을 때 엄마에게 매달리면서도 거부하는 행동을 번갈아 보였다. 엄마에게 달려가 안아 달라고 하면서도, 엄마가 안아 올리면 몸을 뒤로 젖히며 울고 화를 내는 모습을 보였다. 엄마가 자리를 비운 것이 너무나 서럽고 어쩔 줄 몰라 갈팡질팡하는 모습이다. 애착 이론에서는 양가적인 애착 패턴을 보이는 유아들이 자율성을 경험할 수 있는 기회가 부족해서 애착 대상인 주 양육자와* 연결되는 데 더욱 몰두하게 된다고 설명한다. 자율성의 경험이 적은 것은 유아들이 마음 놓고 탐험을 하지 못하는 이유를 부분적으로 설명해 준다.

애착 이론에 의하면, 아이들은 주 양육자의 울타리 안에서 자율성을 학습한다. 어린아이들은 호기심을 가지고 자유롭게 낯선 곳을 살펴보다가, 보호가 필요하면 주 양육자에게 달려와 안정감을 느낀 뒤 다시 자신

---

* 주 양육자는 어머니뿐 아니라 양육을 담당하는 모든 애착 대상을 지칭한다. 부모님, 조부모님 등 아이와 긴 시간 친밀한 관계를 맺은 대상을 아우르는 개념이다.

만의 모험을 떠난다. 아이들은 주 양육자를 안전기지로 느끼고 베이스 캠프처럼 사용한다. 아이들은 주 양육자라는 베이스캠프를 떠나 스스로 나뭇잎을 만져 보기로 결정하고, 도전하고, 그 결과까지 체험하는 일련의 과정을 거쳐 거점으로 돌아온다. 자율성은 무수한 도전, 결정, 실수, 결과에 대한 책임의 총화인 셈이다. 생애 초기에 형성된 양가적인 애착 패턴은 지문처럼 내 마음 어딘가에 남아 스스로 결정해야 할 순간 부지불식간에 작동한다. 사안이 중요해질수록 상황을 객관적으로 따져 보기도 전에 이미 확신이 부족하고 마음이 초조해져 결정을 내리기 어려워지는 것이다.

●● 햄릿증후군

'햄릿증후군', 선택하지 못하고 결정하지 못하는 상태를 말하는 신조어도 생겨났다. 햄릿 하면 가장 먼저 떠오르는 대사는 바로 '죽느냐 사느냐 그것이 문제로다'이다. 햄릿증후군이란, 햄릿의 우유부단함처럼 행동은 하지 않고 이것저것 고민만 하는 것을 의미한다. 선택의 갈림길에서 결정을 내리지 못하고 뒤로 미루거나, 스스로 결정하지 않고 타인에게 결정을 미뤄 버리는 것을 말한다. 흔히 '결정장애' 또는 '선택장애'라고 말하는 현상을 뜻한다.

예를 들어, 꼭 필요한 물건이 생겼다고 가정하자. 최저가를 검색해서 기능을 확인하고, 구매평이 많은 것부터 살피기 시작한다. 5점 만점 중에 평점 4.7인 상품이니 꽤 괜찮을 것 같다는 기대를 가지고 2,000개의 상품평을 쭉 읽어 내려간다. 아… 중간중간 1점을 준 고객들이 있다. 무엇이 불편한지 조목조목 꼽아 비추천을 한다는데 갑자기 마음이 갈대처럼 흔들린다. 100개의 좋다는 상품평보다 1개의 비추천 상품평에 마음이 쏠린다. 참고로 여러 개의 긍정적인 정보가 있더라도 부정적인 정보가 하나만 있으면 호감이 급강하하는 것을 심리학에서는 '부정정보 우세효과'라고 한다. 빠듯한 살림에 큰 맘 먹고 사는 것인데 잘못된 선택을 하면 어쩌나 하는 불안이 번져간다. 혹시 나도 햄릿증후군에 해당하는 걸까?

햄릿증후군 자가 진단 테스트

☐ 점심 때 뭐 먹지? 항상 고민한다.

☐ '앞머리를 자를까, 말까' 일주일 넘게 고민한 적 있다.

☐ 쇼핑가서 사지 못하고 빈손으로 온 경험이 있다.

☐ 무슨 색을 사야 할지 몰라 같은 디자인의 옷을 색깔별로 산 적이 있다.

☐ 질문을 받으면 '글쎄, 잘 모르겠는데' 등의 말을 반복한다.

☐ '우유부단하다', '답답하다'는 소리를 종종 듣는다.

☐ 선택을 대신해 주는 앱을 이용해 봤다.

☐ 선택하는 것이 두렵고 스트레스를 받는다.

☐ 누군가가 평생 결정을 도와줬으면 좋겠다.

☐ 결정하지 못해 결국은 포기한 적이 있다. (학업, 연애 등)

 자가 진단 결과

1~3개 해당	약간의 우유부단한 성격
4~6개 해당	결정장애 초기 증상
7개 이상	심각한 햄릿증후군

출처:　[S스토리] 이러지도 저러지도… 자율성 잃은 '어른아이들'. 세계일보 기사(2016. 8. 13.)[2]

●● 자유의 사슬

❶ 정보과잉 시대 – '선택지가 너무 많아!'

마음만 먹으면 원하는 대로 선택할 수 있는 사회인데, 오히려 그 선택지 때문에 더 결정하기 힘들어지는 이유는 무엇일까? 지금 우리 사회는 과잉정보, 과잉기회의 시대라고 할

수 있다. 펜을 하나 사려고 해도 주어진 선택지가 너무나 많다. 뭐가 좋다더라 하는 정보도 넘쳐나고, 좋다는 콘텐츠와 상품도 쏟아진다. 얼핏 보면 선택의 폭이 넓어져서 좋을 것 같지만, 사실 이런 상황은 우리가 무엇을 어떻게 해야 할지 결정하는 것을 굉장히 힘들게 만든다. 무엇이든 가능하고 무한대로 자유로울 때 사람들은 오히려 더 갈등하게 될 수 있다. 이런 상황과 관련된 신조어로 TMI라는 말이 있는데 '정보가 너무 많아(Too Much Information)'의 줄임말이다. 선택에 도움이 될 것 같아 정보를 검색하는데 정보가 너무 많아서 오히려 선택을 못한다는 사실이 역설적이다.

❷ 경기 침체 – 부담 커지고 불확실한 사회

단지 선택만 한다면 좋겠지만 우리가 살다 보면 선택에 따른 결과도 책임져야 한다. 특히, 경제적인 여건도 우리를 결정장애에 빠지게 하는

데 한 몫 한다. 어떤 것
이 좋은지 선택을 했다
고 해도, 선뜻 마음대로
살 수 있을 정도로 저렴
하지 않을 수 있다. 무리
해서 이 선택을 강행해
도 그 뒤에 따를 경제적
인 부담이 걱정된다. 식사를 한 번 하더라도 실패 없이 만족스럽고 맛있
는 음식을 먹고 싶은 것은 자연스러운 일이다. 물건도 가능한 검증된 상
품을 선택하고 싶은 마음이 든다.

　장기간의 경기 침체로 인해 청년세대들이 '가성비(가격 대비 성능)'를
강조하며, 이 선택이 잘한 선택인가, 내가 저렴하고 가성비 높게 선택한
것이 맞는지 끊임없이 고민하게 되는 이유이다. 최근에는 가성(性)비에
가심(心)비(심리적인 만족 추구)를 함께 고려하는 모습들을 쉽게 찾아볼
수 있다. 이런 고민 속에서 점점 선택에 자신이 없어지게 된다. 아무래
도 현대사회로 올수록 사회가 더 복잡하고 다양해지기 때문에 이전처럼
많은 이들이 특별히 고민하지 않고 따르던 그런 핵심 가치(예: 충효, 도덕
등)가 사라지고 개개인의 자유가 강조되는 반면 결정의 결과에 대한 불
확실성은 커지는 시대가 되면서 결정과 선택을 하는 일이 더 어려워지
는 것이다.

●● 선택 떠넘기기

현대인들이 결정장애, 선택장애를 호소하게 되면서, 우리 사회의 트렌드도 많이 바뀌었다. 현대인의 '햄릿증후군', '결정장애' 때문에 변한 점은 우리 생활에서도 쉽게 찾아볼 수 있다. 일단 자신이 선택하기 힘들어지면서, 남의 선택 그중에서도 다수의 선택을 따라가려는 성향이 강해진다. 만약 주말에 낯선 동네로 놀러가서 점심을 먹게 됐다고 할 때 가장 먼저 어떻게 하는지 생각해 보자. 인터넷을 검색하고 블로그에 올라온 사진도 본다.

먼저 믿을 만하다고 여겨지는 다른 정보들에 기대게 되고, 온라인 뉴스를 볼 때 남들이 '가장 많이 본 뉴스', '댓글 많은 뉴스'를 자꾸만 찾게 된다. 온라인 쇼핑할 때 보면 아래에 '이 상품을 구매한 사람이 구경한 상품'이라는 문구가 뜨는 것을 본 적이 있을 텐데, 이것도 같은 맥락이다. '호갱을 피하려면 리뷰는 필수'라는 말이 떠도는 것도 이와 무관하지 않다.

이런 결정장애가 지속되면서 자신이 결정을 내리지 못해 좋지 않은 결과를 낳으면 두고두고 후회하는 일이 생기고 이는 자괴감이나 자기 비난으로 이어질 수 있어 우울하게 된다. 과도하게 인터넷 검색이나 SNS에 의존하다 보면 자율적으로 의사결정하고 실제로 부딪쳐 경험하면서 노하우를 얻을 중요한 기회를 놓칠 수도 있다. 사회적으로도 다양한 의견이 공존하고 조정을 거치면서 사회가 발전할 수 있는 기회를 막게 될 수도 있다.

●● 결정장애 탈출하기

인생의 대소사를 모두 인터넷이나 남의 결정에 기댈 순 없다. 결정장
애를 극복할 수 있는 구체적인 방안에는 어떤 것들이 있을까?

'결정장애' 극복 지침

1. 처음부터 100% 만족스러운 선택을 위해 고민하다 보면 정작 시작을 하기
   어렵다. 완벽한 선택을 위해 처음에 너무 많은 정보를 찾게 되면 오히려 정보
   의 바다에서 길을 잃게 되니 정보 검색은 최대 3가지로 제한하라.
2. 특히, 시행착오 경험이 중요하다. 우리는 실수하면서 더 나은 방법을 배워 간
   다. 연차가 높아질수록 일이 익숙하고 자연스러워지는 이유는 처음에 실수하
   면서 나만의 노하우를 쌓았기 때문이다. 성공하고 싶다면 실수는 필수다.
3. 결정의 결과를 기록해 두는 습관을 들여 보자. 자신만의 오답노트, 자신만의
   빅데이터를 구축하라. 그러면 어떤 결정을 했을 때 결과가 좋았는지 알 수 있
   을 것이다.
4. 한 번의 선택으로 100% 만족할 순 없다. 70% 정도 만족할 만하다면 훌륭
   하다. 51% 확신하는 선택지를 골라 100% 달성을 목표로 얼마나 노력하느
   냐가 성공의 열쇠이다.

05
PART

"왜 안 생길까요?"…
'모태솔로' 심리학

PART 05

"왜 안 생길까요?"···
'모태솔로' 심리학

♣ YTN 카페_[모태솔로 모여라!]_자유게시판

외롭외롭**
주변에 보면 연애를 끊임없이 계속 이어 가거나,
금방 다른 사랑을 시작하는 '연애 고수'들이 많죠, 또 그뿐인가요?
마음 맞는 사람을 만나 3년, 4년씩 롱런하는 장수 커플도 있고요.
그런데 말이죠. 혹시 다들 한다는 그 '사랑', 아직 못 해 보신 분들 있
으신가요?
이런 고민이 있다면 함께 이야기해 보죠!

접근금지!
저는 직장 생활을 하는 28세 여자입니다. 주변 사람들은 절 보고 '철
벽녀'라고 불러요.
안 그래도 얼마 전 같은 회사 동료 중에 저에게 호감을 표시하는 분이
있었어요. 처음에는 잘 모르겠더라고요. 그런데 오히려 주변에서 그
사람이 나에게 관심 있어 한다는 이야기를 듣고서야 저도 알게 됐어
요. 저는 이런 부분이 둔한 데다가 겁도 많아요. 예전부터 그랬지만,
저에게 먼저 다가온 사람들의 손을 쉽사리 잡을 수 없더라고요.
그냥 인간적인 호감은 아닐까 의심되고, 마음을 주면 상처받을까 봐
점점 소극적으로 변하게 됐어요.
저도 정말 의지할 수 있는 좋은 사람을 만나 행복하게 사랑하고 싶
은데, 가능할까요?

폼생폼사

안녕하세요? 저는 34살 직장인 남자입니다. 일하는 것 외에 취미라고는, 주말에 하는 야구밖에 없었는데요. 어딜 가나 항상 남자들과만 어울리다 보니 이대로는 안 되겠다 싶더라고요.

그러던 차에 얼마 전 직장 동료의 소개로 독서 모임을 시작했어요. 거기에는 여성분들이 많더라고요.

나름 멋을 좀 부리느라 아끼던 선글라스도 챙겨가고, 제가 좋아하는 옷으로 풀 세팅해서 입고 갔습니다.

그리고 과묵한 매력도 어필하려고 무게 있는 멘트만 슬쩍슬쩍 던졌고요.

그런데 저와 같이 온 동료는 오히려 저보고 '겉돌며 적응을 잘 못 하는 것 같다', '패션도 너무 튄다' 등등 잔소리를 하면서 그러지 말라고 하네요.

제 나름대로 노력을 많이 하고 있는데, 뭐가 잘못된 건지 모르겠어요.

짝사랑 인생

저는 24년째 짝사랑만 하고 있습니다.

정말 끊임없이 짝사랑만 해서 마음고생을 하다 보니, 이제는 누굴 좋아하게 될까 봐 오히려 두려워요.

제 생각에 저는 인기가 없는 편은 아닙니다. 저에게 먼저 호감을 보인 여자 친구도 여럿 있었고요. 그런데 저는 이성 앞에만 서면, 특히 마음에 드는 이성이 가까이 있으면 정말 아무것도 못 하겠더라고요. 진짜 쳐다보는 것도 힘들고, 진땀만 나고 무슨 말을 해야 할지도 모르겠어요. 그렇다 보니 말 한번 제대로 걸어보지 못하고 놓친 친구도 있었고요. 몇 번 다가가다가도 멈춰서기를 반복했습니다.

●● "내 주위에 하나둘 씩 생기는 걸 보니 나도 언젠간 생기겠지~? 아니! 안 생겨요!"

너무나 얄미운 말이 아닐 수 없다. "안 생겨요(ASKY)"는 지금은 유행이 좀 지나긴 했지만 한때 온라인에서 유행하며 싱글들의 마음에 팩트로 무장한 묵직한 카운터를 날렸다. 사실 연애경험이 전혀 없는 이에게나 여러 번 연인을 사귀어 본 사람에게나 연애는 늘 참 복합적으로 어려운 것이다. 한 사람을 깊게 알아간다는 것은 곧 나와 다른 하나의 우주를 만나게 되는 일이라고 했다. 연애와 사랑이 단순하고 쉽다면 그 또한 이상한 일이겠지만, 그럼에도 우리는 늘 궁금해지는 것이다. 지난 연애에서 성공하지 못한 이유는 무엇일까? 연애를 잘하려면 도대체 어떻게 해야 하지?

●● 내 연애세포들아... 너희는 완전히 파업한 거니..?

연애를 하는 사람들은 한 인연과의 이별 후에도 계속해서 새로운 연애를 하고, 연애를 잘 못하는 사람은 계속해서 '안 생기는' 상태를 유지하게 된다는 참담한 이야기에서 흔히 '연애세포'가 언급된다. 연애세포는 우리 몸에 인연을 찾고 연애감정을 키우고, 사랑의 고백을 가능하도록 하고, 연애관계를 유지시키는 능력을 관장하는 연애전담 '세포'가 있다는 귀여운 상상에서 탄생한 개념인데, 계속해서 연애시도에 실패하거나 막상 연인관계를 맺게 되어도 관계의 '지속'에 있어 반복적으로 고전하는 이들은 고심할 것이다. 내 연애세포들은 완전히 파업해 버린걸까...? 아니면 연애를 너무 오래 쉬었더니 이직을 해 버렸나!? 내 연애세포들아, 혹시 너희... 소멸된 것은 아니지...??!

연애세포들이 실제 존재한다면 아마도 우리 뇌의 '최전방 집행기관'인 뇌의 전전두엽 중에서도 가장 주요한 위치를 선점할 것이다. 연애란 것 자체가 때론 스파크가 튀는 강렬한 감정이 오가고, 자신과 상대 간의 '적절한 정도의' 거리조정 및 다름에 대한 타협, 스킨십과 관련된 긴장과 여러 모호함을 뚫고서 가는 워낙에 복합적인 과제이기에 그러하다. 심리학적으로 연애를 무조건 '더 잘한다'라고 말할 수 있는 사람들의 전형적인 성격특질이나 성향이 규정된 것은 아니지만 몇 가지 성격특질이 대부분의 대인관계를 아울러 연애에도 도움이 될 것으로 예상해 볼 수 있다.

일반적으로 통용되는 성격특질을 기반으로 생각해 보면 아무래도 기질적으로 외향형인 사람이 연인을 포함해 모든 대인관계에 할애할 수 있는 에너지의 양이 많고 친화력의 면에서도 친밀한 관계로 가까워지는데 일정 부분 도움을 받을 수 있을 것이다. 동시에, 감수성이 뛰어난 사람도 타인의 감정선과 기분을 섬세히 포착할 수 있기 때문에 연애에 있어서 강점을 발휘할 수 있다. 이러한 강점은 애정을 표현할 때, 또 서로의 차이점을 조정하기 위해 타협의 대화를 시도할 때 섬세하게 발휘될 수 있을 것이다. 심리학자 스턴버그의 사랑의 삼각형 3요소(친밀감, 열정, 헌신)를 적절히 갖춘 성격, 성향이라면 아무래도 애정관계에서 균형잡힌 모습을 유지할 수 있을 것이다.

●● 21세기의 연못남녀

'연잘알', 일명 '연애를 잘 안다'라는 뜻의 신조어이다. 그의 반대로는 '연못남 혹은 연못녀', 즉 연애를 잘 못 하는 남자 혹은 여자를 의미한다. 어떻게 하면 매력적인 상대와 연애를 잘할 수 있는지, 시대를 막론하고 이것은 세기의 관심거리였음에도 불구하고 왜 아직까지, 그리고 왜 특히 요즘에 '연애를 잘 못 하는 사람들'을 지칭하는 신조어들이 쏟아져 나오게 된 걸까?

필자의 생각으로는 첫째로 '삶에서 온라인 공간의 확장으로 인해 실제 인간관계를 맺기보다는 인터넷상에서 주요 만남이 이뤄진다는 것'이 한 이유가 될 수 있을 것이다. 심지어는 이별을 고할 때에도 직접 눈을 보고 대화하는 대신 메신저상으로 통보한 후 (일명 '카톡 이별') 상대방으로부터 메시지 수신을 '차단'하는 방식이 깔끔하고 감정소모가 적다는 이유로 선호된다니 말이다. 온라인상에서 인간관계 맺기와 끊기는 훨씬 쉽고 간단하지만 실제 관계에서 공유할 수 있는 '정이 깊어지는 과정'을 완전히 재현하는 것은 아니기 때문에, 궁극적으로 실생활에서는 연애에 실패하는 결과로 이어질 수 있다. 관심사와 공통 흥미, 철저히 '나의 선호'에 따라 맺게 되는 온라인상의 인간관계가 실제 인간관계에 비교하여 절대적으로 '덜 가까운 것'이라고 폄하할 수 없을 것이다. 다만 그 형태나 성격이 내가 선택할 수 있는 범위가 훨씬 제한되는 (예: '차단하기') 실제 관계와는 일부 다를 수 있음을 말하고자 한다.

또 한 가지 예상해 봄직한 이유로는 '혼자인 것이 더 익숙해졌다'는 측면을 들 수 있다. '나 혼자 사는' 1인 가구의 시대가 도래했고, 대학가와 직장인 오피스텔 밀집 지역엔 혼밥, 혼술에 특화된 식당과 펍(Pub), 이 자까야 등이 우후죽순 생겨났다. 함께 하기 위해 의견을 모으고, 조정, 타협할 바에야 홀로 마찰 없이 평온한 시간을 보내길 선호하는 요즘 주 류세대의 영향인지, 혼자 식사, 혼자 술 한 잔, 혼자 영화, 혼자 여행 등 이 드문 일이 아니게 되었다. 과거엔 주로 가까운 사람들과 함께할 때 더 욱 즐겁다고 여겼던 여러 활동들을 '혼자 하는 것'에 익숙해지고, 그 편 안함을 즐기게 된 것은 특히 타인들과 어울리지 않고 고독한 것에 거부 감을 느꼈던 한국문화를 바탕으로 생각해 보면 한편 자유로워진 모습도 느껴진다. 동시에, 이렇게 의견 맞추기와 조율이 필요없이 혼자 즐기는 여유와 편안함에 익숙해진 세대에게 감정적으로 가까운 거리에서 불가 항력적긴 개인 간 차이점을 수없이 조율해야 하는 복합과제인 연애가, 당연히 더욱 어렵고 까다롭게 느껴질 수 있겠다는 생각이 든다.

한편, 연애라는 선택을 늘 열렬히 원하면서도 '솔로탈출'이 힘든 우리 모태솔로들의 특징은 무엇일까? 아래의 어느 경우도 한 사람의 상황을 100% 반영할 수 없지만, 큼직한 유형들을 통해 연애가 어려운 나는, 내 친구는 어떤 경우에 속할 수 있을지 생각해 보자.

유형 1. 연애 '이론'학엔 박사, 연애 '실전'학엔 낙제점?

연애를 글로 배웠어요.

'아는 게 힘이다'—과연 정말 공부나 자기계발처럼, 연애에도 똑같이 적용될까? 학문과 같이 뚝심 있는 노력과 고심의 끝에 '나의 성과'를 낼 수 있는 분야들과는 달리, 연애에선 많이 아는 것이 때론 병이 될 수도 있다. 연애에 대해 조언한다는 인터넷 커뮤니티에 고민상담 사연을 올려 본 적이 있는가? 빠르게 달리는 장문의 댓글 중, 그 내용 자체도 방대해서 소화하기 어렵지만, 많은 경우 그 지침의 방향에 일관성이 없다. 사람의 성격 자체가 어떤 심리검사에서는 16가지 유형으로 나뉠 만큼 다양하고, 이에 더해 연애와 '썸' 상황을 제 3자가 보기엔 도무지 파악하기 어려운 수많은 두 사람만의 맥락과 상황적 변인들이 더해져, 언제나 그 답은 소위 "케바케(Case by case)"가 될 수밖에 없는 것이다.

또, 책과 드라마, 온라인상의 조언으로만 그려온 연애에 대한 지식은 자칫 현실과는 동떨어진 환상만을 심어줬을 가능성이 있다. 연애지침서에서 단계별로 나눠 놓은 '그, 그녀에게로의 매력적인 접근법'은 읽기엔 매우 그럴 듯하고, 어느 상황에서나 마음을 얻어낼 수 있을 것 같지만 실제는 녹록치 않기 때문. 때문에 한 사람의 '연애경험', '연애사'는 오직 그 사람이 경험할 수 있었던 연애대상의 범위 안에서 만들어진 아주 오묘하고 독특한 경험의 집합일 뿐, 아무리 좋은 사람과 순탄한 연애만을 해온 사람이 주는 충고라도 다른 누군가에겐 전혀 해당사항이 없는 오답이 될 수도 있다.

유형 2. 난 100% '운만추(운명적인 만남 추구)'

연애는 하고 싶지만 새로운 사람을 만나기 위해 발버둥치고 싶진 않아.

들어간 것(Input)이 없으면 나오는 것(Output)이 없기 마련. 이 지극히 당연한 원리를 재미난 일화로 설명해 준 이탈리아의 오래된 농담이 있다. 미국의 작가인 엘리자베스 길버트(Elizabeth Gilbert)의 인용문이자, 줄리아 로버츠 주연으로 영화화되어 한국에서도 사랑받은 영화 〈먹고, 기도하고, 사랑하라(Eat Pray Love)〉(2010)의 원작 회고록에 등장하는 내용이다.

이탈리아의 오래된 농담엔 매일 교회로 가 유명한 성인의 조각상 앞에 간절한 기도를 올리는 불쌍한 청년의 이야기가 등장한다.

〈먹고, 기도하고, 사랑하라(Eat Pray Love)〉(2010)

"성인님... 제발, 제발... 제발...! 제가 로또에 당첨될 수 있도록 은혜를 베풀어 주세요." 청년이 애절함을 담아 올리는 매일매일의 기도는 몇 달이 이어졌다.

그러던 어느 날, 성인의 조각상은 사람의 모습으로 나타나 무릎 꿇은 청년을 바라보며 피곤한 기색이 역력한 얼굴로 말했다.

"나의 아들아... 제발, 제발... 제발...! 일단 로또를 한 장 사오렴..."

일상의 풀(Pool)에서 벗어나 내게 더 잘 맞는, 좋은 사람을 만나길 소원하면서도 새로운 모임엔 나가지 않는 '운만추(운명적인 만남을 추구하는)'형 솔로들의 상황이 로또 당첨을 위해 간절히 기도하면서도 막상 로또티켓을 구입하지 않은 이탈리아의 가련한 청년의 모습을 떠오르게 한다. 심리법칙 중 '고슴도치 딜레마(Hedgehog's dilemma)'가 이런 패턴을 설명해 줄 수 있는데, 대인관계에서 친밀함을 원하면서도, 동시에 타인과 적당한 거리를 두고 싶어 하는 상충하는 욕구가 공존함을 말한다.[1] 추운 겨울, 고슴도치들은 서로의 체온에 의지하고 싶지만, 살을 너무 가깝게 맞대면 서로의 가시에 찔릴까 봐 두려워 가깝게 다가가지 못하는 것이다.

연애는 하고 싶지만 막상 새로운 사람을 만날 수 있을 만한 자리는 묘하게 꺼려지는 그 마음. 이전과 같이 연애의 시도에서 실패를 반복할 것 같은 두려움, 실제 연애대상을 만나게 되더라도 자신이 관계를 잘 유지할 수 없을지 모른다는 부정적인 자기개념(낮은 자존감), 연애 자체를 동화 속 주인공의 러브 스토리처럼 이상화하여 상상하는 비현실적인 기대, 그리고 새로운 모임에 나가길 매번 그만두다 보니 더욱 익숙치 않아 습관적으로 기피하게 되는 경우 등, 딜레마적 상황 안에서 다양한 '저마다의 사정'을 생각해 볼 수 있다.

유형 3. 내가 좋다고...? "왜?"

막상 나 좋다는 사람이 나타나면 호감이 사라진다.

언뜻 생각해 보면 쉽사리 이해가 되지 않는다. 연애를 시작하길 원하는 상황에서, 별다른 노력을 들이지 않았음에도 누군가 '있는 그대로의 나의 매력'을 기가 막히게 발견하고 먼저 다가와 준다면 어화둥둥 꽃가마로 모셔야 하는 일이 아닌가! 하지만 놀랍게도, 이 세 번째 유형에 속하는 사람들을 드물지 않게 찾아볼 수 있다. 일단 자신에게 먼저 호감을 보이는 사람과 만나면 왠지 내가 손해 보는 것 같은 생각이 들고, (연애라는) 목표를 달성했다는 느낌이 들면 매력이 사라지는 경험이 되기도 하고, 실제 새로운 연애에 뛰어들게 되면 지난한 과정으로 들어가는 것이 아닐까─새로운 두려움이 밀려오기 때문에 호감을 확인하고 그 마음과 눈길에 잔잔히 젖어드는 과정을 즐길 수 없게 되는 모습이다.

바로 이런 복잡 미묘한 심리로 인해 많은 솔로들이 새로운 관계를 목전에 앞두고 오히려 너무 쉽게 '좋아!'라고 말해 버리거나, 반대로 상대방이 요청하는 것을 충분히 들어주고 싶은 진심을 가지고 있으면서도 괜히 '밀당(밀고 당기기)'을 시도하게 된다. 우리 주변 밀당의 고수들은 '연잘못'들의 부러움을 한 몸에 받지만, 막상 밀당에 미숙하다면 고민으로 지새운 밤과, 메시지를 바로 확인하면 기다리고 있던 티가 너무 나지 않을까 하는 순진한 마음에서 적당한 시점까지 참기 위해 허벅지를 꼬집었던 노력과는 달리 상대에게 의도치 않은 상처를 주게 될 수도 있는데 말이다.

●● 책도, 운명도, 밀당도 모두 No?! 그럼 어떻게 해요?

앞서 연애를 오직 한 사람이 경험한 '그 범위' 안에서 쓴 오묘하고 독특한 경험담이라고 말한 것처럼, 사랑과 연애라는 삶의 장기 과제에 있어 만병통치약이란 있을 수 없지만, 그럼에도 사랑의 입구를 바로 앞에 두고 여러 두려움으로 서성이는 '연잘못' 독자들을 위해 몇 가지 제언을 하고자 한다.

1. 너무 큰 기대, 너무 큰 욕심은 '나중으로 하라'.

당장 시작하는 만남을 '적어도 2년은 만나야지', '이 사람과 운명공동체를 이뤄야지' 하는 섣부른 마음은 거의 모든 연애상황에서 도움이 되지 못한다. 우선 너무 깊지 않은 연애를 여러 번 해 보면서 스스로가 연애관계에서 추구하는 중요한 가치와 선호가 무엇인지 탐색해 보고, 소망하는 '장기적이고 건강한 연애'를 함께할 수 있을 나만의 유형을 찾아가길 권한다.

나를 잘 아는 지인들로부터 소개를 받는 것도 한 방법이다. 만남까지 이르는 경로야 다양하지만 궁극적으로 연애에 성공하려면, (쓰린 이야기이지만) 작은 실패들을 먼저 경험해 보는 것이 필수적이다.

2. 나와 상대의 '건강한 거리'를 지키기 위한 노력과 연습을 하라.

사람들은 주로 주관을 갖춘, 자기 가치에 대해 확신이 있는 긍정적인 사람을 연애상대로 선호하는 경향이 있다. 현란한 언변이나 이벤트, '썸'에서의 선물공세가 어느 정도 도움이 될 수는 있겠지만, 먼저는 자기관리(시간, 경제적인 부분, 용모 및 언변)가 선행되어야 하고, 또 이것이 일관적이어야 한다. 연애 초기, 타오르는 감정에 도취되어 무리한 노력을 들이다, 시간이 지나면 눈에 띄게 애정표현이 감소하는 것은 오히려 완급조절을 하며 직접적인 '공들이기'를 덜한 것보다 결과가 좋지 않을 수 있다.

나아가 사소한 문제, 의견의 차이가 발견되었을 때, 어떤 말을 하고 어떻게 해결할 수 있는지가 그 연애의 결과 (지극히 주관적이지만) '성공'을 좌우한다. 결국 내면의 태도, 상대에게 보이는 배려와 사랑이 진정한 연애성공의 바로미터이다.

06
PART

"걱정말아요 그대"…
현대인의 '과잉 근심'

PART 06

"걱정말아요 그대"···
현대인의 '과잉 근심'

♣ YTN 카페_[별난 사람들]_고민상담게시판

cannotunderstand**
[제목 : 가스 밸브 인증사진 찍는 저희 언니, 이상한 거 맞죠?]

안녕하세요? 매일 다른 분들의 고민을 듣기만 하다가 처음 여기에 글을 올리네요.

스스로 어떻게 판단해야 할지 몰라 도움을 좀 청하려고 합니다. 제 고민의 주인공은 바로 저희 친언니인데요. 저와 제 언니는 서울에서 함께 자취하고 있습니다. 그런데 얼마 전부터 언니가 조금 이상한 행동을 하더라고요.

함께 나가서 저녁을 먹기로 한 날이었어요. 그런데 언니가 외출하기 전에 욕실과 부엌을 서너 번 왔다갔다 하더라고요. 그래서 왜 그러냐고 물어보니까 수도꼭지를 열어 놓지는 않았는지, 가스 밸브가 잘 잠겼는지 확인을 한다고 하더라고요.

그러다가 제가 한번 충격을 받은 날이 있었는데요, 그날도 언니가 먼저 외출을 준비하고 있었어요.

습관처럼 부엌과 욕실을 서너 번 드나들며 수도와 가스를 확인하더라고요.

그런데 그것도 마음이 안 놓였는지, 휴대폰 카메라로 잘 잠겨 있는 가스 밸브 사진까지 찍어 놓더라고요... 언니와 이야기를 해 보니 그렇게 하면 가스 밸브가 잘 잠겨 있다는 확신을 할 수 있어서 그랬다고 해요. 이렇게 여러 번 확인하고 나가도 불현듯 정말 잘 잠갔는지, 혹시 어떤 폭발 사고는 나지 않을지 문득문득 걱정된다고 하더라고요. 이뿐만이 아닙니다. 한번은 언니가 옷을 다리려고 다리미를 쓰다가 실수를 했나 봐요.

급한 나머지 다리미 코드를 뽑지 않은 채 외출을 했고, 다리미가 꽤 오랫동안 넘어져 있어서 장판이 탔거든요... 그러니깐 그게 벌써 6개월은 지난 이야기인데요. 그때만 해도 언니가 놀라기는 했어도 그렇게 걱정하지는 않았거든요.

그런데 얼마 전부터 다리미를 쓰는 날이면 신경이 쓰여서 공부할 수가 없더래요.

상황이 이렇다 보니 요즘은 다리미 자체도 잘 안 쓸뿐더러, 꼭 써야 할 때는 무조건 집에 오래 있는 날 쓰더라고요. 다리미를 쓴 후에 제자리에 넣는 걸 볼 수 있을 때만 사용하는 거죠.
안 그래도 언니가 중요한 시험을 앞두고 있어요. 그래서 잠깐 예민해진 것인지 아니면 무엇 때문에 그렇게 불안해하는지... 저도 생각이 많아집니다. 일어나지도 않는 일을 놓고 매일 얼굴이 하얗게 질리는 걸 보니 언니를 그냥 두고 보는 게 맞는 걸까 싶어 걱정되고요.

우리 언니, 어떻게 도와줘야 하나요?

출근길에 나선 아침, 바람이 살랑살랑 불어오면 예쁘게 핀 꽃들이 다 떨어질까 마음이 심란하다. 또, 바람 한 점 없는 날엔 미세먼지가 심한 것은 아닌지 걱정이 된다. 바람이 어느 정도 부는지, 실제 오늘의 미세먼지 농도가 어떤지는 사실상 논외이다. 불어도, 불지 않아도―매일 아침 마음에서 자동적으로 피어오르는 근심과, 막연한 불안감을 좇을 새도 없이 뒤이어 연쇄적으로 몰려오는 여러 걱정거리와 상념들이 산뜻하게 시작해야 할 아침시간을 완전히 망가뜨리는 것이다. 비단 아침시간뿐인가? 늦은 밤과 새벽시간들은 더욱 잔인하다. 지친 몸과 마음을 달래기 위해 일찌감치 침대에 누워도, 눈을 감으면 마음의 게시판으로 하나 둘 날라드는 '내가 왜 그랬지?', '오해를 산 것은 아닌가?' 등등 '셀프 고민사연'들이 머릿속을 가득 메우고, 몸을 이완하고 기분 좋게 잠들기는커녕, 하루에 일어난 여러 찜찜한 일들을 반추하며 근심 속에 시간을 흘려보내는 것이다. 때문에, 점점 피곤해진다. 악몽을 좇아내고 걱정을 대신 잡아먹어 준다는 드림캐처(Dream catcher)와 걱정인형들은 하나 같이 소용이 없다.

필자 또한 관여하는 일들이 많고, 하나하나도 결코 단순하지 않기에 몸이 지치는 날이 더러 있지만, 불안수준이 높은 편은 아니다. 쉽게 위기감을 느끼고 불안해하는 것은 어느 정도 타고난 성향이긴 하지만, 어떤 직무에 점차 능숙해지고 어울리는 사람들과도 친밀감을 쌓을수록 편안해지는 면이 분명 있다. 심리치료의 한 갈래인 '실존치료'의 대가인 얄롬(Irvin Yalom)은 인간은 필연적으로 불안할 수밖에 없으며, 가장 본질적인 불안은 '죽음'이라 하였는데, 동시에 그는 우리가 인생에서 내리는 많은 선택에 대하여 "어쩔 수 없었다"고 하는 것은 사실이 아니며, 실제는 우리는 어떻게 살아갈 것인가에 대해 많은 선택권을 가지고 있고, 현재의 우리는 과거 선택의 결과물이다―라고 했다. 언뜻 차갑게 들릴 수 있지만, 실존주의 철학은 습관적으로 근심하게 되는 이들에게 역설적인 희망을 선사하기도 하는데, 먼저 작은 일에도 크게 걱정하게 되고 늘 근심걱정을 달고 사는 사람들의 심리에 대해 이야기해 보고자 한다. 이들은 특히 새로운 일을 시작할 때, 예컨대, 새로운 집단으로 들어가야 할 때나 낯선 과제를 맡게 되면 극도로 불안해지고 심한 스트레스를 호소한다.

●● 매 순간이 불안해 견딜 수 없는 사람들

과잉근심/램프(Lamp) 증후군[1]

불안장애를 설명할 수 있는 증후군으로, 명확한 이유가 없는 경우에도 막연히 극심한 불안감, 걱정하는 상태를 반복적으로 경험하는 것. 심리학적으로는 '범' 불안장애에 속할 수 있다. 비현실적이거나 실제론 그다지 절대적이지 않은 이유에서 기인한 불안, 공포감이라고 할지라도 마치 알라딘에 나오는 '램프의 요정 지니'를 소환하는 것처럼 수시로 불안감을 경험한다는 것에서 따온 명칭.

♣ 마케팅에서는 램프 증후군을 겨냥하여 자극적인 '공포 마케팅'을 시도하기도 한다.

만성적으로 불안해하고 작은 일에도 극도의 위기감을 느끼는 경향은 선천적으로 타고난 경우도 있고, 참사나 사고 등 개인사 속의 트라우마

(Trauma) 경험에 의해 만들어지기도 한다. 특별한 사건사고 없이 살아온 경우라도 요즘의 현대인들은 '미래가 나아질 기미가 없고 매우 불투명하다'라는 불안을 일상적으로 겪고 있기에, 이러한 막막한 모호함에 대해 떠올리면 과잉근심 증후군을 경험할 수 있다.

우리 사회는 그야말로 '걱정 투성이'인데, 10대에는 학업에 대하여, 20대에는 취업, 30대에는 미래에 대한 불확신, 40대에는 팍팍한 현실과 책임감으로 인해, 50대에는 은퇴와 이후 삶에 대한 걱정 60대에는 더 이상 예전 같지 않은 체력과 몸의 건강을 매년 실감하며 노후에 대해 걱정 근심 하게 된다. 때문에, 현재 우리의 삶은 매 순간 낯설고 복합적인 난제의 연속인데, 특히 요즘의 대한민국은 미래를 희망차게 바라볼 수 있는 여러 방면이 막혀 모호함을 더욱 견딜 수 없게 만들고, 전 국민이 높은 불안수준과 씨름하고 있다.

현재 대한민국의 '계층' 이동은 거의 불가능한 수준에 이르렀다. 이때 계층이란 사람의 질적, 인품적인 가치가 높고 낮음을 의미하는 것이 결코 아니며, 일반적인 관점에서 소득 수준, 즉, 사람이 누리게 되는 생활의 '양적 가치'를 의미하는 것이다. 제한된 재화를 나누어 가질 수밖에 없기 때문에, 자연히 가장 높은 위치를 선점하는 소위 '부자'들은 적을 수밖에 없는데, 이러한 현상을 가정하더라도 '중산층'에 속하는 사람들이 가장 많은 것이 일반적이다. 따라서 가장 이상적인 계층 분포 모양은 물론 '마름모꼴'일 터이지만, 산업혁명 이후 대기업이 등장하고 근대 이후엔 대학교육이 본격화되면서 더 이상 중산층이 가장 크게 두드러지고 극단적 저소득 계층이 아주 적은 마름모꼴 형태는 찾아보기 어렵게 되었다. 그런데 우리나라의 경우엔? 전문가들은 현대 대한민국을 가리켜

'모래시계' 형태가 되었다고 말한다. '적당히 여유로운' 중산층이 극도로 적어지고, 반면 저소득－극단적 저소득 계층을 늘어난 것이다. 이러한 현 상황에서, 당장 우리 주변의 10대들을 떠올려 보면 어떠한가? 자유롭게 사고하고, 삶의 여러 가치관을 건강하게 형성할 수 있도록 많은 관점과 사람을 경험해야 할 때에, 더 이상 교육이 계층 간 이동을 위한 '사다리 역할'을 상실한 이때에, 그럼에도 '스펙'을 갖추는 것은 필수적으로 요구되는 이중적인 분위기 속에서 날마다 걱정을 하는 일이 많다.

❶ 지진, 화재… 우리 사회의 재난, 사건사고들

미래와 성공 가능성에 대한 사회의 분위기 자체로 인해서도 심히 좌절되었지만, 직접 겪은 것이 아닐지라도 2017년 포항에서 발생하여 모두를 공포에 떨게 한 강진,[2] 잇따라 2017년 12월 제천과, 2018년 1월 밀양에서 발생한 대형 화재사건들은 개개인에게 충분한 영향을 끼치고 공포심을 대리경험 하게 한다.

우리나라와 같이 작은 나라에서 '내 지역'과 멀리 떨어진 곳이라고 해도, 심각한 피해가 예상되는 자연재해, 국가적 재난, 사고가 발생했다는 소식을 접하면 너나할 것 없이 실시간 뉴스를 틀어 놓고 함께 '전전긍긍 걱정하게 되는' 것인데, 특히 SNS, 실시간 개인 스트리밍 방송을 통해 현장의 아비규환을 마치 내 일처럼 접할 수 있는 시대가 되었다 보니 재난과 관련된 경험을 더 생생히 경험하게 되고 근심 걱정은 확산된다. 과도한, 생생한 정보에 노출되는 것이 스트레스를 가중시키는 것이다. 실제로 참혹한 사건이나 사고를 목격, 간접적으로나마 자주 접하는 사람들은 이 경험으로 인해 '외상 후 스트레스 장애(PTSD: Post Traumatic Stress Disorder)'를 겪게 되는 경우가 많고, 심각성도 강조되는데, 대표적으로는 인간의 죽음과 가장 맞닿아 있는 직업인 의사 혹은 소방관, 깊은 우울과 파국적인 사고에 사로잡힌 사람들을 아주 가까운 심리적 위치에서 마주하게 되는 심리상담사 혹은 치료사 등이 있다.

❷ 청년 불안, 1인 가구... "다들 큰일 나!" 걱정 부추기는 사회

'나 혼자 산다는 것'은 어떤 의미일까? 예능을 통해 1인 가구 연예인, 스포츠 스타 등 유명인들의 삶이 실감 넘치게 공개되면서, 일부 면면은 굉장히 주체적이고

시크(Chic)한 것으로 편집되어, 특히 젊은이들의 독립에 대한 긍정적 이미지를 심어주기도 했지만, 일화들을 살펴보면 고독과 외로움의 감정을 조절하기 위해 다양한 취미나 새로운 소모임을 찾는 것을 보면 가장 화려한 연예인들의 삶 속에도 1인 가구이기에 겪을 수밖에 없는 '헛헛함'이 있다는 것을 짐작해 볼 수 있다. TV 프로그램 속 그들의 삶은 일정

부분 편집되었을 것이고, 인적-물리적 자원이 충분한 경우가 대부분이기에 오히려 낭만적인 면이 강조되는 경우가 많다. 하지만 일반인들의 경우엔 핵가족화, 고령화로 인해 독거노인 인구가 해마다 많아지고, 따라서 개개인이 예전과 같이 가족 혹은 공동체 속에서 보호받지 못한다는 것이 요즘 사회 전체의 현실이다.

가족과 함께 생활한다고 해서 언제나 더 안정적이고 심적으로 편안한 것은 아니지만, 가족 혹은 속한 공동체의 자세한 맥락은 잠시 논외로 하고 생각해 보면, 오롯이 혼자 살아간다는 개념 자체가 그 '불안, 공포'를 한 사람이 고스란히 감당해야 하는 생활의 형태를 만드는 것이다.

●● 근심도 습관이다

걱정하는 마음은 분명 예상 가능한 위험상황으로부터 우리를 지키고 필요한 심적, 물적 대비를 시키도록 하는 기능을 가진다. '겁'은 진화론적으로 아주 핵심적인 감정이자 신체반응인데, 이것을 느낄 수 없다면 우리는 효과적으로 자기를 보호할 수 없게 될 것이다. 동시에, 수많은 심리학 관련도서, 자기계발서의 제목으로 흔히 접했을 'OO(짜증, 분노, 폭식 등)도 습관이다'라는 말은 심리학적으로 사실이다. 게다가 '전전긍긍하고 있는 것'에 많은 심리적 에너지를 쏟기 때문에 무력감, 무기력을 경험하게 될 개연성도 크다. 매슬로우(Abraham Maslow)라는 심리학자는 인간 욕구의 위계단계(Hierarchy of needs)를 정의했는데, '안전'을 향한 욕구는 상당히 본능적이고 기본적인 것으로, 이 부분에서 위협을 느끼면 보다 상위의 욕구인 '정신건강이나 행복, 자아실현' 등을 위해 동원할 수 있는 에너지를 모두 철회해 '안전 확보'에 몰두하게 된다고 주장했다.

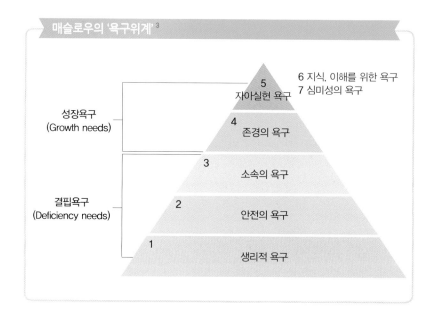

그뿐만 아니라 걱정은 '사회적으로 전염(Contagion)'된다. 인터넷을 통해 내 일처럼 접하게 되는 소위 '카더라 통신', 각종 '괴담' 등이 실시간으로 확산되면서, 공동체적인 연대의식이 약화된 현대사회에서는 특히 "그 누구도 믿을 수 없으며, 나는 안전하지 않다"—라는 공포감과 위기의식을 심어 줄 수 있다.

●● 걱정인형아, 내 걱정을 모두 먹어치워 줄래?

현실은 별다른 진전 없이 갑갑하고, 미래는 막연히 불안정하게만 느껴지다 보니 사람들은 저마다 누적되는 근심거리들을 해결하기 위한 크고 작은 방안들을 찾는다. 비교적 간단하게 마련해볼 만한 장치로는 나 대신 걱정을 도맡아 해준다는 '걱정인형' 혹은 나쁜 꿈과 불운을 쫓아준다는 '드림캐쳐' 등을 구매해 집 안에 배치하는 것 등 유행 아이템도 다양하다. 이것들의 실증적인 효과는 어떠한지 과학적으로 증명할 수 있는 것은 아니지만, 일종의 플라시보 효과(Placebo effect)를 일으키는 것일 수도 있겠다.

습관적으로 걱정하는 사람들이 찾는 아이템

'걱정인형'　　　　　'드림캐쳐'

플라시보 효과란, 즉 '위약효과'를 일컫는데, 의사가 (일종의 속임수를 발휘하여) 가짜 약을 처방하였음에도 불구하고 복용하는 사람이 긍정적인 효과가 있다고 믿으면 심리적 요인에 의해 병세가 호전되는 것을 말한다.[4] 무엇을 먹거나 행하든, 저마다의 당위에 따라 이것이 내게 긍정적이며 새로운 변화를 가져와 줄 것을 믿는다면 습관적인 불안을 일부 해소하는 데 기여할 수 있을 것이다. 물론, 걱정인형이나 드림캐쳐의 신묘한 '능력' 또한 지나치게 맹목적으로 믿는다면 '의존'이라는 제2의 심리적 문제를 낳게 될 수도 있다. 어디에 가든 걱정인형을 늘 데리고 다닐 수 없는 노릇이기 때문이다. 우리는 필요에 따라 여러 장치들을 구입하거나 만들어 내 활용할 수 있지만 동시에 과도하게 의존적이 되지 않도록 균형적인 자세를 유지하는 것이 중요하다.

인터넷 쇼핑몰을 검색해 물건을 구입하는 것보다 번거로운 절차가 되겠지만, 언제나 그렇듯 심리학은 만성적인 근심에 시달리는 이들에게 '모호한 두려움'을 조절하고 감당하는 방법을 위해, 그에 마땅한 태도를 갖추고 새로운 시도를 해 볼 것을 권한다. 걱정거리가 떠오를 때, 이 자동적인 정서적 각성을 의식적으로 '억제'하기보다 '흘려보내는 자세'가 필요하다. 걱정거리의 자세한 내용들을 글로 적어보거나 '일지'의 형태로 작성해 보는 것 또한 흘려보내기 시도가 될 수 있다.

필자는 다양한 흘려보내기 방식 중에서도 '수요일의 상자'라는 방법을 추천하고 싶다. 걱정거리와 크고 작은 상념이 생겼을 때, 이를 머리와 마음속에서 이리저리 굴리며 몸을 불리도록 방치하는 것이 아니라, 종이에 직접 적어 저금통 같은 상자에 넣고 일주일 중 특정한 날(예: 수요일 밤)에 모인 쪽지를 펼쳐 보는 것이다. 당시엔 몰두해 적어 내려갔던 내용들일지라도, 며칠이 지난 어느 날 수요일 밤엔 그중 일부가 이미 자연적으로 해결됐거나 중요하지 않은 것이 되었음을 알 수 있을 것이다. 이러한 경우엔 해당 쪽지를 버리고 아직 오지도 않은 날들과 관련된 걱정들은 다시 상자 안에 넣어라. 하루아침에 걱정을 전혀 안 하게 될 수는 없는 노릇이기에, '걱정하는 시간'을 정하고 그 때에만 걱정하기, 그리고 이외 날엔 걱정에서 잠시 멀어지는 이러한 방법을 '간직하기 (Containing) 기법'이라고 한다. 마치 컨테이너 박스에 걱정을 가두어 두는 것처럼 말이다.

우리의 걱정은 실제로 '중요하거나 혹은 그렇지 않다'. 미래에 대해 생각하고 대비하는 것은 후회를 줄이기 위한

노력의 일환이지만, 이 장의 끝에 다다른 여러분도 직감하고 있을 것이다. 나의 걱정이 때론 불필요할 정도로 과하다는 것을, 그리고 한참을 걱정한 '최악의 시나리오'는 대부분 일어나지 않았다는 것을 말이다. 수요일의 상자를 마련하고, 나를 위한 일인 줄 알았지만 어느 순간부터는 내게 괴로움을 주는 걱정거리들이 일상의 나를 괴롭히지 않게 가두어 보기 바란다.

PART 07

딱 맞는 '족집게' 심리테스트,
그 비결은?

딱 맞는 '족집게' 심리테스트, 그 비결은?

현주
직장 옮기는 문제 때문에 스트레스가 많이 심해?

> 그렇지... 어떻게 해야 할지 모르겠고.. 그냥 많이 답답하네.. 😔

현주
그럼 내가 전에 말한 그 사주카페 같이 가 보면 어때?

> 나 그런 거 안 믿는다니깐..

현주
진짜 나 믿고 한 번만 같이 가 보자~
나도 원래 사주나 타로 같은 거 전혀 안 믿는
편이었는데, 이 집은 진짜 소름 돋았다니까?

> 얼마나 족집게 엿길래 소름이 돋을 정도야?

현주
내가 겉으로는 쿨해 보여도 대인관계로 스트레스 엄
청 받잖아. 지난번에 퇴사할 때도 그랬고, 전 남자친
구랑 헤어졌을 때도 무던한 척하려 했지만.. 몇 달을
고생했었고. 나 이런 거 친한 친구들한테도 자세히
얘기한 적 없는데, 그 사람이 그것까지 다 맞추더라
니까? 부모님이랑 사이 안 좋은 것까지 딱 짚어주고!

> 그 사주카페가 유난히 잘 맞추나 보네.

현주
그러니깐~ 완전히 마음을 꿰뚫어 보더라니까?

현주의 '간증'을 들어보니 귀가 솔깃해졌다. 소름이 돋을 정도로 기가 막히게 맞추는 곳이라면 한번쯤 가 봐도 좋지 않을까? 이직 문제를 놓고 고민한 지 벌써 몇 달째였다. 지금의 회사가 조건이 나쁜 것은 아니었지만, 새로 옮기려는 곳은 연봉부터 사원복지까지 여러 조건에서 월등하다. 규모로 보아도 장기적인 경력 쌓기에 도움이 될 것이다. 하지만 들은 바로는 사내 분위기의 면에서, 협동보다는 개인 간 경쟁을 통한 성과내기에 치중한 곳이라는 점, 또 지금과 같이 좋은 동료나 상사를 다시 만날 수 있을까... 고민이 깊다. '사람'이냐 '연봉'이냐. 몇날며칠 머리를 싸매고 고민해 보아도 정말 답이 없다.

내가 진정 원하는 것은 무엇인지, 또 무엇이 옳은 선택일지 미리 알 순 없을까? 한창 혼란스럽고 우울하던 차에 현주가 호들갑을 떨자 마음이 흔들렸다. 사주를 보는 사람들은 정말 무언가를 '볼' 수 있는 걸까?

●●● 정말 '딱 내 이야기'일까?

막연한 불안감, 실체 없는 모호함과 마주할 때 우리는 누군가 확실한 답을 알려 주기를 바란다. '지금 직장을 옮기는 것이 과연 현명한 결정일까?'와 같이 때론 현실적인 고민거리도 있겠지만, 우리 내면에 늘 공기처럼 존재하는 가장 원초적인 모호함이란 의외로 '우리들 자신'에 대한 것이다. 어쩌면 삶의 시작부터 끝까지 유일한 동반자인 나 스스로에 대해서 우리는 얼마나 알고 있는가? 나의 가치, 취향과 선호, 삶의 지향점... 스스로에 대해 자신이 가장 잘 알 수 있을 것 같지만, 실은 여러 순간에 모호함을 만나게 된다.

영등포, 동대문과 같은 번화가 뒷골목 한 구석, 허름한 부스에서 손 때 묻은 사주팔자풀이를 넘겨가며 결혼운이라든지 자식운과 같은 한 인생의 굵직한 운을 점치던 역학관이나, 장군신을 모신다는 무당집은 어쩐지 '낡은' 느낌을 지울 수 없지만, 일상 속 모호함을 타계하기 위해 찾는 여러 해우소는 요즈음도 변모된 형태로 존재한다. 각종 온라인 사주, 타로풀이 사이트와 심지어는 사람과 직접 이야기를 나누는 것처럼 메신저 주고받기 형식으로 프로그래밍된 각종 스마트폰 어플리케이션들이 존재한다. 이것뿐인가? 잘 나간다는 타로 리더들은 더 이상 면 대 면이 아닌, 메신저를 통해 미래의 운을 점쳐 주기도 한다.

날마다 편차는 있지만 놀라운 점은 역술가와 타로 리더를 막론하고 그들의 풀이가 어느 정도 잘 맞는 것으로 들린다는 점이다. 각종 심리테스트의 결과도 마찬가지. 정말 *뭔가* 있는 게 아닐까? 신묘한 느낌이 들지만 '족집게 심리테스트', '꿰뚫어보는 운명풀이' 안에도 모호함을 현혹하는 심리법칙이 숨어 있다.

●● 바넘효과[1]: "바로 내 이야기"?

일반적인 성격특성을 묘사하는 동일한 성격풀이를 제시했는데도 모두가 '맞아! 바로 내 이야기야'라고 말하는 현상. 19세기 미국의 곡예단에서 사람들의 성격을 알아맞히던 바넘(Barnum)이라는 사람의 이름에서 유래된 것. 바넘의 이야기는 〈위대한 쇼맨(The Greatest Showman)〉(2017) 영화로도 각색되었음.

1949년, 미국의 심리학자 버트럼 포러(Bertram R. Forer)는 대학생 피험자들을 대상으로 바넘효과가 존재함을 실험으로 입증하였다. 먼저 심리검사를 실시하고, 각 학생들의 실제 성격과는 무관한 보편적이 성격특징들이 적힌 동일한 결과지를 주었다. 이 실험에서 포러 박사와 실험자들은 참가자들이 모두 동일한 결과지를 받게 된다는 것을 감쪽같이 속이기 위해 참가자의 자리 배치, (그럴듯한) 심리검사에 대한 안내사항 등을 이용하였는데, 실험의 마지막에서 참가자들에게 공통적으로 배부된 결과지는 다음과 같은 '일반적인 인간성격에 대한 묘사'로 꾸며졌다.

1. 당신은 다른 사람들이 자신을 좋아하고 칭찬해주기를 소망한다.[2]
2. 당신은 스스로에 대해 비판(비평)적인 구석이 있다.
3. 당신은 스스로 충분히 인식하지 못했지만 특별한 가능성을 지니고 있다.
4. 비록 당신이 약간의 성격적 약점을 가지고 있기는 하지만, 많은 경우 당신은 그것들을 보완할 능력을 가지고 있다.

위와 같은 문항으로 구성된 모두 같은 결과를 읽도록 하고 참가자들에게 자신의 성격을 얼마나 잘 드러냈는지 물었을 때, 놀랍게도 80% 이상의 참가자들은 이 똑같은 결과지를 보고도 "맞아! 딱 내 이야기야"라는 반응을 보였다.

이 책을 읽는 여러분은 어떨 것 같은가? 80%의 참가자들과는 달리 포러의 실험 속 '족집게를 가장한 속임수'를 간파해 낼 수 있을까?

사람들은 분명 모두 다르지만 동시에 누구나 비슷한 구석이 있다. 위 예시의 다섯 설명 중 한두 개 정도는 '그런가?' 싶기도, 나머지는 '내 이야기인 것 같은데?'라고 느끼게 되는 것이 바로 바넘효과이다. 나를 완벽히 반영하는 것은 아니지만 나의 일면을 반영할 수 있는 이런 흔한 말들에 우리는 현혹되기 쉬운 것이다.

> **당신에 대한 이야기로 들리나요?**
>
> 1. 당신은 우유부단해질 때가 있다.
> 2. 겉으로는 자신감이 있을 때도 있지만 내면엔 걱정이 가득할 때도 있다.
> 3. 가족이라도 모든 것을 다 이야기하는 것은 바람직하지 않다고 생각한다.
> 4. 여유 있는 삶은 내 인생의 중요한 목표이다.
> 5. 내가 바라는 일들 중 어떤 것은 실현되기 어려울 수도 있다고 생각한다.

심리학자 포러에게 한국의 '소개팅 단골 주제'인 혈액형별 성격에 대해 설명해 준다면 어떨까? 엄정한 연구자인 그는 이 유사과학에 대해 순간적으로는 얼굴을 찌푸릴지 모르지만 곧 (적어도 '어느 정도'에 대해서는) 공감할 것이다. 영화 〈B형 남자친구〉(2005) 또한 전형적으로 이러한 심리법칙이 적용된 예이다. '때론 변덕스럽지만 진중할 땐 진중한', '가끔 신경질적이지만, 또 아찔하게 매력적인'... 그대의 지난 연인들 또한 일부분은 '전형적인 B형 성격'과 닮아 있다.

●● 한국의 요즘, '콜드 리딩'과 '이 달의 행운 아이템'

무당집을 찾아가 보는 것은 요즘의 10, 20대에게 더 이상 흔한 경험이 아닐 수 있지만, 용하다는 무속인들은 찾아오는 상대에 대한 아무런 사전 정보가 없는 상태에서 표정, 억양, 행동의 습관이나 입고 있는 옷에서 유추할 수 있는 취향 단서들로 마음을 읽어낸다. 그럴듯한 심리학적 기술인 '콜드 리딩(Cold reading)'은 연극에서 즉석 대본을 받아 큰 소리로 읽는 것을 의미하는 용어인데, 상대를 간파하는 듯한 말로 귀를 솔깃하게 만들고 바넘효과를 유발한다.[3] "너! 남들한테는 되게 강한 척하는데, 사실은 속이 여려! 맞지!?"

미용실에서 순서를 기다리면서 뒤적이곤 하는 두꺼운 패션잡지의 한 귀퉁이에서 흔히 찾아볼 수 있는, 이 달의 별자리 운세, 행운의 패션 아이템이나 컬러 또한 마찬가지이다. 이성적인 머리로는 이 달의 행운 아이템은 랜덤 산출의 결과일 것을 알고 있지만, 별자리 운세의 내용을 먼저 읽고 나면 자꾸만 신경이 쓰인다. 올 봄, 나의 행운의 컬러는 블루? 행운의 패션아이템은 블루 계열의 머플러!

콜드 리딩에 귀가 솔깃해지고, 유사과학 심리검사의 결과에서 바넘효과에 속아 넘어간다고 해도 그대가 줏대 없는 사람이 되는 것은 아니다. 지극히 자연스러운 반응일 뿐 아니라, 요즘

과 같이 현재와 미래가 극심히 모호하고도 불안하게 느껴지는 사회적 상황도 한 몫 거들고 있을 것이다. 심리검사의 공신력이나 무속인의 신통력과는 무관하게... 나의 속사정을 누군가 잘 알고 있다는 위안과 안정감을 느끼고 싶은 그 마음. 고독한 것에 점점 익숙해져야만 하는 이 시대에 자신의 존재감과 타인과의 동질감을 찾게 되는 것은 자연스럽다. 하지만 동시에, 중요한 것은 정보를 여과 없이 받아들이기보다, 나 스스로에 대해 충분히 고민하고, 나름의 묵직한 기준을 가진 뒤 객관적인 정보와 비교해 가며 '실제 나 맞춤형' 판단을 내릴 수 있도록 크고 작은 통찰의 경험을 가지는 것이다. 사회에서 만난 참을 수 없는 인간관계의 가벼움과 쉼 없이 몰려오는 선택의 순간들 사이에서, '내게 중요한 것은 무엇인가?', '나는 어떤 삶을 살길 원하는가, 그리고 그것이 내게 어울리는 모

습인가?'를 진지하게 질문해 보자. 모호함의 어둠을 헤매는 '혼책(혼자 산책)'의 끝에 자신을 발견하길 응원한다.

PART

까칠하지만 따뜻한 '츤데레'…
매력 느끼는 우리의 심리는?

PART 08

까칠하지만 따뜻한 '츤데레'…
매력 느끼는 우리의 심리는?

20**년 *월 *일, 날씨 '그럭저럭'

제목 : 어떤 사랑을 시작할까? 그것이 문제로다....

이제 막 1학기 중간고사를 마쳤다.

2학년 때는 진짜 학점 관리 잘하려고 했는데, 결과가 어떻게 될지 모르겠다(ㅠㅠ)

어쨌든! 우선 한숨은 돌렸는데, 요즘 다른 고민 탓에 머리가 아프다.

대학에 와서 다들 예쁜 사랑 많이 하던데, 나는 내 짝이 없어 퍽 외로웠다.

그런데 갑자기 나에게 호감을 보이는 사람이, 그것도 *둘씩이나* 생기다니!

먼저, 같은 학과 동기 규성이.

규성이는 정말 모난 곳 없이 성격이 좋은 아이다. 학과 친구들하고도 두루두루
잘 지내고. 어찌나 잘 웃고 밝은지 주변 사람을 기분 좋게 해 준다.

매일 따로 연락도 하고 자주 둘이서만 만나 야식도 먹곤 한다. 아무래도.... 규성
이가 아마 날 친구로만 생각하지는 않는 것 같다. 감기몸살로 힘들었던 저번 주
만 해도 내가 아프다고 했더니 약국에서 약을 사서 집까지 와 줬다. 죽이랑 과일
같은 먹을 것도 몇 개 사 들고 말이다.

원래도 배려가 몸에 밴 사람이지만, 유독 요즘 들어 나를 특별히 더 챙겨 주는 게
눈에 보인다. 그리고 다른 친구도 많으면서 밥을 먹든 숙제를 하든, 계속 나랑만
있고 싶어 한다. 그래서 거의 매일 붙어 있다. 당연히 나도 자상한 규성이가 나쁘
지 않다.

하지만 문제는!!

이렇게 다정한 사람을 두고 나는 나쁜 남자에게 끌린다는 것이다.

이번 학기에 복학한 오빠인데, 처음부터 여러모로 신경이 쓰였다. 예전부터 '오늘
옷이 별로다'라는 둥, '귀걸이가 안 어울린다'는 둥 만나자마자 못된 말만 늘어놓

기 일쑤였다. 그런데 옷이 바뀐 건, 귀걸이가 새것이라는 건 어떻게 그리 잘 아느냐고... 마치 관심 있게 보고 있는 것처럼. 그리고 수업 중에 어쩌다 그 오빠를 보게 되면 자주 눈이 마주치기도 한다. 얼마 전에 그 오빠와 다른 친구들이 같이 모여서 시험공부 한 날도 좀 설렜다.

한날은 내가 아르바이트에 늦어 급하게 나가다 핸드폰을 두고 갔다. 그런데 아르바이트를 마치고 나와 보니, 글쎄 그 오빠가 기다리고 있는 게 아닌가!

당연히 나 때문에 귀찮다고, 깨톡은 왜 안보냐고 버럭 화부터 냈다. 그러면서 아르바이트가 언제 끝날지 몰라 계속 기다렸다고 했다. 이런 저런 얘기를 할 때 계속 피곤하다고 툴툴대더니 또 시간이 늦었다며 집까지 데려다 준단다.

툭하면 화내고, 말을 예쁘게 하는 것도 아닌데... 왜 자꾸 그 오빠가 생각나는 걸까? 착한 규성이를 두고 나는 왜 이런 사람에게 끌리는 걸까?

정말 나도 나를 잘 모르겠다...

언뜻 남에게 별로 관심이 없고 무심한 듯 보이지만, 어쩐지 나에게만은 세심한 마음을 써 준다는 것을 느낄 때. 대부분의 상황에서 무뚝뚝한 모습을 보이면서도 아주 가끔 자상한 면모를 내비치는 사람... 어쩌면 늘상 다정하거나 온화한 성향의 사람들보다도 더 치명적이게 매력적인, 가끔이라 더 특별하게 느껴지는 이런 '반전매력'의 사람들을 흔히 '츤데레'라고 부른다. 어감에서도 알 수 있다시피 일본어 단어인데, 세침하고 퉁명스러운 모습을 묘사하는 '츤츤'이라는 의태어와, 친밀하게 착 달라붙는 모습을 표현하는 '데레데레'가 만난 합성어이다. 각 의미에 대한 설명만으로는 어떤 사람을 일컫는 것인지 모호할 수 있으니 먼저 온라인에서 '좋아요'를 많이 얻었던 4컷 만화를 재구성한 그림을 보자.

길을 걷다 말다툼을 하게 된 두 사람. 연인은 '츤츤'거리며 언쟁하지만 비가 오기 시작하자 우산을 스윽─씌워 주는 '데레데레'한 모습을 보여

준다. 말다툼은 계속되지만 연인이 비에 젖지 않을까 자동적으로 우산을 펴게 되는 모습에서 찡한 애틋함이 느껴진다.

특히 우리 한국인들의 '츤데레 사랑'은 각종 드라마와 영화, 애니메이션 등 장르를 막론하고 (최근 광고에서까지) 꾸준히 이어져왔는데, 그 모든 '캐릭터 재생산'의 고조할아버지격인 〈미녀와 야수〉에도 츤데레인 남자주인공이 등장한다. 과거 자기중심적이고 오만했던 미남 왕자는 폭풍우가 내리치던 밤, 왕자를 시험하기 위해 찾아온 마녀의 부탁을 매몰차게 거절한 '이기심과 오만의 벌'로 흉측한 모습의 야수로 변하게 된다. 아름다운 외모를 잃고, 자신을 살뜰하게 보좌하던 시중들은 모두 옷장, 탁상시계, 찻잔과 같은 사물의 모습으로 변해버리자 야수 왕자는 스스로를 성 안에 고독하게 가두어 버리고 하루가 다르게 더욱 괴팍해져 간다. 서툴고 '츤츤거리는' 야수가 똑 부러지고 의협심 넘치는 벨을 만나 사랑을 느끼면서 보이는 행동의 패턴이 전형적인 츤데레라고 볼 수 있겠다. 신경질적으로 밀어내면서도 결정적인 순간엔 애절한 눈으로 붙드는 그런 반전의 캐릭터.

꾸준히 사랑받은 '츤데레 야수' 캐릭터

좌측부터 동화 〈미녀와 야수〉(한국가우스), 디즈니 애니메이션 (1991), 영화 〈비스틀리(Beastly)〉 (2011)

●● 드라마 속 츤데레 캐릭터

나이대별 직장인의 애환을 실감 넘치게 담은 드라마 〈미생〉에서 또한 츤데레 캐릭터가 등장한다. 주연급 등장인물인 오 차장은 한때 주목받던 바둑기사였지만 회사생활에 있어서는 요령 없는 '완전 초짜'인 장그래에게 차갑고 거부적인 모습을 보이지만, 장그래의 계산적이지 않은 순수함과 진솔함에 마음을 열고 슬쩍 챙겨주는 따스함을 내비춘다.

조금 더 '떨림'의 대상으로 이입해 보기 쉬울 드라마 〈응답하라 1998〉 속 (결국 덕선이와 이어지지 못한) 정환 역시 평소엔 무심한 듯하지만, 밝고 딜렁대는 덕선을 위해 슬쩍 챙겨주는 츤데레 캐릭터로 등장해 "어남류(어차피 남자주인공은 류준열(극중 '정환'役))" 물결을 일으켰다.

●● 츤데레, 당신은 왜 이리 매력적인가요? – 호감의 '득실효과'와 '최신효과'

우리는 왜 기복 없이 다정다감한 사람에게서보다 오히려 약간은 까칠하거나 냉담한, 하지만 아주 간혹 발견할 수 있는 (심지어는 나만 알아챌 수 있을 만큼 사소한) '작은 좋은 면'에 끌리는 걸까? 이 장을 읽는 누군가는 아주 억울해질 것이다. 항상 말로는 기복 없이 좋은 사람을 만나길 원한다면서, 항상 다정다감한 나를 두고 츤데레를 쫓는 그 심리는 무엇일까?

네덜란드의 철학자 스피노자(Spinoza)가 언급했고, 이후 미국의 심리학자 엘리엇 에론슨(Elliot Aronson)과 다윈 린더(Darwyn Linder, 1965)가 이 효과를 들어, 40명의 가짜(모의, 연기자) 참가자와 40명의 진짜 참가자를 대상으로 서로의 인상에 대해 평가하도록 하고, '사람 간 호감을 느끼게 되는 원리'를 설명하였다.[2] 예컨대, 처음엔 친절한 모습을 보이다가 이후 냉정한 면을 보이는 것보다, 처음엔 무심한 모습을 유지하다 일순간 발견하게 되는 (정도에 상관없이) 다정다감한 면을 대인관계에서 '이득(gain)'으로 느끼고 (무심→ 다정), 전자는 '손실(loss)'이라고 (친절→냉정) 인식하는 현상이다.

한 타인에 대한 '느낌적인 느낌'인 좋은 감정이나 인상, 즉 호감을 가지게 되는 원리를 설명하는 득실효과는 언뜻 "나는 이렇게 단순하게 호감을 느끼

● 호감의 득실효과
처음에는 냉정하지만 나중에는 상냥하게 대하는 경우 상대에게 더 호감을 느끼는 현상

지 않는데?"와 같은 의문을 갖게 할 수 있지만 일상의 수많은 대인관계에서 한 사람에 대한 나의 표상을 결정짓는 데에 생각보다 흔하게 등장한다. 이것을 명확히 '이득 혹은 손실'로 해석하지는 않지만, 그 무어라 명확히 정의하기 힘든 '괜히 섭섭한 마음'이나 '색다른 매력'의 개념을 떠올려 보라.

한 사람은 일부 친절하고 또 어떤 상황에서는 차갑고 냉정한 면도 있는 아주 다양한 기질과 성격들의 집합이지만, 지극히 '나의 입장'에서 경

험하는 타인은 득실효과에서 설명하는 것과 같이 '아주 사소한 단서로 인해 좋았던 인상을 잃어버리거나, 징그러운 악연인 줄 알았던 이와 한 순간 사랑에 빠지기도' 하는 것이다.

호감적인 인상의 최신효과(Recency effect) [3]

일반적으로 사람들이 가장 나중, 즉 최근에 제시된 정보를 이전의 것보다 더 잘 기억하는 것을 말한다. 다른 말로 '신근성 효과'라고도 불린다. 반대의 현상으로는 어떤 사건이나 인물에 대해 맨 첫 기억(이미지, 설명)을 가장 뚜렷하고 강렬하게 기억하는 '초두효과(Primacy effect)'가 있다.

벼락치기 시험공부를 할 때, 유난히 안 외워지는 부분을 표시해 두었다가 시험 직전에 급하게 한 번 더 살펴본 기억이 있을 것이다. 바로 이 일상의 전략이 가장 최신의 정보를 그 전의 것들보다 또렷하게 기억하는 '최신효과'를 본능적으로 활용한 예라고 볼 수 있다. 흥미로운 것은 이 최신효과가 '정보처리'하면 흔히 떠올리는 시험공부에서 뿐만 아니라 사람의 인상에 있어서도 유사한 효과를 일으킨다는 것이다. 처음 만난 후 몇 달을 내리 무심했던 사람이라고 할지라도, 최근 몇 주간 사뭇 달라진 따스하고 인간적인 면을 경험했다면, 인상이나 느낌을 형성하는 데 있어 '최신의 모습'에 더 크게 좌우될 것이다. 이런 현상은

'첫인상이 가장 중요하다'는 오랜 담론으로 대표할 수 있는 '초두효과'와는 정반대인데, 두 효과 모두 유의미하고 실제적인 현상이기에, 무엇이 더 두드러질지는 '상황 맥락'에 따라 결정된다고 말할 수 있다.

가령 첫인상이 부정적이었던 경우라면, 별로 좋지 않고 그를 피하고 싶은 불편한 느낌과 인상을 어서 해결해 버리고 싶은 마음에 일부 기인하여 '최근의 다정함'에 더 집중하게 되는 최신효과가 나타날 수 있다. 반면, 초두효과의 경우 상대에게 관심이 많고 시간이 지나 더욱 친숙해졌으며, 요즘의 태도변화가 논쟁적이어서 명쾌한 옳고 그름을 단정하기 어려운 모호한 상황일 때, '첫인상에 미루어 그냥 좋게 기억하려는' 심리가 지배적이 되기도 한다. 한마디로 '좋은 첫인상은 강하게 남고, 나쁜 첫인상일수록 반전의 효과가 커진다는 것'이다.

●● '빨리빨리' 휘발성 정보가 넘쳐나는 요즘, 생활 속 츤데레들은?

영화, 드라마는 실제 현실을 얼마나 반영하고 있을까? 현실 속의 츤데레들 실제 누군가에게 숨겨진 그들만의 매력을 잘 발산하고 있는 것일까… 필자도 현실 세상의 모든 매력적인 츤데레들이 섬세한 일면을 '가능한 효과적이고 로맨틱한 방법으로' 들킬 수 있길 응원하지만 그렇지 않고 오해를 사는 경우가 상당히 많다. "쟤는 왜 맨날 저렇게 시큰둥이래?", "쟤는 참 항상 차갑더라? 우리랑 별로 어울리고 싶어 하지 않는 것 같아." 때문에, 반전매력을 보이기도 전 '그냥 차가운 사람' 혹은 '단순히 신경질적인 사람'으로 기억되거나, 의도적으로 반전매력 어필을 하기 위해 얄팍한 대인관계 기술로서 '츤데레처럼 굴기'를 시도할 경우 오히려 신뢰가 깨지는 일이 생길 수 있다.

드라마에서 츤데레 주인공을 묘사하는 그 섬세한 서사와 카메라 워킹에 대해 떠올려 보라. 자신을 차가운 사람이라고 오해하고, 앞에 서면 긴장하는 상대를 '실은 걱정하고 오해를 풀고 싶은' 츤데레 주인공의 미묘한 눈빛의 떨림, 어떻게 하면 편한 사람으로 다가갈 수 있을까 밤 잠 설치며 고민하다 아침 일찍 카페에 들러 (상대 주인공에게만 선물하면 오히려 주목받는 곤란한 상황을 만들게 될까 봐) 전체 팀원을 위한 커피를 테이크아웃 하는 '그 모든 기승전결의 맥락'이 포함된다. 하지만 현실은 주로 어떠한가? 전원에게 하나씩 돌아가는 아이스 아메리카노가 츤데레식 호감의 표현인 것을 언제나 눈치 챌 수 있을까? 특히 요즘과 같이 휘발성 정보들이 넘쳐나는 '빨리빨리의 시대'에 '오래 보아야 어여쁜' 츤데레들은 억울한 오해를 겪기 쉽다. 그래서 현실의 츤데레들에게 평소 '진짜 마음'을 적절한 방식으로 표현하기 위한 방법을 추천하고 싶다. 이미지의 극적인 반전을 노리는 것이 짜릿한 이벤트가 될 수는 있지만 그만큼 상황을 아우르는 운이 맞아야만 탄생될 수 있는 '드라마 같은' 사례일 것이기 때문이다.

1. 좋은 의도를 가지는 것은 좋은 인간관계의 '필요조건'이지만 '충분조건'은 아니라는 점을 기억하라. 진심이나 좋은 의도라고 하더라도 적절하고 상대방에게 부담을 주지 않는 방식으로 표현될 때 그 진가를 발휘할 수 있다.
   • 비호감의 예: "나는 네가 걱정돼서 찾아온 건데 넌 왜 고맙단 말 한번을 안 하냐?"
   • 호감의 예: "표정을 보니깐 네가 지금 다른 사람이랑 같이 있는 것 자체가 벅찬 상황인가 봐... 나는 곁에서 힘이 되고 싶은 마음에서 보러 온 것이긴 하지만, 내 갑작스러운 방문을 네가 어떻게 느낄지에 대해서는 충분히 생각해 보지 못했네."

2. 대인관계에서 괜히 퉁명스럽게 행동하고 센 척하거나, '여과되지 않은 말'(권위적 혹은 때론 폭력적으로 여겨질 수 있는 말들)은 반드시 이득보다는 손실이 크다. 특히 화가 났을 때 여과 없이 하는 말은 상대에게 상처를 주고 나중에 깊은 후회를 남기기 십상이다. 화가 났을 때는 말을 아끼고, 차오르는 막말을 참기 힘들다면 '차라리 그 장면을 잠시 벗어나 스스로를 진정-환기'시켜라.
   • 여과되지 않은 표현의 예: "야!! 너 방금 뭐라고 했어? 말을 꼭 그런 식으로 듣기 싫게 해야 해??"
   • 소화된 표현의 예: "잠시만. 지금 내가 감정이 좀 상하는데, 이대로 계속 얘기하면 내 심정을 과장하지 않고 있는 그대로 전달하기 어려울 것 같아. 오늘은 이만 들어가고 우리 주말에 다시 만나서 얘기해 보자."

3. '너-전달법' 대신 '나-전달법'을 사용하는 것을 습관화하라. 이전에도 들어보았을 흔한 방법이지만 특히 내가 화가 났을 때 사용하면 효과가 있다.
   • 너-전달법 예: "넌 도대체 왜 항상 그런 식이야..?"
   • 나-전달법 예: "난 방금 그 말을 들으니깐 마치 내 감정이나 생각이 별로 중요하지 않다는 의미가 아닌가, 혼란스럽고 속상해."

PART 09

머릿속 맴도는 노래 '귀벌레 현상',
극복하고 싶다면?

머릿속 맴도는 노래 '귀벌레 현상', 극복하고 싶다면?

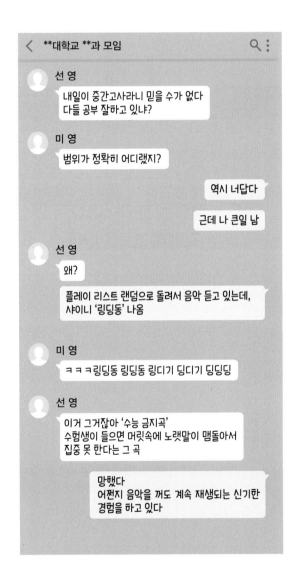

**대학교 **과 모임

선영
내일이 중간고사라니 믿을 수가 없다
다들 공부 잘하고 있냐?

미영
범위가 정확히 어디랬지?

역시 너답다

근데 나 큰일 남

선영
왜?

플레이 리스트 랜덤으로 돌려서 음악 듣고 있는데,
샤이니 '링딩동' 나옴

미영
ㅋㅋㅋ링딩동 링딩동 링디기 딩디기 딩딩딩

선영
이거 그거잖아 '수능 금지곡'
수험생이 들으면 머릿속에 노랫말이 맴돌아서
집중 못 한다는 그 곡

망했다
어쩐지 음악을 꺼도 계속 재생되는 신기한
경험을 하고 있다

● 선 영
> 나는 가사를 눈으로만 봤는데,
> 함께 듣고 있는 듯한 신기한 경험을 하고 있네?

● 미 영
> 그럼 이것도 봐봐
> '픽미 픽미 픽미업 픽미 픽미 픽미업'

> 아니면 '아기 상어 뚜 루루 뚜루 귀여운 뚜 루루 뚜루'

● 선 영
> 그만해라

> 아니 근데, 도대체 이런 곡들은
> 한 번 들으면 왜 계속 귓가에 맴도는 걸까?

> 그러니까 말이야
> 게다가 시험 기간처럼 꼭 중요한 순간일수록
> 더 심해지는 것 같아.
> 이럴 땐 어떻게 해야 하지?

●● 귀벌레 증후군

무심코 아침에 흥얼거리기 시작한 노래가 하루 종일 머릿속을 맴도는 날이 있다. 연말이 다가오면 길거리에서는 크리스마스 캐롤이 흘러나오는데, 잠깐 들은 캐롤인데도 하루 종일 부르고 다니게 되곤 한다. 평소 좋아했던 노래라면 더욱 생생하게 흥이 나서 내적 댄스를 동반할 때도 있고, 좋아하지 않는 노래인데도 불구하고 하루 종일 비슷한 구절을 되뇌는 경우들도 있다.

평소라면 괜찮을 텐데, 유독 시험을 보거나 집중을 해야 하는 순간에 노랫말이 맴돈다면 참 난감하다. 이렇게 노래가 머릿속에서 떠나지 않고 계속 맴도는 것을 귀에 벌레가 있는 것처럼 의지와 상관없이 귀에서 맴돈다고 해서 '귀벌레'라고 부른다. 특히, 노래가 머릿속을 떠나지 않는 현상을 귀벌레 현상/증후군(Earworm syndrome)[1]이라고 한다. 특정한 노래나 멜로디가 머릿속에 맴도는 현상인데 주로 방송에 많이 나오고 단순한 반복구절이 많은 노래들이 그 대상이 되기 쉽다. 상상 음악 또는 비자발적 의미 기억이라고도 불린다.

미국 신시내티대학 제임스 켈라리스(James Kellaris) 교수에 의하면 전세계 인구 중에서 98%가 귀벌레를 경험하고 있다고 한다.[2] 90% 이상의 사람들은 최소한 일주일에 한 번씩 귀벌레 현상을 겪고 있고, 4명 중 한

명은 하루에도 여러 차례 경험한다. 또 남성보다 여성에게서 더 오래 지속되는 경향이 있고, 음악 업계에 종사하는 사람들이라면 이런 현상에 더 민감한 반응을 보이는 것으로 나타났다.

귀벌레 현상이 시험을 앞두고 나타나거나 긴장을 하는 상황에서는 더욱 심해진다. 그래서 수능 전에는 일명 '수능 금지곡'이라는 것까지 나왔다. 매년 귓가에 계속 맴돌아 시험을 방해하는 노래들이 온라인 설문조사를 통해 선정된다. 2018년 한 음악 플랫폼에서 10대 사용자가 꼽은 중독성 갑(甲) 노래는 김연자의 '아모르 파티', 레드벨벳의 '덤 덤', 태진아의 '진진자라', 프로듀스 101 시즌 2의 주제곡이었던 '나야나', 동요 '핑크퐁 상어가족' 순으로 나타났다.[3] 그룹 샤이니의 '링딩동' 역시 대표적인 수능 금지곡으로 특정 구절이 머릿속에서 무한반복된다.

이와 관련된 학계 연구도 진행되었다. 영국 더럼대와 골드스미스 런던대, 독일 튀빙겐대 연구진은 일반인 3천 명을 대상으로 중독성이 강한 노래 100곡을 조사한 결과, 상위권에 올라온 곡들 중에는 이런 곡도 포함되어 있었다.

● 중독성 강한 노래

Can't Get You Out Of My Head　카일리 미노그
Moves Like Jagger　마룬파이브
Single Ladies　비욘세

●● 듣다 보면 빠져든다

노래 말고도 중독성 있는 음악하면 CM송들이 빠질 수 없다.

구아바 구아바 망고를 유혹하네~♬ / 손이 가요 손이 가♬ /숙취해소 808 여명 808 음주전후 숙취해소 ♬

이런 노래도 숙취음료 CM송으로 유명하다. 그런데 유독 중독성이 있는 음악들은 그 노래들만의 특징들이 있다. 중독성 있는 노래들의 특징을 살펴보면, 느린 노래보다는 빠른 박자의 노래들이 많고, 다소 흔한 멜로디 형식을 가지고 있는 경우가 대부분이다. 아무래도 익숙한 듯한 음악이 귀에 잘 들어오고 기억하기도 용이할 뿐 아니라, 실제 청각을 담당하는 뇌의 영역에서도 단순한 음을 더 쉽게 처리한다. 또, 멜로디만 있는 연주 음악보다는 가사가 있는 노래가 귀벌레 현상을 많이 일으킨다. 거기에 짧고 동일한 가사가 자주 되풀이된다면 더욱 머릿속에 잘 맴돈다. 수능 금지곡이었던 샤이니의 링딩동이나 픽미라는 노래도 이런 특징이 두드러진다.

●● 귀벌레 현상의 원인

학계에서는 귀벌레 현상의 원인을 놓고 여러 관점에서 설명한다. 스트레스를 받거나 혼란스러운 일을 경험하면 뇌도 긴장 상태가 될 수 있는데 이때 과거에 들었던 노래나 문구를 떠올리면 긴장 상태가 완화될 수 있기 때문에 귀벌레 현상이 생길 수 있다. 어떤 이들은 귀벌레 현상을 가리켜서 입이 노래를 부르는 것이 아니라 뇌가 노래를 부른다고 표현하기도 한다.

이라 하이만 주니어(Ela Hyman Jr.)와 동료들의 연구(299명 대상 설문조사)[4]를 통해 몇 가지 사실이 알려졌다. 실험 참가자의 2/3가 머릿속에 맴도는 노래를 좋아하는 것으로 응답했다. 싫어하는 노래를 떠올리는 경우는 적다는 것이다. 또, 각자가 반복한다고 보고한 음악의 종류가 달랐다. 공통적인 한 가지 노래를 선호하는 것은 아니다. 최근에 들은 노래(혹은 순서로 보면 마지막에 들은 노래)가 더 잘 떠오른다고 한다.

특히 귀벌레 현상이 시험을 앞두거나 긴장하는 상황에서는 더욱 심해지는 경우가 있다. 어려운 과제를 앞두게 되면 귀벌레 현상이 더 잘 나타난다. 한 가지 가설은 과제 난이도가 너무 높으면 집중을 잘 못 하게 되고, 그러면 인지적인 자원이 전적으로 과제에 투여되지 않고 남아서 딴 생각을 할 여지가 생긴다는 것이다. 긴장이나 스트레스를 경험하게 되면 뇌에서는 이를 완화하려는 노력을 병행한다. 과제의 난이도가 적절하면 인지적 자원을 충분히 투여한 몰입의 단계가 가능하다. 하지만 시험을 앞두면 대개 실패에 대한 두려움과 부담을 느끼기 마련이다. 뇌에서 이에 압도되지 않도록 스트레스를 조절하기 위해 과제 수행 이외에 추가적인 노력을 할 때 귀벌레 현상이 동반되는 것일 수도 있다.

●● 머릿속 반복 재생 멈추기

귀벌레 현상을 극복하려면 특정 구간이 반복되지 않도록 차라리 노래 전 곡을 다 듣는 것이 좋고, 특히, 껌을 씹는 것이 도움이 된다. 필 버먼(Philip Beaman) 박사와 동료들은 '씹기'와 관련되는 뇌의 특정 부분이 '귀벌레' 현상과 연관이 있다고 제안했다. 2015년 버먼을 포함한 잉글랜드의 '레딩(Reading) 대학'의 심리학자들은 '껌 씹기'가 귀벌레 현상

을 멈추는 데 도움이 된다는 연구 결과를 발표했다.[5] 연구진은 98명의 피험자에게 Maroon 5의 'Payphone'이나 David Guetta의 'Play Hard' 등의 노래를 들려준 뒤 3분 후에 노래가 떠오를 때마다 버튼을 누르게 했다.

참여자들에게 중독성 갑(甲)인 플로 라이다(데이빗 게타 피처링)의 "Play Hard"의 도입부 30초를 두 번 들려준 다음, 다음 3분 동안 '그 노래의 음조를 최대한 생각하지 않도록' 요청했다. 피험자들은 음악이 생각날 때마다 키보드의 'q'자판을 눌렀다. 한 번은 가만히 앉아서 이 과정을 진행하고, 다른 한 번은 껌을 씹도록 했다. 그 결과, 껌을 씹은 그룹에 속한 사람들이 다른 두 그룹에 비해 버튼을 3배나 적게 누른 것으로 나타났다. 즉, 껌씹기가 귀벌레 현상을 완화하는 데 도움이 되었다. 이외에도

소설을 읽거나 퍼즐 문제를 맞히는 것 같은 중간 정도의 난이도가 있는 과제를 하는 것도 귀벌레 현상을 줄이는 데 일부 도움이 된다고 한다.

PART

가족 잃은 슬픔… '펫로스 증후군',
극복법은?

가족 잃은 슬픔… '펫로스 증후군', 극복법은?

PART 10

4월 8일, 눈물이 멈추지 않는다.

오늘 우리 사랑하는 단비가 무지개다리를 건넜다.

한 달 전부터 노환으로 다리 쓰는 것도 불편해지고 앞도 잘 보지 못해서 이별이 다가왔다는 건 예감하고 있었다. 하지만 이별이 실제로 닥치니 미리 해 뒀던 마음의 준비 같은 건 하나도 도움이 되지 않았다. 마지막 숨을 버겁게 내뱉던 단비의 모습이 아직도 잊히지 않는다. 자기도 힘들면서 나를 위로라도 하는 듯 쳐다보는데 나도 모르는 새 눈물이 앞을 가렸다. 숨이 멎고 수의사 선생님이 사망 선고를 하고 나서도 단비를 한참 안아 줬다. 반려동물 화장터에서 장례식을 치르고 유골을 받아서 집으로 오는 길 내내 눈물이 멈추질 않았다. 단비야, 하늘에서는 아프지 말고 오래오래 행복하게 살아. 언젠가 언니도 꼭 만나러 갈게.

4월 12일, 참을 수 없는 공허함

단비를 마음에 묻고 온 지 며칠이 지났지만 아직도 믿어지지가 않는다.

집안에 있는 단비 집이며 단비가 좋아하던 장난감, 방석까지 하나도 치우질 못하고 제자리에 두었다. 가장 적응이 되지 않는 건 외출을 했다가 돌아올 때다. 집에 돌아와 문을 열면 문 앞까지 달려 나와서 반갑게 맞아주던 단비였는데, 그러면 하루의 스트레스가 싹 풀리곤 했는데… 퇴근하고 돌아와 문을 열었는데 아무런 소리도 들리지 않고 누구도 반겨 주지 않았을 때의 공허함이란… 가슴이 시리다는 말이 이런 뜻이었는지 생애 처음으로 절절하게 느끼고 있다. 보고 싶다, 단비야….

5월 10일, 아무도 이 마음을 다 이해할 수 없어...

벌써 그날로부터 한 달이 지났다.

하지만 내 시간은 여전치 멈춰 있는 것 같다. 휴대폰에 아직도 단비 사진이 가득하다. 일하는 도중에도 종종 단비 생각이 나서 멍하니 있을 때도 많다. 오늘은 단비 때문에 직장 동료와 크게 싸웠다. 쉬는 시간에 잠시 단비 사진이며 동영상을 보고 있었더니 죽은 반려동물 때문에 무슨 청승이냐며 시비를 걸었기 때문이다. 단비가 가기 며칠 전부터 단비 병원 가고 장례식 치르느라 월차를 미리 썼더니 내 공백 때문에 자기 일거리가 늘었단다. 가족도 아니고 그깟 동물 때문에 – 라는 소리에 눈이 뒤집혀서 벌떡 일어나 화를 냈다. 가족이 아니라니. 단비는 오랫동안 나와 함께한 엄연한 가족이다. 평생을 기쁠 때나 슬플 때나 함께했는데 가족이 아니라니 말도 안 된다. 차라리 동생이나 부모님이 돌아가셨다면 마음 놓고 슬퍼하고 위로받을 수 있을 텐데... 내 가족을 잃었는데 내 마음대로 슬퍼하지도 못한다니 가슴이 답답하다. 오늘 따라 단비가 너무 그립다.

또 하나의 가족, 하나뿐인 동생, 외형만 다를 뿐 아들 혹은 딸 같은 존재... 반려동물을 '애완'동물 혹은 '키운다'라고 칭하던 때는 지났다. 이 작고 소중한 생명들과 생의 큼직한 일부를 함께 보내지 않았던 사람들은 쉽사리 이해할 수 없을지도 모른다. 반려인들에게 그들은 운명처럼 만나 좀처럼 웃을 일 없었던 하루의 소중한 등불이자 삶의 파트너이다. 단순히 강아지 혹은 고양이에 국한되는 것이 아니라, 토끼, 햄스터, 언뜻 생소하게 들리긴 하지만 심지어 뱀 혹은 이구아나까지. 형태만 다를 뿐 반려동물과 함께 생활하는 이에게 그 의미는 모두 지극히 특별할 것이다.

●● 삶에서 나의 일부가 사라지는 경험

팻로스(Pet loss) 증후군[1]

자식 혹은 친구로서 진심을 다해 아끼던 반려동물이 사망한 후 경험하는 우울과 상실감을 말한다. 반려인이 반려동물과의 이별을 실제 절친한 친구, 심지어 '자식을 잃은' 슬픔과 같이 깊고 오랜 시간 경험하게 되는 현상이다.

한 존재가 나를 다만 있는 그대로, 판단하거나 흥정하지 않고 사랑해 준다는 것은 다시 없을 특별한 경험일 것이다. '조건 없는 사랑'의 의미를 잠시 묵상해 보는 것만으로도 마음속에서 무언가 뜨거운 것이 차오르는 듯한 애틋함을 느낄 수 있다. 흐트러진 모습을 보이게 된다고 해도 다른 사람들과 같이 나의 모습에 대해 제멋대로 재단하거나 책망하지 않을 것을 알기에, 반려인은 반려동물에게 가장 솔직한 모습을 드러낼 수 있고, 가장 친한 친구에게도 공개할 수 없었던 여러 비밀과 고민들을 털어놓을 수 있게 된다. 작은 원룸에 살면서도 '가슴으로 낳아 지갑으로 모신다는' 고양이 주인님을 위해 기꺼이 집사가 되어, 집 안의 그 어느 가구보다도 안락하고 고급스러운 캣 타워(Cat tower)를 들여놓게 되는 것처럼, 반려인은 반려동물을 위해 생활 패턴과 라이프 스타일을 바꾸고, 때론 그들이 '부모' 역할을 자처하기도 한다. 때문에 자연히... 내 한 몸과 같이, 자녀 혹은 형제와 같이 아끼고 사랑하던 반려동물을 잃는 것은 가족과의 이별과 동일하게 느껴질 수밖에 없는 것이다.

반려동물을 떠나보내는 것은 언제나 고통스럽지만, '펫로스 증후군'이라는 말이 탄생한 것은 비교적 최근이다. 우리나라 가정에서 본격적으로 반려동물을 기르기 시작한 것은 2000년대에 들어서인데, 보통 반려동물의 가장 많은 비중을 차지하고 있는 강아지와 고양이의 평균 수명은 15년에서 17년 가량이라고 한다. 때문에, 2000년대를 만남의 시작으로 가정한다면, 그 시기 즈음부터 함께했던 반려동물이 노년기에 접어들고 수명이 다해가는 시기가 된 것이다. '꼬물이' 시기에 만나 지금의 20대 초중반에겐 10대를 쭉 동거동락 해왔을 '형제'들이 점차 예전의 기력을 잃고 나이가 들어간다는 것을 실감하게 되는 때가 되니, 한국사회에서도 '펫로스 증후군'이 확산되고, 관심을 기울여야 할 필요성도 높아졌다. 더욱이 우리나라는 반려동물 산업이 단기간에 급성장한 경우로, 반려동물 입양에 관련한 인식 및 가치관이나 '한 생명의 평생을 책임진다는 사실'에 대한 마음가짐도 부족한 경우가 많기에, 생명존중과 반려인-반려동물의 건강한 동행을 위해 개선해나가야 할 복합적인 과제가 주어진 셈이다.

●● 팻로스 증후군을 겪는다는 것은

단비가 무지개다리를 건너고 나서의 심경을 적은 일기를 살펴본 것처럼, 반려동물을 떠나보낸 반려인은 노년기에 접어든 반려동물을 충분히 잘 돌보지 못했다는 죄책감을 느끼는 경우가 많다. '죽음' 자체를 자신의 탓으로 돌리기도 하고, 내가 좀 더 잘 돌보았더라면, 좀 더 잘 맞는 동물병원을 택했다든가 치료를 일찍 시작했더라면 죽음을 막을 수 있지 않았을까—하는 연쇄적인 여러 생각들이 자책과 후회를 일으키는 것이다. 또한 반려동물이 더 이상 내 곁에 있지 않다는 사실 자체를 부정하기도 하고, 질병이나 사고로 내 몸처럼 아끼던 반려동물을 잃었다면 죽음의 원인에 대해 강한 분노를 느끼기도 한다. 슬픔, 분노, 부정하고 싶은 마음이 지속되면 우울증을 앓기도 하는데, 3~6개월이 지나도 반려동물을 잃은 마음의 고통이 사라지지 않고, 심지어 일상생활에 계속적인 지장을 받을 정도가 된다면 전문가의 도움과 치료가 필요하다.

팻로스 증후군을 '극복'한다는 말이 과연 적절할까 싶지만, 극심한 슬픔과 계속되는 그리움… "집으로 돌아오면 날 반겨줄 OO가 더 이상 내 곁에 없다"는 압도적인 감정과 씨름하고 있는 경우라면, 적어도 일상을 유지하기 위한 삶의 변화가 필요할 것이다.

❶ 미리 준비하기 – "언제 내 곁을 떠날지 몰라"

분명 대부분의 반려인
들에게 반려동물의 죽음
을 상상하는 것은 말만
들어도 끔찍한 조언이
아닐 수 없다. 특히 아직
반려동물이 어리고 건강
하다면 앞서 이별을 떠

올려 보는 것이 더욱 막막하게 느껴질 것이다. 그럼에도, 입양을 결심한
그 순간부터 반려동물의 수명이 나보다 적다는 것을 분명히 '이해하고
인지'할 수 있어야 한다. 수명의 길이 자체도 10년에서, 아주 살뜰한 관
리를 한 경우라면 20년 정도이지만, 불의의 사고나 질병으로 더 빨리 세
상을 떠나게 될 수 있다. 물론 끔찍할 수 있다. 앞서 그 깊은 슬픔에 대해
다루고는 팻로스 증후군에서 빠져나와 일상으로 복귀하기 위한 첫 번째
지침이 '죽음'에 대해 미리 예상해 보는 것이라니... 하지만 실존적인 죽
음을 염두에 둘 수밖에 없는 것은 우리 인간도 마찬가지이다. 모두 같은
생명이기에, 더욱이 반려동물은 인간보다 짧은 생애를 살아갈 수밖에
없기에, 자칫 냉정하게 들릴 수 있는 이야기이지만 우리의 삶이 유한한
것처럼 반려동물의 삶도 그렇다. 언젠가 이별이 올 수 있음을 수용하고,
다만 지나치게 반려동물의 죽음에 대해 두려워하면서 깊은 우울에 빠지
지 않도록 유의해야 한다. 언젠가 비는 내릴 것이다. 하지만 미리 먹구름
이 있는 곳으로 달려가서 흠뻑 맞을 필요는 없다.

❷ 감정 공유하기 – "우리 단비가 떠난 이후, 나는 요즘 많이 힘들어"

슬픔은 감추거나 부정한다고 결코 사라지지 않는다. 다만 안으로 곪을 뿐이다. 팻로스 증후군을 겪는 반려인들이 자주 호소하는 막막함은 아직 우리 사회가 반

려동물을 잃은 슬픔에 대해 높은 수준의 이해를 발휘하지 못하기 때문인데, 필요한 만큼 충분히 '삶의 커다란 일부와 작별한 것에 대해 느끼는 슬픔, 우울, 분노' 등의 감정들을 표현할 수 있도록 되도록 반려동물의 죽음을 경험했거나 이해를 나눌 수 있는 사람들에게 감정적인 어려움을 털어놓고 공유할 것을 추천한다. 조금씩 무뎌지는가 하면 문뜩문뜩 재차 상기되어 '여진'처럼 일상생활을 뒤흔드는 슬픔에 대해 충분히 표현하고 애도의 시간을 가지면서 반려동물이 사용했던 식기, 가장 좋아했던 작은 방울이 들어있는 봉제 장난감, 특별한 날 주려고 아껴 두었던 간식 등을 천천히 정리해 볼 수 있다.

이 '애도의 과정'을 위해 반려동물의 묘비를 만들거나 장례를 치루는 자신, 우리 가족만의 의식(Ritual)을 시도해 볼 수 있다. 한 사람의 장례 역시 의식을 통해 잠잠히 이별을 받아들이기 위한 방법인데, 반려동물을 아끼고 사랑했던 사람들과 소규모의 의식을 계획하고, 진행해 보면서 반려인은 '죽음'에 대해 받아들이는 시간을 갖고, 당장은 어렵지만 슬픔에서 빠져나와 삶으로 돌아가기 위한 여정에 대해 생각해 볼 수 있게

될 것이다. 어떤 이는 떠난 반려동물과 함께 찍은 사진을 넣은 액자를 닦는 방식으로, 또 어떤 이는 이 그리움을 일기나 블로그에 글로서 표현하기도 하고, 주변의 다른 이 또는 유기동물들을 돕거나 사회봉사하는 방법으로 의미를 찾기도 한다. 추모의 방식은 반드시 인간과 같이 '장례식'일 필요는 없으며, 저마다의 성향과 상황에 따라 그에게 가장 의미 있는, 다양한 방식으로 이뤄질 수 있다.

❸ 새로운 반려동물을 입양하는 것은 당분간 지양하라

삶을 공유할 대상을 잃은 슬픔과 허전함, 외로움에 압도되는 경우, 이 괴로운 감정을 상쇄하기 위해 또 다른 반려동물을 입양하는 것을 고민하게 될 수 있지만,

반려동물이 세상을 떠난 후 성급하게 새 반려동물을 입양하는 것은 피하는 것이 좋다. 적절한 비유가 될 수 있을지 조심스럽지만, 사람을 대상으로 생각해 보아도, 한 사랑이 떠나간 자리를 섣불리 새 사랑으로 메우려 하는 것은 지양해야 하듯, 먼저 언급했던 '애도의 과정', 충분한 이별 기간이 꼭 필요하다. 특히나 가정 안에 어린 자녀가 있을 때는 더더욱 새로운 반려동물을 급하게 들여서는 안 된다. 아직 삶과 관계에 대한 가치관이 다 성숙되지 않은 어린아이가 '쉽게 한 존재가 다른 존재로 대체되는 것'을 목격한다면 죽음이나 생명을 대수롭지 않게 인식하게 될 수 있

기 때문이다. 새로운 반려동물을 입양하기로 할 때는, 그에 앞서 이별로부터 반려인의 마음이 어느 정도 애도-진정-치유되고, 새 반려동물에게 온전히 그 존재만을 위한 사랑과 열심을 쏟을 수 있을 시점이여야만 할 것이다. 기존의 반려동물과 같은 종, 동일한 성별을 의도적으로 찾아 입양하는 것 또한 지양하기 바란다. 깨어진 휴대폰은 같은 기종으로 여건이 된다면 언제라도 교체할 수 있지만, 생명의 경우엔 전혀 다른 이야기이다. 비슷한 모습을 하고 있더라도 결코 같은 존재일 수 없기에, 같은 종 안에서도 성격적인 다름을 느끼게 될 수밖에 없고, '단비'를 그리워하며 같은 종, 같은 성별의 '초코'를 입양하게 된다면 단비에 대한 애도의 절차가 이뤄지지 않았기 때문에, 초코는 단비가 아니라는 사실을 실감할 때마다 혼란스러움, 실망감을 경험할 것이다. 곧, 이런 선택은 반려인과 초코 모두에게 고통스러운 일이 된다.

●● '팻로스'의 슬픔에 대해 공감받지 못할 때

시작에서 강조했던 것처럼 반려동물에 대한 우리나라의 미숙한 인식, 의식과 여건이 준비되지 않은 상태에서 '애완동물을 쇼핑', 충분히 마음에 들지 않는다는 이유로 반려동물을 물건 취급하고, 심지어 유기하는 등... 그뿐만 아니라 보다 근본적으로, 반려동물을 지극히 살피고 걱정하는 마음, 이별로 인해 느끼는 슬픔을 대수롭지 않게 보는 시선 때문에 팻로스를 겪은 반려인들은 더욱 극심히 외로움을 호소한다.

반려동물과의 이별 후, 애도의 과정을 위해 의미를 찾고 추억을 갈무리하는 이별방식을 개인적인 편견으로 비웃거나, 타인의 아픔에 대해 자신의 편협한 시각에서 재단하는 것은 결코 성숙한 시민의식이 아니다. 어떠한 일을 겪은 것인지, 그것이 한 사람의 요즘에 어떤 정도와 성격의 영향을 끼치는 것인지 완전히 이해하지 못할지라도 공감을 표현할 수 있다. 단지 스스로 느낀 바와 다르다고 해서 '과하다', '유난스럽다'라는 말로 더 큰 상처를 입히게 될 수 있음을 명심해야 할 것이다. 동시에, 반려동물을 잃은 슬픔을 구체적으로 이해하지 못하는 사람들에게 지나치게 분노하는 것 역시 다른 삶의 방식을 한쪽 방향으로 강요하는 일이 될 수 있음을 조심스럽게 말하고 싶다. 다원화된 가치관 안에서 서로 공존하면서 소통하고, 갈등을 해소하는 과정은 우리사회가 보다 성숙하게 성장할 수 있는가의 시금석이 될 것이기에 이를 언급하지 않을 수 없다.

사랑하는 반려동물을 사회의 냉담한 시선으로부터 안전하게 보호하고, 동시에 함께 살아가는 주위의 다른 사람들에게 공포감이나 피해를 입히지 않기 위해 오늘날의 반려인들이 만방으로 노력하고 있음을 필자도 실감하며 감사의 마음을 전한다. 사람만큼 까다로운 요구조건을 제시하지는 않지만, 여전히 한 생명에게 마음을 다하고 죽기까지 함께 하기로 결심하는 그 마음은 얼마나 숭고한가. 세상의 그 어느 것도 인간만의 것이 아닌 것처럼, 제한된 공간과 유한한 삶에서 인간과 동물이 조건 없는 사랑과 언어를 뛰어넘는 이해를 나누면서, '아이와 같은 순수함'을 느끼기를 응원한다.

우리의 사랑은 어떤 모양일까?
'사랑의 삼각형'

우리의 사랑은 어떤 모양일까?
'사랑의 삼각형'

그대의 모양 무엇인지 알 수가 없어요,
Unable to perceive the shape of you,
내 곁에는 온통 그대뿐이죠.
I find you all around me.
그대의 존재가 사랑으로 나의 눈을 채우고
Your presence fills my eyes with your
love,
내 마음을 겸허하게 하네요,
It humbles my heart,
그대가 모든 곳에 존재하기에
For you are everywhere...

영화 〈셰이프 오브 워터: 사랑의 모양〉(2017)에 나오는 시의 구절
이다. 제목에서부터 알 수 있듯 사랑의 모양은 '물의 모양'과 같다고
시는 노래하고 있다. 담는 그릇에 따라 물의 모양이 달라지듯, 사랑
도 사랑하는 사람에 따라 각기 다른 모양을 가진다는 것이다. 그렇다
면 그대의 사랑은 어떤 모양일까? 모든 사랑을 하나의 도형으로 표현
할 순 없지만, 자신만의 사랑을 직접 그려 볼 수 있을 것이다. 사랑의
모양을 묘사하는 한 심리학 이론에 의하면, 사랑의 세 가지 구성요소
를 꼭짓점 삼아 삼각형이 탄생한다.

♣ YTN 카페_[우리의 사랑은]_자유게시판

25years★★
제목 : "우리의 사랑은" 헌신 (친밀감↑ 열정↓)
결혼한 지 올해로 25년차 부부입니다. 25년 전 아내를 처음 만났을 때는 매일 설레고 바라만 봐도 얼굴을 붉히곤 했지만, 그런 것도 이제 세월이 지나자 덤덤해지더군요. 비록 예전 같은 두근거림은 없지만, 그래도 이렇게 함께 늙어가는 게 참 행복합니다. 갈수록 세상에서 저를 제일 잘 알아 주고 사랑해 주는 건 역시 제 아내뿐이라는 생각이 듭니다. 삶의 파트너로서 고된 일들도 함께 견뎌준 것도 고맙고요. 사랑해. 여보.

onlylove★★
제목 : "우리의 사랑은" 열정↑ (친밀감, 헌신↓)
현재 같은 학과 선배를 짝사랑 중인 대학교 신입생입니다. 처음 보는 순간부터 심장이 떨어지는 줄 알았어요. 제가 늘 꿈꿔 오던 이상형 그 자체였습니다. 친구처럼 가까운 사이는 아니지만 선배를 알아갈수록 더욱 괜찮은 사람이라는 걸 알게 됐습니다. 선배와 조금이라도 오래 같이 있고 싶어서 같은 동아리도 들어보고, 학과 활동도 열심히 하고 있는데 진전은 전혀 없습니다. 선배랑 말 한 마디만 나눠도 저는 밤에 잠도 설칠 정도인데.. 전 어떻게 해야 할까요?

isthislove?★★
제목 : "우리의 사랑은" 헌신↑ (친밀감, 열정↓)
남편하고는 선을 보고 만난 지 3개월 만에 부모님 성화로 결혼했습니다. 집 장만한다, 애들 낳고 키운다, 정신없이 세월을 보내고 나니 어느새 결혼 15년차 주부가 됐네요. 남편과의 관계는 나쁘지도 않지만 썩 좋지도 않습니다. 남편을 보고 두근거림을 느낀 지도 오래됐고, 남편도 저를 그저 애들 엄마라고만 보는 것 같아요. 그래도 남편은 좋은 아빠이긴 합니다. 아이들한테도 굉장히 헌신적이고, 가족을 위해서 성실하게 일하고요. 남편이라기보다는 애들 아빠로, 이 집안 가장으로 함께하고 있습니다. 물론 함께해 온 세월이 있기에 서로를 믿고 의지하는 부분도 많고요. 저희 부부, 정말 사랑한다고 할 수 있을까요?

사람에 따라 사랑의 모양이 정말 다양함을 실감한다. 누군가는 지금 이 순간 짝사랑 중일 것이고, 어떤 누군가는 연인과 헌신적인 관계를 맺고, 또 누군가는 열정적인 사랑을 하고 있을테니... 사랑에 몇 가지 종류가 있느냐고 묻는다면 '지금 사랑 중인 사람들의 수만큼'이라고 답할 수밖에.

그럼에도 삶에서 경험하는 현상들을 가능한 명확하게 설명하기 위해 애썼던 심리학자들은 수없이 많은 사랑의 형태를 종합하여 몇 가지 유형들을 도출했다. 각자 '나의 사랑'이 가장 특별하다고 느끼는 것이 자연스럽다. 자세히 밝힐 이유는 없지만 필자도 '나만의 특별한 모양의 사랑'을 하고 있다. 우리의 사랑은 인생의 파도를 기꺼이 어깨를 걸고 함께 넘는 소중한 동반자와 같은 모양이라고 표현하고 싶다.

●● 우리의 사랑은? – 스턴버그의 '사랑의 삼각형'

사람이 사랑하는 관계를 이룩하고 유지하기 위해서는 몇 가지 조건이 필요하다. 이 조건은 단순히 '어떤 성향의 사람을 연인으로 선호하는가?' 혹은 '학력은 어떤가?'와 같은 차원이 아니라, 다음에서 이야기하는 세 가지 조건을 어떤 모양으로 충족시키느냐 하는 것이다. 이에 따라 사랑의 유형을 그려볼 수 있다. 이 세 요소를 꼭짓점 삼아 여러분의 '사랑의 삼각형'을 그려보자. 각 요소의 정도에 따라 이등변 삼각형이 나올 수도, 정삼각형이 나오거나 한쪽으로 길게 치우친 삼각형이 나올 수도 있을 것이다. 이것이 바로 미국 심리학자 로버트 스턴버그(Robert Sternberg)

가 설명한 '사랑의 삼각형' 이론이다.

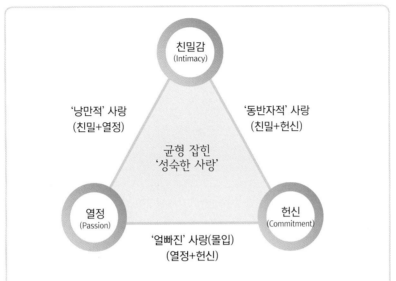

(1) 친밀감 - '정서적'이고 따뜻한 사랑의 측면, 서로에 대한 믿음이나 유대감, '가깝고 연결되어 있다고 느끼는 정도'
(2) 열정 - '동기적'이고 뜨거운 사랑의 측면, 에로스적인 성적 욕망을 나타내기도 함.
(3) 헌신 - 선택이나 결심에 대한 사랑의 '의지'의 측면으로, 사랑하는 관계를 지속하려는 마음가짐, 의지를 나타냄.

이론적으로 가장 완벽한 사랑의 형태는 스턴버그가 축약한 사랑의 3요소를 균형적으로 갖춘 정삼각형이라고 말할 수 있을 것이다. 하지만 이렇게 '완벽히 균형 잡힌' 사랑의 모양은 실제론 거의 나타나기 어렵다.

●● 살-짝 비뚤어진 나의 사랑의 삼각형?

에로스, 관계를 향한 의지, 그리고 친밀한 정서가 완벽히 균형 잡힌 정삼각형 모양의 사랑은 언제나 그 형태로 남아있기 어렵다. 시간의 흐름과 내-외적 상황의 변화에 따라 때론 친밀감이 상승하거나, 어떠한 계기로 인해 열정이 타오르거나 헌신이 흔들리는 때를 맞이할 수도 있다. 모두가 항상 균형 잡힌 사랑만을 할 수 있다면 참 좋겠지만 약간은 비현실적이라는 것이다. 그렇다면 현실적인 사랑의 모양엔 어떤 유형들이 있을까? 사랑의 3 요소의 정도에 따라 살-짝 비뚤어졌지만 여전히 저마다 특별한 사랑의 삼각형들을 살펴보자.

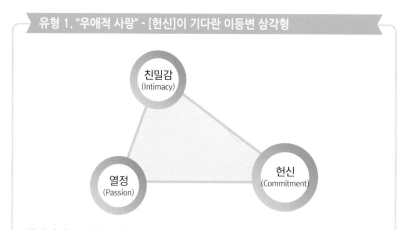

유형 1. "우애적 사랑" - [헌신]이 기다란 이등변 삼각형

열정이나 친밀감보다는 '헌신'이 길쭉하게 뻗어 이등변 삼각형을 그리는 사랑의 모양. 열정의 불은 다소 꺼졌지만, 친밀감과 헌신으로 따뜻한 정서와 관계를 위한 의지, 결심이 두드러지는 유형으로, 오랜 세월을 함께 지내온 사이좋은 중년 부부의 모습에서 흔히 나타나는 삼각형. 열기를 내뿜는 성적 욕망은 다소 줄어들었지만, 부부로서 서로를 애틋하게 이해하고 관계를 소중하게 여기는 기복 없는 상태이다.

불타는 사랑을 하는, 친밀감이 높고 열정이 강렬한 사랑의 모양. 서로에게 짜릿한 성적 매력을 느끼고 열정적이고 어느 정도의 믿음도 있지만 상대적으로 관계를 지속하려는 마음가짐은 부족한 상태. 이 유형에서 시간이 흐름에 따라, 또는 어떤 계기를 통해 헌신이 상승하면 결혼을 포함해 장기적인 파트너십을 맺기로 결심하게 될 수 있다.

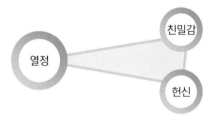

오직 열정만 활활 타오르는 눈 먼 사랑의 모양. 상대에게 강렬한 에로스적 끌림을 느끼지만 막상 소통과 교류를 통해 헌신이나 친밀감을 형성할 기회가 없어, 혼자 가슴앓이하며 시간이 지나 길쭉했던 열정이 하강하거나 또 다른 욕망의 대상이 나타나면 금세 사랑의 감정이 사라지게 될 수도 있다.

기하학적으로 삼각형을 구성하려면 두 변의 길이 합이 나머지 한 변의 길이보다는 커야 한다. 만일 어느 한 변만 지나치게 길어서 다른 두

변과 함께 만나지 못하면 삼각형 자체를 이루지 못한다. 친밀감, 열정, 헌신 중 단 한 요소만 솟아 있는 불균형 상태라면 그만큼 애정관계가 불안정하다는 것을 의미한다.

데이트 코스로 '심리 카페'가 뜨고 있다는 재미있는 소식을 들은 기억이 있다. 연인이 함께 방문해 성격검사 등 심리검사를 함께 받아보고 평가 내용에 대해 이야기 나누며 서로를 더욱 깊이 이해할 수 있다. 그래서 "애는 도대체 왜 이러지?" 싶었던 차이에 대해 전보다 진솔한 대화가 가능하도록 새로운 시각을 연다는 취지일 것이다. 위에서 스턴버그 사랑의 3 요소를 통해 그려지는 다양한 사랑의 모양에 대해 알아보았는데, 연인 혹은 부부 간 친밀감, 열정, 헌신 세 요소를 꼭짓점으로 삼아 각자의 삼각형을 그려 볼 수 있다. 그리고 사랑에 대한 태도와 이 모양이 나타난 맥락에 대해 대화해 보는 것 또한 하나의 소통방식이 될 수 있을 것이다. 서로 얼마나 일치하는지, 또 어느 요소에서 차이가 나는지 등... 나아가, 각자의 '현실 사랑'과 '이상적으로 그리는 사랑'의 삼각형 형태를 하나씩 그려보고 어떤 면에서 차이가 빚어지고 있는지 허심탄회한 시간을 가져 보기 바란다.

●● 길쭉한 삼각형에서 균형 잡힌 삼각형으로

누구나 내가 추구하는 이상적 사랑과 균형 잡힌 사랑의 모양을 그리길 소망할 것이다. 언제나 '완벽히 같은 변의 길이'를 유지하는 정삼각형 사랑이 비현실적이라고 할지라도, 시간이 흐름에 따라 서로를 보다 깊이 탐구하며 낮은 수준이었던 친밀감을 상승시키고, 강한 꽃향기에 취한 듯 시작한 사랑이 아니라고 해도 서로의 반짝이는 매력을 발견할 수 있는 계기가 있다면 그 또한 열정이 떠오르는 나름의 맛일 것이다.

여러분은 지금 어떤 사랑 중인가? 현재 사랑이 진행 중이 아니라면, 어떤 사랑을 꿈꾸는가, 혹은 아직 그리워 잊지 못하는 지난 사랑은 어떤 모양을 하고 있었는가? 아마 지금 가장 궁금한 것은 균형 잡힌 사랑을 하기 위해 그리고 유지하기 위해 어떤 태도나 마음가짐을 가져야 할지—일 것이다. 현재진행형인 사랑의 대상과 우리의 사랑은 어떤 모양을 띠고 있는지 이야기를 나눠 보기로 결심했다면 다음 세 가지를 시도해 보기를 추천한다.

"나와 너의 사랑은" 활동 지침

1. '우리 사랑'의 주제로 대화할 때, 사랑은 결코 일방향이 아니며 서로를 향해야 함을 기억하라. '애정을 느낄 수 있는 대화'를 위해 상대에게 취할 수 있는 배려의 신호, 가령 따뜻한 커피 혹은 차 두 잔을 준비하자.

2. 당신의 연인, 배우자와 각각 '친밀감, 열정, 헌신'을 세 변으로 하는 사랑의 삼각형을 그려보고, 어떤 부분이 일치하는지 혹은 불일치하는지 확인한 후 '어떤 방향에서 서로 노력한다면 좋을지' 진솔하지만 부드러운 대화를 나누어 보자.

3. 세 변의 길이가 비등한 균형도 중요하지만 사랑의 삼각형의 크기 자체를 키울 수 있길 소망할 것이다. 3 요소를 나타내는 '세 변의 길이를 균형적으로 늘이기 위해서 서로를 어떤 시각과 태도로 대하며 무엇을 시도해 볼 수 있을지' 대화를 나누어 보라.

12

오늘도 실패… 지긋지긋한 다이어트,
왜 실패할까?

오늘도 실패… 지긋지긋한
다이어트, 왜 실패할까?

YTN 사이언스

♡ ○ ⬆   🔖

❤ 좋아요 968개   1일 차
다이어트 도전!
언제나 시작은 가볍게^^

임신 때부터 꾸준히 모아온 내 살들!
이제는 이별하자
다시 날씬했던 그때로~^^

#다이어트1일차 #요리스타그램
#먹스타그램 #런닝머신 #2시간
#내체력 #바닥

YTN 사이언스

♡ ◯ ⬆   🔖

❤ 좋아요 968개   2일 차

배고파서 잠이 안 오다가
결국 안 좋은 꿈만 꿨다ㅠㅜ

하지만!
포기하지 않고
오늘도 달리자

이대로 계속 잘하자 제발!

#굿모닝 #다이어트식단
#잘먹겠습니다 #닭가슴살샐러
드
#맛은없다

 YTN 사이언스

♡ ◯ ⬆   🔖

❤ 좋아요 968개   5일 차

다이어트한다고
인터넷으로 닭가슴살 50팩 사놨
는데
벌써 못 먹겠다..으웩..

샐러드에 넣어 먹는 건 실패
식용유에 튀겨 먹으니
이렇게 행복할 수가 ♥ ♥
역시 닭은 튀겨야 제맛 ☺☺

#튀긴닭은진리 #다이어트실패
#이와중에두팩먹음 #지방충전
완료

날씨가 따뜻해지고 옷차림이 점점 얇아지면 다이어트에 돌입하게 된다. 우리가 사용하는 용어인 '다이어트'는 원래 의미처럼 식이요법을 말하는 것뿐 아니라 운동, 체중 관리 등을 포함한 개념을 지칭한다. 매번 다이어트에 도전하지만, 지나온 경험을 돌아보면 다이어트에 성공한다는 게 정말 쉽지 않다. 우리가 다이어트에 실패하는 심리적인 이유를 알아보자.

●● 대한민국은 365일 다이어트 중

우리나라는 다이어트에 대한 관심이 지대하다. 2016년 서울시에서 19세 이상 성인을 대상으로 수집한 통계자료에 의하면, 서울 시민 중 체중 감량 시도를 해 본 경험이 있는 사람은 62.3%에 달했다.[1] 또, 설문조사 응답자의 39.3%는 주관적으로 자신이 '약간 비만' 혹은 '매우 비만'이라고 생각한다고 대답했다. 10명 중 약 4명은 자신이 뚱뚱한 것 같다고 인식했지만 실제 비만 인구는 25.7%에 그쳐, 객관적인 지표에 비해 주관적으로 자신이 비만인 것 같다고 짐작하는 사람들이 많았다. 정상체중인 사람들도 '다이어트는 평생 숙제다!'를 외치며 식사 때마다 열량이 얼마나 되는지 고민하게 되는 이유는 무엇일까?

우리나라에서 이렇게 사시사철 다이어트가 열풍인 이유는 TV를 포함한 영상 매체가 매우 발달되어 있고, 미디어에서 날씬한 몸매와 외모를 지나치게 강조하는 경향과 관련이 있다. 특히, 뚱뚱한 모습을 희화화하는 경우가 많고, 얼굴이 큰 사람, 외모에 대한 평가적 발언이 범람하고 있다.

이동귀, 양난미 및 박현주(2013)의 연구 결과에 의하면,[2] 한국인이 자신의 자존감을 평가하는 중요한 영역 중에서 '사회적 객관적 능력'이라는 요소가 있다. 이 중 한 요소가 바로 "외모"였다. 외모가 자존감을 평가하는 중요한 요소에 포함되는 것이다. 심리학에서 자존감은 '자신에 대한 전반적인 평가(Coopersmith, 1967)' 혹은 '자신에 대한 긍정적인 평가와 관련되는 것으로 자신을 존경하는 정도와 자신을 가치 있는 사람으로 생각하는 정도(Rosenberg, 1965)'를 의미한다. 즉, 우리는 스스로 꽤 괜찮은 사람이라는 것을 평가하는 데 외모를 중요한 평가 기준으로 삼고 있다는 의미이다.

결국 자존감을 높이기 위해 끊임없이 몸매ㆍ외모관리에 도전하면서도 우리가 다이어트에 실패하는 심리적 원인은 무엇일까? 우선, 다이어트에 임하는 우리의 흔한 모습을 살펴보자.

●● 맛있게 먹으면 0 kcal !!

항상 다이어트를 하려는 마음만 가지고 있다가 하루하루 미루고 결국 1년 내내 실제로 실행하지는 못하는 이런 우리의 심리는 왜 그런 걸까?

오랫동안 침대나 소파에 누워 티비나 유튜브만 보고 있는 사람을 영어로 'Couch Potato'라고 부른다. 우리는 아마도 '(지금은 안 하고 있지만) 내가 마음만 먹으면 언제든지 할 수 있다'고 생각하는 경우가 많은 것 같다. 그런데 문제는 그런 마음이 안 먹어진다는 것이다! 다이어트하고 싶은 마음이 들기 위해서 잠깐 TV 보고 할까? 뭐 맛있는 것 좀 먹고 기분 좋아지면 운동할까? 피곤한데 좀 자고 나서 걸을까? 등등... 다이어트에 대한 동기를 올리려

고 다른 행동을 하는데 그 행동에 매몰되어 정작 다이어트는 못 하기가 쉽다.

결국 다이어트에 성공하려면 이런 꾸물거림과 싸워 이기는 게 관건이다. 이를 위해서는 생각과 행동적 실천 사이의 간극을 좁혀야 한다. 다이어트 운동을 할 때 멋진 운동복, 운동화를 갖출 필요는 없다. 나가서 걷는 행동부터 '시작'하자. 이때, 다이어트 일지를 쓰는 것도 도움이 된다. 단, 너무 자세하게 적기보다는 중요한 것 중심으로 적어 가면서 매일 의지를 다시 강화하고 방해물을 극복할 수 있는 방법을 숙고해 보자.

●● 별(Star)을 쫓는 사람들

인터넷에서도 '다이어트 자극 사진'이라고 검색하면 늘씬한 연예인 사진들이 쭉 나온다. 보통 휴대폰에 배경화면으로 해 놓고 자주 보는 경우가 많은데, 도움도 되겠지만 한편으로는 안 좋은 영향도 줄 수 있다.

비교 대상이 누구냐가 중요한 지점이다. 늘씬한 연예인과 비교하면서

다이어트의 의지를 불태우는 것 자체는 노력하겠다는 의지의 표현이기도 하지만, 목표를 지나치게 높게 잡고 시작한다는 것일 수도 있다. 지나치게 상향비교

를 하다 보면 현 상태에 대한 자괴감을 느끼기 쉽고 그러면 무리를 하다가 나가떨어지거나 아니면 '나는 나약해'라는 생각이 들기 때문에 다이어트에 대한 동력을 얻기가 어렵다. 따라서 달성 가능한 현실적인 목표를 세우는 것이 중요하다. 지금보다 날씬했던 자신의 옛날 사진을 휴대폰 배경화면으로 하거나 아니면 다이어트 성공 후에 하고 싶은 일들을 적어놓는 방법을 고려해 볼 수 있다. 소규모의 친구들과 함께 다이어트를 하면 도움이 될 수 있다. 함께 현실적인 목표를 세우고, 각자 다이어트를 하면서 경험하는 생각, 느낌, 행동의 변화를 공유하며 힘들 때 서로 격려하면 긍정적인 성과를 올릴 수 있다.

●●티끌 한 점 없이 완벽하게

작은 실패 때문에 아예 다이어트를 포기하는 경우도 있다. 유혹을 못 이기고 작은 간식을 하나 먹었는데, '에라 모르겠다.' 하면서 마구 폭주하는 때가 있다. 이런 상황을 자주 경험하는 사람들은 완벽주의적인 성

향이 있을 수 있다. 일단
계획 중 하나만 실패하
면 바로 무너지기 쉽다.
니트 목도리에 실오라
기 하나가 탁 튀어나온
것을 도저히 참을 수 없
어 그 목도리를 장롱 깊

숙이 넣어 버리고 싶을 때가 있다. 이처럼 작은 실패를 큰 오점으로 느끼
고 전부 망쳐 버린 것처럼 좌절하면 지속할 의지를 잃어버린다. 자기 비
난에 빠지게 되고 다이어트에서 손을 놓게 된다.

　이런 경향성이 높은 사람들은 부분적으로 목표를 달성해도 곧 실패를
겪을 가능성이 높다. 그 이유는 '내가 너무 목표를 낮게 잡았나? 충분히
이것보다는 높게 잡을 수 있었는데...'라고 하면서 다시 목표를 상향조정
하고 그러면 결국 실패할 가능성이 높아지기 때문이다. 이런 상황을 두
고 영국의 심리치료자 로즈 샤프란(Roz Shafran)과 동료들은 이를 '완벽
주의의 유지기제'라고 설명한다.[3] 하루 한 것은 하지 않은 것보다 중요한
진전이다. 다이어트를 작심삼일이라고 자조적이 되기보다는 며칠 쉬었
더라도 '다시 시작' 하면 된다. 3일이 10번 모이면 30일이 된다는 점을 잊
지 말자! 심신이 건강해지는 것에 목표를 두고 지나치게 강박적이거나
완벽주의적인 방식이 되지 않도록 하는 것이 좋겠다.

●● 활력 있고 건강한 삶을 위하여

지나친 다이어트는 몸과 마음을 상하게 할 수 있다. 과도한 다이어트가 가져올 수 있는 심각한 문제 중 하나로 섭식장애(Eating disorder)를 꼽을 수 있다. 섭식장애란 식이 행동에 심각한 문제를 보이는 정신장애로, 식사량을 극도로 제한하거나(거식증) 또는 폭식을 한 뒤 의도적으로 구토를 하는(폭식증) 등의 증상이 포함된다. 이 중 거식증은 실제로 영양실조로 사망할 수도 있고 우울증이 동반되면 자살과 같은 극단적인 행동으로 이어질 수도 있기 때문에 유의해야 한다. 그래서 과체중이나 비만을 극복하기 위해 살을 빼는 게 아니라면, 다이어트는 신중하게 접근할 필요가 있다.

앞서 언급한 심리학 연구에서 알 수 있듯이, 우리는 자신을 좀 더 긍정적으로 평가하려는 노력의 방편으로 외모를 가꾼다. 하지만 흥미롭게도, 외모는 우리가 느끼는 행복에 영향을 미치지 않았다(이동귀, 양난미, 박현주, 2013)! 일상의 행복에는 외모처럼 외적인 조건보다 심리적인 변인이나 주관적인 삶에 대한 지각이 더 영향을 미친다는 것이다(구재선, 서은국, 2011[4]). 단순히 더 예뻐지기 위해 지나치고 무리한 다이어트를 반복하는 것은 지양하고, 삶에 활력을 불어넣어 주는 건강관리를 하는 것이 바람직하다.

PART

13

"24시간이 모자라"··· 최악의 빈곤 '타임푸어(Time poor)'

"24시간이 모자라"… 최악의 빈곤 '타임푸어(Time poor)'

 오늘 하루 되돌아보니 한숨이 나온다.

아침부터 밤까지 내 뜻대로 보낼 수 있는 시간이 별로 없었다. 하루 대부분을 회사를 가거나 회사에서 일을 하는 데 쓰고, 집에 돌아오니 밤 11시가 훌쩍 넘은 시간. 그마저도 씻고 미뤄뒀던 집안일까지 하고 나니 어느새 잠자리에 들어야 할 시간이 되어버렸다.

원래는 이렇게 늦게까지 야근을 할 생각이 아니었다. 오전까지만 해도 그리 바쁘지 않았고, 남은 일은 오후에 집중해서 끝내고 오랜만에 '칼퇴'를 할 계획이었다. 요즘 앉아서 일만 하느라 살이 3kg 쪘는데, 근처 공원으로 운동을 하러 갈까? 아니면 오랜만에 친구랑 영화라도 보러 갈까? 퇴근시간이 가까워 올수록 황금 같은 저녁시간을 어떻게 보내면 좋을까 꿈에 부풀어 있었다. 하지만 입사 3개월 차 신입사원의 시간은 나만의 것이 아니라고 했던가. 5시 40분, 6시가 빨리 오기를 간절히 바라면서 시계만 쳐다보고 있던 그때, 갑자기 날벼락이 떨어졌다.

"참, 이번 주까지 월간 보고서 내야 하는 거 알지? 아직 신입이고 처음 써보는 거니까 고칠 데 많을 거야. 일단 내일까지 김 대리한테 보여줘 봐."

"네. 알겠습니다."

"그럼 수고~"

온종일 아무 말도 없다가 퇴근 20분 전에 이게 무슨 청천벽력 같은 소리란 말인가! 어쩐지 오늘따라 한가하더라니.. 야속한 팀장은 신입사원이 절망하든 말든 그대로 쌩하니 퇴근해 버렸고, 운동을 하거나 영화를 보겠다는 야심찬 꿈도 물거품이 되어 사라졌다.

집은 있지만 대출금 때문에 허리를 졸라매야 하는 '하우스푸어(House poor)', 경제력의 범위보다 과한 수준의 차를 샀다가 궁핍한 생활을 해야 하는 '카푸어(Car poor)'. 무리하게 대출금을 끌어다가 집과 차를 먼저 마련한 탓에 정작 매일의 식사는 편의점에서 간신히 때워야 할 상황이 된 이 두 '푸어'의 경우에도 심경이 막막하겠지만, 요즘 20, 30대 현대인들 사이에서는 새로운 형태의 '빈곤'이 나타났다. 바로 '타임푸어(Time poor)'이다. 최악의 빈곤 형태인 타임푸어는 '시간'과 '빈곤'의 합성 신조어인데, 말 그대로 하루하루 빡빡한 기한과 일정에 쫓기듯 살아가는 현대인의 '시간이 빈곤한' 모습을 일컫는다. 특히, 등록금을 마련하기 위해 학업 외에도 아르바이트며 과제, 과외 등으로 밤샘을 하는 학생들, 매일 강행군으로 이어지는 야근하는 직장인들처럼 개인시간을 꿈꾸기 어렵고 제대로 된 식사와 휴식을 챙길 수도 없는 젊은이들의 모습을 반영한다. 타임푸어들은 "시간이 없어", "24시간이 모자라"라는 말들을 입에 달고 살게 되는 것이다. 동시에 여러 일들을 감당해야 할때, 특히 체력적으로 한계를 느끼는 날에는 '내 안에 한 명이 더 있었으면...' 하고 바라게 된다.

직장인 70.9% "나는 시간거지!"

※2030 직장인 1,162명 설문조사 결과, 자료제공: 잡코리아

'잡코리아'가 20~30

대 직장인 1,162명을 대상으로 설문조사를 실시한 결과, 직장인 10명 중 7명은 자신을 타임푸어, 즉 '시간거지'라고 느낀다고 호소하였다.[1] 특히 이러한 경향은 미혼 직장인의 경우(60.5%)보다 기혼 직장인(74.2%)에서 그 비율이 높게 나타났다. 우리 모두에게 시간은 공평하게 하루 24시간이 주어지고, 어린 시절엔 '소중한 시간을 잘 써야 한다'며 방학을 앞두고 계획표를 짜는 연습을 하는 등 '시간활용'에 대해 배우지만, 대학을 졸업하고 특히 직장인이 되면 이 시간에 대한 '통제력' 또한 위계구조에 의해 영향을 받는다는 것을 실감할 수 있다. 예컨대, 신입사원이나 집단 내에서 직급이 낮은 사람의 경우엔 자신의 시간을 효율적으로 계획할 수 있는 능력을 갖추었다고 해도, 이를 주도적으로 행사하기 어려워진다. 며칠 전부터 예매해 놓은 영화, 부쩍 떨어지는 체력관리를 위해 열심히 조사한 끝에 마음에 쏙 드는 필라테스나 요가원에 등록하는 것을 성공했다고 해도, 상사가 퇴근 직전에 야근을 '선고'하게 되면 영화나 운동 계획을 취소할 수밖에 없는 상황이 되고야 마는 것이다.

'시간에 대한 자율성과 통제력'은 소득과 마찬가지로 우리의 삶의 질을 간접적으로 나타내는 지표이기도 하다. 때문에, 타임푸어 젊은이들은 쫓기듯 숨 가쁘게 살아가는 일상에서 (어차피 온전한 통제력을 가지지 못하기 때문에) 새로운 것을 시도하거나, 현재의 불만족스러움을 타개하기 위해 도전할 의욕을 제대로 내기 힘든 지경에 이른다. 즉, 한 번 타임푸어가 된 이들은 계속해서 낮은 삶의 질을 견디며 포기와 무력감을 학습하게 된다는 것이다.

●●● 자꾸만 '포기'하게 되는 습관

인간은 생존본능으로 신체적 고통과 더불어 정신적인 스트레스, 압박감, 혹은 유기에 대한 불안 같은 부정적인 정서를 경험하면, 되도록 같은 경험을 피하기 위해 회피하고 고통이 예상되는 장면에서 '저항하기'를 포기하게 된다. 주어진 상황에서 저항하고 새로운 시도를 하는 것이 소용없다는 것을 반복적으로 겪으면 이것이 '학습된 무력감(Learned hopelessness)'을 유발한다. 소망하는 것을 포기했던 계속적인 경험은 무기력을 학습시키고, 이는 우울감이나 사회에 대한 분노표출로 이어질 개연성이 상당하다.

심리학자 칙센트미하이(Mihaly Csikszentmihalyi)는 시간이 '파편화'될 경우, 매 순간에 온전히 집중하는 '몰입(Flow)' 상태에 도달하기 어렵게 된다고 경고했다. 타임푸어의 경우 시간이 파편화되다 못해 조각조각 난 경우이므로 집중, 기억, 추론, 판단, 학습을 총괄하는 우리 뇌의 '최전방 집행기관'인 전전두엽이 제대로 작동하지 않게 될 수 있다. 더불어, 공포, 불안 등 부정적인 정서와 '본능적 영역'을 담당하는 편도체의 작용에도 부정적인 영향을 미칠 수 있기 때문에, 결혼과 연애, 친구관계 유지 등 이미 많은 것을 포기하고 살아가는 소위 'N포 세대'가 시간에 대한 통제력마저 잃게 되면 '주관적인 행복'과는 점차 거리가 먼 삶을 연명하게 될 것이다.

●● 퇴근 후의 삶이란 치킨과 넷플릭스 감상뿐

타임푸어를 극단적으로 겪는 젊은 직장인들에게 '퇴근 후의 삶', '저녁이 있는 삶'이 절실하다. 10시, 11시, 심지어는 자정이 다 되어 새벽버스를 타고 간신히 퇴근하는 하루하루를 반복하다 보면 친구와 저녁약속을 잡거나 가족 행사에 참여하는 일도 꿈꾸기 어려운 지경이 되니, 새로운 취미나 운동을 계획하기 버겁고, 사실상 충분한 휴식을 취하기도 어려운 것이다. 그럼에도 하루 종일 과제와 업무로 시달린 후엔 잠들기까지의 밤의 시간이 너무 아깝게 느껴지기 때문에, 고작 할 수 있는 '자기충전'이라곤 잠자기를 미루고 드라마와 예능을 보거나, 멍하니 스마트폰을 만지작거리는 정도의 선택지밖에 남지 않게 된다. 다만 최근 주 52시간 근무제의 시행으로 퇴근 후 '저녁이 있는 삶'을 유용하게 활용하려는 움직임이 나타나고 있는 것은 다행스러운 일이다.

사람은 자신의 내면을 포함하여 스스로의 행동, 그리고 자신을 둘러싼 환경에 대해 어느 정도의 통제력을 지니고 있다고 믿을 수 있어야 심리적 안정과 행복을 느낄 수 있는데, 시간에 대한 통제력을 상실하게 되면 이를 어떻게든 회복하려는 보상심리가 작동한다. 늦은 귀가 후에 어떻게든 내 시간을 가져 보려는 몸부림, 헛헛한 마음이 반복되면 심신의 피로로 이어지고 차라리 잠을 포기하는 '슬립푸어(Sleep poor)'를 낳게 되는 셈이다. 한 통계에 의하면 정규직을 포함한 경우에도 직장인의 평균 귀가 시간은 저녁 7시 5분이며, 하루 노동시간은 11시간에 육박, 주당 야근일은 3.5일이라고 보고했다. 대한민국의 직장인은 정규직이 되어도 수면시간이 하루 평균 6시간에도 미치지 못한다고 덧붙였다.

●● 슈퍼우먼이 되길 강요받는 워킹맘(Working Mom)들

타임푸어를 호소하는 학생, 직장인들이 기하급수적으로 늘어나는 현상은 이제 개개인의 문제가 아닌 '사회적 문제'로 다뤄져야 할 것이다. 만성적인 시간 없음, 여유 없음은 곧 한 개인보다 넓은 범위의 사회문제들을 연쇄적으로 불러올 가능성이 크기 때문이다. 시간 빈곤은 필연적으로 수면이나 여가시간 부족을 야기하고, 대인관계에도 영향을 준다. 잠과 자기계발을 포기한 채로 일상에 시달리고 나면 자연히 타인과 소통할 에너지를 빼앗기게 된다. 가족과 친구, 연인 등 주변 사람들에게 잦은 짜증을 내서 갈등이 생길 가능성도 높아지고, 가까운 이들과의 마찰, 관계를 유지할 시간과 에너지 부족은 다시 스트레스를 가중시키는—악순환을 부추기는 것이다.

직장에서의 스트레스가 가족을 포함한 일상에 부정적인 영향을 끼치는 경우를 들어 심리학 문헌에서는 '스트레스의 넘침(Spillover)' 혹은 '걸침(Crossover)'이라고 표현했는데, 숨 가쁘게 바쁜 직장인 배우자로부터 집안일을 도맡은 배우자에게, 맞벌이 부모의 스트레스와 저하된 정신건강이 어린 자녀에게 연쇄적으로 부정적인 영향을 끼칠 수 있음을 엄중히 경고했다. 남녀 간 경제활동과 집안일의 경계가 허물어지고, 육아와 자녀교육이 공동의 과제로 강조되고 있지만 여전히 타임푸어 워킹맘들이 직장과 가정의 '이중 역할'로 겪는 고충은 상당하다. 빡빡한 직장에서의 하루를 치루는 중에도 자녀의 등하원, 신체건강 등을 챙기는 것이 '엄마의 일'로 간주되고, 배우자의 적극적인 협력이 부족한 경우라면 '슈퍼우먼'이 되길 강요받게 되기 쉽다. 자기계발과 취미는 고사하고 기혼 직장인의 경우엔 이처럼 가정을 위해 투자, 헌신할 시간에 대한 통제감도 침해받는 지경이기에, 20대 후반과 30대 초반 결혼적령기의 남녀 직장인들은 자연히 결혼을 미루거나 포기하는 추세이다. 시간이라는 것이 '무형(無形)'의 개념이기에 있고 없음이 뭐 그리 중요한 일인가 싶을 수 있지만, 여유와 체력의 부족은 곧 '마음의 결핍'으로 이어지게 된다는 점에서 문제가 된다.

●● 시간 궁핍 속에서 하루를 '경영'해야 한다면

하루를 48시간으로 늘리거나, 사회 구조를 하루아침에 바꾸는 것은 불가능하다. 그렇다고 타임푸어의 고통을 오롯이 개개인에게 전가해도 좋다는 말은 아니다. 주 52시간 근무제와 같이 대한민국의 현 상황에 맞는 법률적 대안이 필요하고, 보다 근본적으로는 근로자에 대한 기업인들의 의식수준이 신장되어야 한다. 하루 적정 근무시간을 보장하기 위한 현실적인 규정이 마련되어야 할 것이다.

동시에, 개인적 차원에서 당장 일주일을 더 등교, 출근하는 것이 막막한 이들을 위해 다음 몇 가지를 추천하고자 한다.

타임푸어들을 위한 제언

1. 일의 우선순위를 정하는 습관을 가지자. 단, 계획을 세울 때는 할 일을 5가지 이내로 제한하고, 지나치게 자세하게 계획을 짜느라 예상 외의 시간을 허비하지 않도록 해야 한다.
2. 평상시 주의가 분산되지 않도록 간단히 메모를 하라.
3. 모든 일을 완벽하게 해야 한다는 강박을 버리고 70% 정도를 달성하는 것을 목표로 하는 것이 좋다. 자기 비난, 자책감 등 스스로를 힐난하는 마음부터 내려놓는 태도가 필요하다.
4. 저녁시간은 가능하면 가족이나 가까운 친지와 보내도록 의도적인 노력을 기울여라. 회사에서도 퇴근 이후 저녁시간은 '사적인 시간'이라는 의식을 확실히 하고, 업무 관련 연락을 자제하는 서로 간 분위기 조성이 필요할 것이다.

PART

일상 예능, 힐링과 불편 사이

♣ 게시판 항의 글

배트맨아빠
제목: 대체 누구를 위한 힐링 예능이죠?

아이 둘 키우고 있는 평범한 회사원 아빠입니다.
주말에 시간을 내서 아내와 아이와 함께 TV를 보다가 한바탕 싸웠습니다.

요즘은 아이랑 같이 놀아주고 여행을 가는 콘셉트의 예능이 대세잖아요.
배우 OOO가 한 아이는 유모차에 태우고 한 아이 손을 잡은 채
경치 좋은 계곡으로 여행을 떠나는 장면을 한창 보고 있는데,
아내가 "당신도 이번 주에 애들 데리고 저런 데 좀 놀러 가 봐" 하더군요.
지난주부터 내내 야근하고 주말에도 불려가 일하는 마당에 여행은
무슨 여행이냐고, 좀 쉬고 싶다고 했더니 아내가 당신은 아이에게
너무 무심하다고 화를 내더라고요.

솔직히 애 키우는 평범한 가장들, 저희 집 같은 경험 다들 있으실 겁니다.
저라고 아이들과 놀아주고 싶지 않겠습니까.
눈에 넣어도 아프지 않을 아이들, 온종일 놀아 주고도 싶고
좋은 곳에도 여기저기 많이 데려가 주고 싶습니다.

하지만 매번 여행 다니고 아이와 놀아 주기엔 우리 삶이 너무 팍팍

합니다..
밤 10시 넘게 야근하고 돌아오면 저도 사람이라 쉬고 싶어요.
주말에도 회사에서 연락 오고 자택근무나 다름없이 일하는데
그 와중에 아이와 여행을 떠나서 정서 교감?
그건 정말 동화 속, 아니 TV 속에나 있는 말이죠.
TV에 나오는 연예인들이야 그 시간에 돈도 받고 인지도도 쌓고
아이들과 좋은 경험도 한다지만 우리 같은 서민들에게는 꿈 같은 남
이야기입니다.

게다가 요즘 예능 보고 있으면 허탈한 마음까지 듭니다.
요즘 둘째 애가 하도 울고 보채서 아내가 매일 안아 주느라 고생이
더라고요.
그런데 육아 예능프로그램에 아이를 태우면
자동으로 흔들어주는 기계가 나오더군요.
아내를 위해서 하나 장만해 주려고 같은 제품을 검색했다가
눈이 튀어나올 뻔 했습니다. 정말 엄청난 가격이더라고요.
그 제품은 협찬인 건지 아니면 그 연예인이 예능으로 돈을 많이 벌
어 산 건지..
그런 거 하나 있으면 우리 아내도 훨씬 덜 힘들 텐데
돈이 없어 괜히 고생만 더 시키는 것 같아 제가 한심하다는 생각까
지도 듭니다.

스트레스 풀고 웃어 보려고 본 예능 프로그램이었는데
오히려 스트레스만 쌓이네요...

●● 힐링 예능

TV 프로그램에도 다양한 트렌드가 있다. 맛있는 음식을 만들고 먹는 '쿡방', '먹방'이 유행하더니, 먼 나라에서 새로운 체험을 하는 '여행 방송'이 대세가 되었다. 그리고 요새는 소소한 일상을 즐기는 모습을 가감 없이 보여주는 일상 예능이 인기를 끌고 있다. 이런 예능 프로그램을 보고 사람 사는 것이 모두 비슷하다는 동질감을 느끼고 힐링이 된다는 사람들이 있는 반면, 오히려 연예인들의 화려한 삶과 평범한 나의 삶이 비교돼서 허무함과 상대적 박탈감을 느낀다는 사람들도 있다.

최근 연예인의 부부생활, 싱글라이프 등 소소한 일상을 담은 예능을 일명 '힐링 예능'이라고 한다. 일명 '힐링 예능'이 사람들에게 어필하는 이유는 무엇일까?

●● 소소한 재미

정글에 가서 집을 짓는 것도 아니고, 거창한 프로젝트 같은 걸 하는 것도 아닌데 방송을 보고 있으면 마음이 편안해지고 '소소한 재미'를 느낀

다. 우비를 입고 빗속을 산책하거나, 나만을 위한 따뜻한 밥을 지어 식사를 하는 모습을 보면 마음이 평화로워진다. 편안한 휴식을 원하는 사람들의 심리가 반영되었다고 할 수 있다. 거창한 프로젝트만 계속되는 방송만 본다면 금방 질리기도 하고 점점 더 큰 프로젝트가 이어져 숨 막히는 느낌을 받게 되기도 한다. 소소하지만 확실한 행복을 뜻하는 '소확행'을 찾는 사람들이 늘어나는 것도 바쁘게 돌아가는 세상, 자극적인 콘텐츠가 범람하는 시대에 피로감을 느끼고 이에 대한 반작용으로 저(底)자극 콘텐츠에서 휴식과 힐링을 얻고자 하기 때문이다.

●● 산다는 건 다 그런거지

연예인이든 우리든 결국 '사람 사는 건 다 비슷하구나' 이렇게 느끼면 친밀감이 생긴다. 화려해 보이지만 실제로는 우리와 비슷한 생활을 하는 것을 보고 동질감을 느끼게 된다. 일전에 한 기업체에서 전화로 사람을 상대하는 콜센터 감정 노동자들을 위해 진행한 캠페인이 있었다. 통화 연결음으로 근로자의 가족 목소리로 녹음한 '사랑하는 우리 딸이 상담해 드릴 예정입니다.'

라는 멘트를 들려줬더니 실제로 감정 노동자들에 대한 심한 항의나 갑질이 줄어들었다고 한다. 전화를 받는 사람도 나와 같은 사람이라는 것을 인식했기 때문이다. 역시 나와 비슷한 음식을 먹고 비슷한 생활을 하고 비슷한 이야기를 나누는 걸 보면 공감하고, 그러면서 동질감과 친밀감도 형성되는 것이다. SNS(Social Network Services/Sites)에 올라오는 지인들의 일상 사진을 보는 것도 비슷한 맥락이다. 항상 만나거나 연락할 수는 없지만 간접적으로 일상을 공유하다 보면 유대감을 느낄 수 있다.

한편, SNS 피로감이 높아지고 현대인에게 S(시간)N(낭비)S(서비스) 라는 시각도 있다.[1] 때로 SNS에 사생활을 대단히 자세하게 전하는 사람들이 있다. 물어보지 않았지만 궁금하지도 않은 정보는 사양하고 싶다. 또는 '좋아요' 받기를 의식한 보여주기식 포스팅을 보면 어딘가 개운치가 않다. 인스타그램에서 아름다운 곳을 여행하거나, 고가의 명품 쇼핑을 척척하거나, 고급 레스토랑에서 식사를 한 사진을 보다 보면 치킨도 큰 마음먹고 시키는 내 처지가 처량하다.

●● 그들만의 세상

이와 유사하게 일상 예능이 오히려 불편하고 박탈감을 느낀다는 사람들이 있다. 편안하고 친밀한

것처럼 보이는 연예인들에게서 왠지 나와 다르다는 괴리감과 불편한 마음이 생긴다는 것이다.

예를 들어, 방송에 나오는 연예인들은 요가나 취미 생활을 즐기더라도 그게 일반 직장인과는 달리 평일 낮, 한가한 시간대라는 점이다. 아이를 태운 유모차가 굉장히 고가라는 걸 인식하게 되면, 갑자기 먼 나라의 이야기처럼 느껴진다. 우리와 다른 면이 분명히 있다. 만일 부부가 함께 평화롭게 TV를 보다가도 "당신도 저렇게 요가, 요리를 배워 봐."라고 하는 순간 "내가 그럴 시간이 어디 있어, 우리는 늘 바쁜데."라는 대답과 함께 1초 만에 부부싸움이 시작될 것이다. 현실의 싱글 라이프, 현실의 삶은 확실히 다르다.

일전에 방송인 이효리 씨가 한 예능에서 "하루 종일 업무에 시달리다가 퇴근한 부부가 어떻게 만나서 서로 좋은 말만 할 수 있겠냐. 우리 부부는 여유롭게 사니까 서로 잘해 줄 수 있는 것"이라고 말한 것을 들은 기억이 있다. 공감이 가는 이야기이다. 행복하고 여유로운 삶을 살고 싶지 않은 사람이 어디에 있겠으며, 서로에게 상처 주고 싶은 부부가 어디 있을까. 분명히 일상에서 누리고 싶은 여유와 한가함을 모두 보여주거나, 자녀에게 제일 좋은 것들을 해 주고 싶은 마음은 가득하지만, 정작 우리의 현실은 그렇지 못하니까 상대적 박탈감을 느끼게 되는 것이다.

●● 멀면 멀수록 행복하다

'사촌이 땅을 사면 배가 아프다.'라는 말이 있다. 뉴스 속의 재벌이나 대기업 CEO가 비싼 차를 타고 다니는 걸 볼 때보다, 내 주변의 아는 사람이 외제차를 타고 다니는 걸 볼 때 더욱 부럽게 느껴지는 건 바로 이 때문일 것이다. 가까운 사람이 잘되면 기쁘기보다 샘이 난다.

행복은 비교에서 나오기도 한다. 특히나 우리는 우리 주변에 있는 사람들과 우리를 비교하는데, 이를 '이웃효과'라고 한다.[2] 주변의 사람들, 이웃의 소비 수준이나 재산 등에 비추어서 자신의 위치를 평가하려는 경향을 말한다. 이웃효과는 친근하고 가까울수록 더 커지는데, 특히나 우리 한국 사회는 남들과 비교하려는 성향이 강하기 때문에 다른 사람의 성공을 흔쾌히 축하해 줄 수 없는 것이다. 가까운 관계이면서 배경이나 능력도 비슷한 사람이 성공하면 유사한 입장에 있는 '나는 뭐하고 살았나.'하는 생각이 들기 쉽다.

영국의 버나드 맨더빌(Bernard Mandeville)은 이런 말을 했다. 걸어가는 사람과 4두 마차를 탄 사람, 6두 마차를 탄 사람이 있다면, 걸어가는 사람이 6두 마차를 끄는 사람을 질투하는 것보다 4두 마차 타고 가는 사람이 6두 마차를 끄는 사람에게 느끼는 질투가 강하다고 말이다.[3] 사회적인 비교 중에서도 비교 가능한 대상끼리의 비교를 말한다. TV 속에서 우리와 별 다를 것 없이 비슷하다고 친밀함을 느꼈던 그 연예인이 우리는 가질 수 없는 여유와 행복한 삶을 즐기는 걸 본다면 박탈감과 불편함(일종의

배신감)이 더 크게 느껴지게 된다.

●● 행복의 기준

　다른 사람들과 자꾸만 비교하다 보면 다른 사람에 의해 기분이 좌우된다. 나보다 뛰어난 사람을 보면 주눅이 들고 나보다 못한 사람을 보면 슬며시 우월감이 생긴다. 어떻게 하면 비교하는 습관을 바꿀 수 있을까? 안타깝게도 비교하는 성향은 잘 바뀌지 않는다. 따라서 비교성향을 인위적으로 줄여야 한다는 강박사고를 가지는 것은 별 도움이 안 된다. 대개 자기보다 상황이 나은 사람과 비교하는 일종의 "상향비교" 경향성이 높다. 그러면 자연히 상대적 박탈감을 더 크게 느끼기 마련이다. 굳이 비교해야 한다면 자신보다 상황이 어려운 사람과 비교하는 "하향비교"를 하는 편이 정신건강의 측면에서는 더 낫다. 최악의 상황을 발생했을 때를 가정하고 현재를 비교해 보는 것도 한 가지 위안을 얻을 수 있는 방법이다.

●● 다행이다

　긍정적인 방향으로 일종의 '사후 가정 사고(Counterfactual thinking)'[4]를 하면 도움이 된다. 어떤 경험을 한 뒤에, "만약 ~했다면, ~했을텐데."라는 후회가 아니라, "~해서, 다행이다."라는 느낌이 들도록 대안적인 가상적인 사건을 생각하는 것이다. 이렇게 하면 부정적인 감정이 줄어들고 긍정적인 감정이 늘어나는 효과가 있다.

같은 프로그램을 보고도 다른 감정을 느끼는 건 우리의 시각의 차이 때문이다. 최근의 트렌드, 현명하게 받아들이고 소비할 필요가 있다. 동시대를 살아가는 사람들의 유행과 트렌드를 함께 접하고 동류의식을 느끼는 것은 자연스러운 일이다. 또, 일상 관계에서 대화를 할 때도 공통화제가 될 수 있는 순기능이 있다. "어제 ○○프로그램 봤어?" 편안한 대화 주제로 이만큼 유용한 것도 없다. 하지만 방송 자체는 실제 현실이 아니라는 점을 잊지 말아야 한다. 아무리 리얼리티라고 해도 일부 설정이 있을 수도 있고, 편집 과정을 거치면 전혀 맥락이 다르게 만들어질 가능성이 짙다. 즐거움은 즐거움을 주는 것으로 그 역할을 충분히 다한 것이다. 어느 정치인이 내건 슬로건인 "저녁이 있는 삶" 또는 휴식이 있는 삶을 소중한 이들과 함께 보낼 수 있다면 얼마나 다행인가!

PART

응답하라 내 첫사랑의 추억!
과거를 아름답게 기억하는 이유는?

응답하라 내 첫사랑의 추억!
과거를 아름답게 기억하는 이유는?

< 여고 34회 졸업생 단톡 방　　　　Q :

소정
얘들아.. 나만 요즘 이렇게 사무치게 외로운 거야?

단풍들잖아.. 가을타는 거지 뭐.. 센치해지니깐 첫 남자친구가 다 생각나네.. 나한테 진짜 잘해 줬었는데...😌

진희
잉..?? 🙄
네 첫 남친이 너한테 잘했었다고?? 너 걔 때문에 엄청 속앓이 했잖아ㅋㅋㅋ

헐 아니거든..?? 정원이는 완전 다정한 스타일이었지~
그 때 또래답지 않게 배려심도 깊고...

연주
무슨 소리야 😛 우리 다 동창이거든!?
너 정원이 때문에 우리랑 상담도 엄청 했던 거 기억 안 나??ㅋㅋㅋㅋㅋ

진희
내 말이ㅋㅋㅋㅋㅋㅋ 너 당장 헤어지겠단 소리도 스무 번은 했다!!

소정
원래 첫사랑은 미화된다곤 하는데...
넌 약간 지나친 듯?? 🙄

너네가 잘못 기억하는 거 아니야..?
난 지금까지도 정원이보다 날 많이 사랑해 줬던 사람은 못 찾겠던데...

추억 속의 정원이는 정말 더없이 자상한 남자친구였다. 속이 깊고 섬세했을 뿐만 아니라, 그를 떠올리면 뭐라 정확히 꼬집을 순 없지만 당시의 따뜻했던 감정이 느껴질 정도로... 그런데 내가 첫 남자친구 때문에 연애상담을 요청하고, 심지어 헤어지겠단 말까지 하곤 했다니! 왜 친구들이 기억하는 그와 내 기억 속 그는 서로 다른 걸까? 정말 소정이의 말대로 내 첫사랑에 대한 기억이 과장되고 미화된 탓일까? 그런데 생각해 보면 첫사랑에 대해 그저 그랬다든가, 최악이었다고 비난했던 경우는 썩 드물었다. 적어도 내 주위에선... '참 괜찮은 사람이었다'는 말이 대부분이었으니깐.

　우리는 왜 지나간 사랑을... 특히 첫사랑을 아주 아름다웠던 사람으로 기억하게 되는 걸까? 평범했던 첫사랑이 아주 애틋하고 다정했던 이로 추억되는 이유가 뭔지, 정말 궁금하다.

●● 그래, 그땐 그랬지

계절이 바뀔 즈음이 오면 옛 사람과의 추억을 되짚을 때가 있다. 추억을 떠올리면 주고받은 대화나 문자 내용이 명확히 기억에 남은 것은 아니지만 막연하게 행복했던 감정이 떠오른다. 분명 누구와든 좋은 기억만 있었던 것을 아닐텐데, 참 신기하게도 주로 떠오르는 것은 '막연히 좋은 감정'인 경우가 많다. 흔히 첫사랑은 절대 이루어지지 않는다고 하더라. 그 '이루다'는 것은 정의하기 나름이겠지만, 나이도 어렸을 뿐더러 '사랑' 자체에 대해 지극히 미숙했기 때문에 더 그럴 것이다. 뜨거운 물에 푹 몸을 담근 카모마일 티백처럼 과거 사랑의 추억 속에 잠겨있노라면 문뜩 이런 생각이 스치기도 한다 ― 첫사랑을 한번쯤 다시 마주치게 된다면 어떨까? 그러고는 잠시 후 이런 결론을 내리게 되는 것이다. 아무래도 마음속에만 두고 실제 다시 만나지는 않는 것이 좋겠다고.

개인적인 추억풀이의 끝에 '다만 기억 속에 두기로' 결론 내는 것과는 별개로 유난히 지나간 옛 사랑에 대한 영화나 작품들이 많고, 또 흥행한 것은 그만큼 과거 사랑에 대한 애틋함과 잔잔한 그리움이 많은 사람들의 공감을 불러일으키기 때문일 것이리라. 특히 '첫사랑'은 과거의 인연들 중에서도 가장 특별한 위치를 선점하는데 대표적으로 영화 〈건축학개론〉에서 그 서사와 감정을 생생히 묘사해 냈다. 대학시절 풋풋하게 서로에게 빠져들어, 오해도 겪었던 남녀가 세월이 지나 서로를 다시 만나게 되면서 벌어지는 이야기를 다루었는데, 김동률의 노래가 배경음악으로 삽입되었던 영화 속 20대 초반의 두 사람으로부터 많은 관객들은 자신의 첫사랑에 관한 진한 향수를 느끼게 된다.

지난 시절의 향수를 자극해 큰 인기를 끌었던 〈응답하라〉시리즈 드라마는 80~90년대를 배경으로 지방에서 서울로 갓 상경한 대학생들이 하숙집에 모여 살며 벌어지는 다채로운 일화들을 다루어 온 국민의 사랑을 받았다. 〈응답하라〉의 장면들 속에는 이젠 '근현대사 박물관'에 일부러 방문해야 볼 수 있을 삐삐, 손가락을 넣어 다이얼을 돌려야 하는 유선 전화기, 다마고치 등 당시의 소품들과 먹거리, 음악과 유행했던 TV 프로그램까지 재현해 시청자들에게 그 시절의 정서를 고스란히 전달했다. 요즘의 뜨거운 주제인 AI(Artificial Intelligence: 인공지능)라든가, 판타지 요소를 섞어 주인공이 초능력을 발휘하는 등의 이색 주제보다도 〈건축학개론〉과 〈응답하라〉시리즈가 선풍적인 흥행과 인기를 끈 것에는 앞선 친구들의 대화에서 나타난 것처럼 과거를 아름답게 포장하려는 심리가 작용했다고 할 수 있다.

●●● 추억'팔이피플' – 복고, 레트로 마케팅

다른 나라에서보다 유독 대한민국에서 8090에 관한 서사들이 열광을 일으키는 심리학적 이유에 대해 여러 해설이 있어 왔다. 당시를 생생하게 기억하는 부모 세대뿐만 아니라 10대와 20대 초반 젊은이들도 (명확히 그 시절에 대한 추억이 없을 것임에도) 과거의 이야기에 큰 관심을 보였기 때문이다. 다양한 해설 중에서도 요즘의 사회적 분위기가 경쟁이 과열되어 치열하고 지금의 20대, 30대가 취업난과 낮은 임금에 시달리니 과거의 보다 '정 있고 여유로운' 분위기에 매료되는 것이 아닌가 하는 해설이 많은 공감을 샀다. 사회적 현상 해석을 위해 심리학자와 문화평론 가들이 '열일'하는 와중에 또 다른 계열에서는 과거에 대한 향수를 발 빠르게 활용했는데, 바로 마케팅 분야이다.

복고, 레트로 마케팅[1]

현재의 상품을 판매하는 데 과거에 대한 향수와 '좋았던 시절에 대한 추억'을 활용하는 기법으로, 소비자의 기억에 남아 있는 향수를 자극해 상품가치를 높이려는 것이다.

대표적인 예를 들자면 단종되었던 제품을 다시 부활시키거나, 상품 디자인을 옛날 스타일로 바꿔 소비자의 추억을 되살리는 방법이다. 지금의 20대 중·후반도 여름 날 '델몬트 오렌지쥬스 유리병'에 담겨 있던 시원한 보리차를 꺼내 먹은 추억이 있을 것이다. 대학로 좌판에서 종종 찾아볼 수 있는 옛날 불량식품을 구경하고 사먹는 재미도 쏠쏠하다. 이처럼 기업에서 또한 '그때 그 시절'을 다시 느끼고 싶어 하는 소비자들의 심리를 이용해 구매력을 높이고 있다.

●● 과거를 각색하다? – 므두셀라 증후군과 도피심리

므두셀라 증후군 (Methuselah syndrome)[2]

과거에 겪었던 일, 사람에 대한 추억을 아름답게 각색해 나빴던 기억은 '각색'의 과정에서 지워버리고 좋은 기억만을 남기려는 경향. 성경 속 인물 중 1000세 가까이 살았던 '장수의 대명사 므두셀라'의 이름을 딴 것으로, 현재의 삶에 불만 감을 느끼고 과거로 돌아가고 싶은 심리를 들어 므두셀라 증후군이라 부르게 되었다. 이러한 심리는 현실 회피와 기억 왜곡을 동반하는 일종의 '도피심리'로도 볼 수 있다.

사람들은 극심한 스트레스 상황에 놓이면 안정감과 좋은 느낌을 가졌던 과거로 회귀하려는 경향을 보인다. 실제로 시간을 되돌릴 수는 없는 노릇이

● 므두셀라 증후군
추억은 항상 아름답다고 하며 좋은 기억만 남겨 두려는 심리

기에 과거의 추억을 회상하고 좋은 기억들을 곱씹으며 그리워하는 복합적인 감정을 경험하게 되는 것이다. 좋았던 과거로의 회귀와 도피심리를 발휘해 스스로를 안정, 위로하려는 경향을 절대적으로 '안 좋다'라고만 할 수 없을 것이다. 감정적으로 힘든 스트레스 상황을 진정시키고자 하는 전략의 일환에서 도피심리를 약간 발휘해 보는 것은 오히려 어느 정도는 도움이 될 수도 있다. 2006년 사우샘프턴(Southampton) 대학 연구팀[3]이 172명의 학부생 참가자를 대상으로 '현재에 미치는 노스텔지아

(Nostalgia), 즉 과거 향수의 효과'를 확인한 바 있다.

연구팀은 먼저 실험 참가자들이 외로운 감정을 느끼도록 책을 읽게 했다. 흔히 심리학 실험에서 참가자에게 특정 감정을 고양하기 위해 다양한 자극물을 사용할 수 있는데, 이 실험의 경우 과거의 향수를 떠올리는 도피심리의 발휘가 외로움과 슬픔 등의 부정정서가 사전에 처치된 상황에서 어떤 효과를 일으킬 수 있는지 알아보기 위해 책을 통해 '외롭고 슬픈 마음'을 조성해 낸 것이다. 연구팀은 참가자들이 책읽기를 마친 뒤 무작위로 피험자를 두 집단으로 나눴고, 집단 A의 참가자들이 아무런 추가적인 활동을 하지 않았던 것에 반해, 집단 B의 참가자들은 과거의 향수를 떠올리도록 요청했다. 실험 결과, 외롭고 슬픈 마음을 느낀 후 과거의 향수를 떠올린 집단 B의 참가자들이 미래를 보다 희망적인 것으로, 타인으로부터 보다 높은 유대감을 느끼는 것으로 나타나, 상대적으로 높은 정서적 안정감을 보였다. 연구 결과와 같이 부정적인 감정이 고양된 상태에서 므두셀라 증후군의 도피심리를 '어느 정도' 발휘해 보는 것은 도움이 될 수 있을 것이다.

●● 지나치게 각색된, 리얼리티가 떨어지는 삶의 비디오

핑크빛으로 각색된 과거에 지나치게 몰두해 있다면 어떨까? 피로가 몰려올 때 까먹으면 반짝 힘이 나는 달콤한 초콜릿이라도, 지나치면 혈당을 과하게 올리고 인슐린 스파이크를 일으켜 오히려 몸을 피곤하게 만드는 '독'이 될 것이다.

과거를 지나치게 각색하고 미화하여 현실의 도피처로 삼는 것이 과하게, 계속해서 반복된다면 상대적으로 실제 '지금-여기'는 더욱 암울하게 느껴질 것이다. "내게도 영광의 순간이 있었는데..."라는 말만을 반복하며 현재에 일어나고 있는 일들에 대해 아무런 작업도 하지 않는다면 다가올 시간들 속에서도 실제 스트레스의 원인들이 해결되지 않은 채 잔류할 테니 말이다. 각색과 도피의 과정이 누적되면 결국은 우울과 무기력에 빠지기 쉽다. 예쁘고 긍정적인 부분만을 선택적으로 짜깁기한 비디오를 본다고 상상해 보라. 비디오 속엔 온통 아름다운 장면들뿐이지만, 우리가 삶에서 자연스레 경험하게 되는 크고 작은 위기나 혼란의 장면들을 모두 중간 삭제되어 이야기는 뚝뚝 끊겨 있다. 그야말로 자연스럽지 않은! '생생하지 않은' 영상이 될 것이다.

한 사람이 정신적으로 얼마나 건강한가를 가늠하는 중요 기준 중 하나는 그 사람의 '현실 검증력'인데, 이것은 현실을 있는 그대로 바라볼 수 있는 능력을 일컫는다. 간단한 예로 30대 초반의 한 사람이 갑작스럽게 경력 중단의 위기를 겪고 있다고 상상해 보자. 갑작스럽게 해고되었다든가 심지어 잘 다니던 회사가 부도를 맞은 상황일 수도 있다. 이와 같은 스트레스 상황에서 현실 검증력은 언뜻 냉정하지만 효과적으로 발휘될 수 있다. '나에게 왜 이런 말도 안 되는 일이?'라는 생각에 사로잡혀 대학시절 동아리와 학회에서 탁월한 능력으로 동기들과 선배로부터 칭송받았던 과거를 떠올리며 매일 밤 소주를 마시는 대신 현실 검증력을 발휘하여 다음과 같은 생각을 해 볼 수 있을 것이다.

그래, 내가 예상치 못한 큰 위기를 맞았구나. 입사를 위해 정말 열심히 노력했고, 그래서 적어도 2년 정도는 다닐 계획을 가지고 있었는데 내 손을 벗어난 회사의 상황으로 인해 하루아침에 실직을 통보받게 되니 마음이 암담하고 원망스럽기도 하다.

하지만 이런 갑작스러운 통보는 내가 아무리 눈치를 잘 살피려 노력을 했다고 해도 명확히 예상해 보긴 힘들었을 것이다. 갑작스러운 만큼 당혹스럽지만, 동시에 나의 실책이 아니기도 하다.

1년 3개월을 적어도 주 2회 이상 야근했으니 우선 일주일 정도만 체력을 보충하는 시간을 갖고, 부모님께 상황을 말씀드린 후 이직에 필요한 기간 동안은 약간의 도움을 주실 수 있을지 상의해 보자. 나의 경우에 실업급여를 신청하기 위해 무엇이 필요한지, 그리고 실업급여 기간 동안 국가지원으로 받을 수 있는 기술교육이 있다고 들었는데, 나의 계열에서 이직에 도움이 될 만한 프로그램이 있는지 조사를 해 볼 수 있겠다.

위의 예시는 아주 이성적이어서 일부 심각한 스트레스 상황에서는 불가능한 것으로 느껴질 수 있겠지만, 비슷한 정도의 현실 검증력을 단련한 사람이라면 현재 벌어졌거나, 일어나고 있는 일에 대해 정확히 인지하고 필요한 다음 단계를 계획하는 데 효과적일 것이다. 반면, 현실을 직시하면서 살아가기보다 과거의 추억에만 갇혀 있거나 혹은 아직 일어나지도 않은 내일의 일에 대해 극심한 불안을 느끼며 살아간다면 현재의 과제와 경험에 충분히 집중하지 못하기 때문에 수행을 할 때나 대인관계의 면에서도 불만족스러운 '지금'을 반복할 가능성이 크다.

●● 각색된 비디오에서 빠져나와 '진짜 삶'으로 복귀하기

예시 상황으로 대조해 본 것과 같이 과거의 기억을 지나치게 이상화하거나 왜곡하는 것은 상대적으로 현실을 더욱 초라하게 만들 수 있음을 경계해야 한다. 그래서 '지금―여기에 살기'를 강조하는 심리치료의 일종인 '현실치료(Reality therapy)'에서는 4단계에 걸쳐 고통스러운 상황에서도 현실을 보다 정확히 바라보고 미래를 도모하는 데 필요한 질문들을 던진다.

지금 ― 여기에 살기 위한 네 가지 질문 ― 'WDEP'

첫째, 현재 지금 내가 원하는 것은 무엇인가? (Want)
둘째, 내가 원하는 것을 달성하기 위해 나는 지금 어떤 구체적인 행동을 하고 있는가? (Doing)
셋째, 현재 나의 행동이 내가 원하는 것을 달성하는 데 효과적인가? (Evaluation)
넷째, 만일 효과적이지 않다면 이를 해결하기 위해 어떤 계획을 가지고 있는가? (Plan)

복잡하고 부정적인 감정이 격양된 실제 상황과 내면의 어려움 때문에 현실 검증력을 자연스럽게 발휘하기 어렵다면 위의 네 단계 질문에 답하는 과정을 통해 '오늘보다 편안한, 더 나은 내일'을 만날 수 있을 것이다. 과거의 아름다운 추억을 떠올리고 잔잔한 애틋함을 느끼는 것과 오늘의 삶에 충실한 것이 서로 배치되기보다는 공존하도록 하는 것이 중요하다. 창밖을 바라보며 과거의 향수에 잠잠히 잠겨드는 티타임을 마친 후에는 지금의 일과 사람에 충분히 집중하는 '균형'감각이 필요하다.

지금 – 여기에 살기 위한 활동지

- 현재 지금 내가 원하는 것은 _____ 이다.
- 내가 원하는 것을 달성하기 위해 나는 지금 _____, _____, 라는 구체적인 행동/실천을 하고 있다.
- 현재 나의 행동은 내가 원하는 것을 달성하는 데 _____점 (1~10점, 1점: 전혀 효과적이지 않다, 10점: 매우 효과적이다) 만큼 효과적이다.
- (만일 효과적이지 않다면) 이를 해결하기 위해 나는 _____를 대신 시도해 볼 수 있을 것이다.

PART 16

온종일 SNS 삼매경 + SNS에 판치는
'조작'과 '과장'

PART 16

온종일 SNS 삼매경 + SNS에 판치는 '조작'과 '과장'

1. 유령전화증후군

아주 이상한 일이 계속 일어나고 있다. 그것도 내 주머니에서 일어나는 일이다.

웅웅 –

분명히 스마트폰 진동 소리가 맞는데, 부리나케 주머니에서 꺼내 켜보면 어떤 메시지나 알림도 와 있지 않았다. 한두 번이 아니다. 정말 귀신이 곡할 노릇이다.

"너 그거 SNS 중독이야. 스마트폰을 그렇게 달고 살더니 이제 환청까지 듣니?"

"스마트폰을 주머니에 넣어놓지 말고, 가끔은 멀리 떨어트려놔 봐. 아니면 꺼놓든가"

고민을 털어놓자 친구들은 오히려 타박을 해댔다.

조언이랍시고 스마트폰을 꺼보라는 충고를 하는 친구도 있었다. 남의 속도 모르는 소리.. 누구보다 스마트폰을 떼어놓고 싶은 건 바로 나다. 기자라는 직업 특성상 24시간 온라인 뉴스와 사건 사고를 모니터링해야 한다. 요즘엔 알람이 울릴 때마다 가슴이 철렁하고 스트레스까지 받았다.

웅웅 –

또 진동이 울려 꺼내보니 이번에도 가짜 울림이다. 그렇다고 진동을 무시할 수도 없다. 지난번 진동을 무시했다가 중요한 알람을 놓쳐서 상사에게 한참을 깨졌기 때문이다. 가짜 울림일지라도 모두 확인해야 한다... 끊임없이 울리는 진동은 마치 채찍소리 같았고, 내 손에 들린 스마트폰은 족쇄처럼 느껴졌다. 스마트폰에 매여서 환각까지 느끼는 삶, 정말 벗어날 수는 없는 걸까?

2. 유치원 교사 '나우울 씨'의 하루

깨똑! 깨톡! 깨 ㄲ 똑!!

밤 10시. 오늘도 밤낮을 가리지 않는 매신저 진동 소리에 나우울 씨는 경기라도 일으킬 것만 같았다. 스마트폰을 열어보지도 않았지만 누가 메시지를 보냈는지, 어떤 내용인지 충분히 예상하고도 남았다. 유치원 교사인 그녀는 퇴근을 했든 출근 전이든 간에 늘 이렇게 SNS 메시지 세례를 받곤 했다. 그렇다고 메시지를 무시할 수도 없었다.

내일 또 연락을 하겠다고.. 머리가 지끈지끈하다.

　개인 번호와 SNS를 공개한다는 것이 이렇게 피곤한 일인지 채 몰랐다. 담임을 맡는 순간부터 원아들 부모님의 사소한 질문과 항의가 끊이질 않았다. 물론 아이들 걱정에서 하는 소리겠지만, 부모님들의 메시지 빈도수와 내용은 상상을 초월했다. 심지어 'SNS 프로필 사진 속에 치마가 너무 짧다, 선생님답지 않게 경박스럽다'고 지적하는 사람도 있었다.

　그뿐만 아니라 선생님들 단톡방도 스트레스 그 자체였다. 원장 선생님은 시도 때도 없이 메시지로 업무를 지시했고, 답장도 꼬박꼬박할 것을 요구했다.

　상황이 이렇다 보니 언제 메시지가 날아올지 모른다는 불안감에 온종일 우울하고, 밤에는 잠도 잘 오지 않았다. 워낙 아이들이 좋아서 선택한 유치원 교사의 길인데 아이들을 보는 것마저 버겁게 느껴질 정도다.

　이 지겨운 SNS 감옥, 탈출하는 방법은 없을까?

●● "어디서 자작나무 타는 냄새 안 나?"

인터넷에 올라온 고민상담, 사연 글의 댓글 창에서 중 종종 발견할 수 있는 표현이다. '자작나무 타는 냄새'라고 은유적으로 표현한 것은 사연 속의 이야기가 지나치게 비현실적이라거나, 과장된 부분이 많은 것으로 느껴져 글의 내용이 사실이 아니라 스스로 '자작(自作)'한 거짓말이 아니냐는 의문을 제기하는 것이다. 이런 댓글이 하나둘 달리면, 곧이어 소위 '온라인 탐정(코난)'들이 등장한다. 사연 글쓴이의 이전 게시글을 찾아내어 글의 내용을 '나노 단위'까지 비교해 본다든가, 글 안에서 미묘하게 앞뒤가 맞지 않는 부분들을 찾아내어 진위여부를 밝히기 위해 글쓴이에게 해명을 요구하는 일도 흔하다. 온라인 공간에서 허위 혹은 과장된 내용의 글들을 상습적으로 올리는 사람들, 그리고 그들의 행적을 추적해 마치 진짜 '탐정'처럼 진실을 조사하겠다는 코난들까지... 실제 논란이 됐던 글들 중에는 이 탐정들의 활약으로 허위 또는 과장으로 밝혀진 경우가 종종 있었다. 사실이 아님에도 인터넷이라는 익명의 공간을 통해 사실인 양 거짓을 꾸며내는 이유는 무엇일까?

●● 인스타그램 – "나는 이렇게 멋지게 산다", "내가 이렇게 생각이 많다"!?

SNS에 글과 사진으로 일상을 공유하는 것은 '자기표현' 그 자체로도 즐겁지만, 떨어져 있어 자주 볼 수 없는 그리운 가족, 친구들, 그뿐만 아니라 같은 관심사와 취미를 기반으로 하는 '온라인 친구'들과도 손쉽게 교류할 수 있는 다양한 순기능이 있다. 특히 높은 결속력을 자랑하는 아이돌 팬들 사이에서는 SNS를 통해 서로의 2차 창작물을 공유, 합작하거나, '뮤덕(뮤지컬 덕후)'들은 경쟁률이 치열하기로 소문난 공연의 좋은 좌석을 잡기 위해 서로 힘을 모으는 등, SNS를 활발히 이용하지 않는 사람들은 짐작조차 힘들 수 있는 다양한 활동이 존재한다. 즉, SNS를 통한 인연들이 친밀감과 유대감의 원천이 되고 있다.

하지만 SNS를 이용하는 누구나 SNS가 마냥 순기능만을 가진 것은 아니라는 것을 느꼈을 것이다. 요즘에는 유명 연예인뿐 아니라 소위 'SNS 스타'라고 불리는 '유명 일반인(예: 유명 1인 방송 BJ, 쇼핑몰 모델, 젊은 사업가 등)'들이 등장하였다. 한 컷 한 컷 화보 같은 그들의 화려하고 '슈퍼 인싸(Super insider)'스러운 사진과 해쉬태그들을 연달아 감상하다 보면 나도 건조하고 권태로운 일상생활에서 벗어나 그들처럼 즐거운 이벤트들이 끊이지 않는 삶을 살아보고 싶다는 '모방욕구'가 피어오르기도 한다. 이런 순수한 부러움이 '나 또한 다른 사람들에게 멋지게 보이고 인정받고 싶다'는 욕구와 결합된다면 자신의 삶을 실제보다 과장하고 꾸며내어 남에게 '보여주고 싶다'는 방향으로 진행될 수 있다.

●● 나 빼고 다 잘 사는 것 같아

SNS를 많이 사용하는 사람들 사이에서는 자주 언급되는 감정인데, 인스타그램 혹은 트위터 피드(Feed) 속 새로운 게시글들을 정신없이 읽고 감상하다 보면, 한창 몰입해 있을 때에는 느끼지 못했던—'나를 제외한 SNS 유명인, 지인들은 모두 멋지고 행복하게 사는 것 같은데 나는...?'—하는 상대적 박탈감과 함께 울적해진다는 것이다. SNS를 보니 나를 제외한 '모두'가 멋진 삶을 사는 것 같다고 확대 해석하게 되는 것은 '과잉 일반화의 오류'에 해당한다. 다만 SNS의 구조와 피드를 배열하는 시스템 자체가 더 많은 사용자들이 찾는 '인기인'의 게시글이 더 빨리, 더 많은 사용자들의 '상단 새 글'에 도달하도록 짜여져 있다. 때문에 인기를 끄는 이들은 더더욱 유명해지고, 그렇지 않은 일반 사용자 중엔 모방욕구를 느끼는 이들이 점차 늘어나게 된다. 더 많은, 다양한 사람들과 자유롭게 소통하기 위해 탄생한 SNS가 오히려 소외감과 박탈감을 느끼게 한다니... 참으로 아이러니가 아닐 수 없다.

●● 과장과 허위로 무장한 아슬아슬 줄타기 – '리플리 증후군'

경험에 MSG를 더해 더욱 극적으로 포장해서 더 많은 공감, 위로를 얻고 싶은 마음이나, SNS 스타가 받는 뜨거운 관심을 경험해 보고 싶은 마음에 '환상적인 일상을 사는 것처럼' 가장하는 것이 요즘 워낙 흔하기도 하고, 약간은 안타까운 마음이 들어 이해할 만하다고 느껴지기도 한다. 반면, 과도한 허위와 과장으로 인해 사회적 논란을 불러올 정도로 소란을 만든 사례도 적지 않은데, 심리학에서는 이러한 사람들을 두고 '리플리 증후군'을 겪고 있다고 말한다.

리플리 증후군 (Ripley syndrome)[2]

한국영화 〈화차〉(2012)를 포함한 다양한 영화와 드라마의 모티브가 된 범죄소설 '재능 있는 리플리 씨(The Talented Mr. Ripley)'에서 재벌인 친구를 살해한 후 과감한 거짓말과 연기로 그의 삶을 가로 챈 주인공 톰 리플리의 이름에서 유래한 명칭.

거짓말이 탄로날까 봐 불안해하는 일반인들과 달리, 증후군이 심각해지면 자신이 한 거짓말을 마치 실제처럼 믿을 수 있고, 스스로 구축한 허구의 세계만을 진실로 인식하고 습관적으로 거짓말을 일삼는 반사회적 인경장애로도 해석할 수 있다.

SNS 리플리 증후군 - 명문대 사칭 박 씨

SNS상에서 스스로 대기업 출신 약대 편입생이라고 주장, 실제 약대 재학생들과 친분을 쌓고 능력을 과시하는 등 사실감 넘치는 거짓말을 이어 나갔지만 알고 보니 무직자로, 동경했던 명문대생 행세를 하고 싶었을 뿐이라는 것이 드러난 사례.

잘못된 판단으로 거짓말을 한 뒤 점차 꼬리에 꼬리를 무는 거짓말을 해야만 했던 경험이 있는가? '거짓말'의 속성 자체가, 한 번 생겨나면 그대로 몸집을 유지하는  것이 아니라 점점 '지금 와서 사실을 고백하기엔 이미 늦었다'는 위기감과 함께 점점 덩치가 커지게 마련이다. 여러 번 거짓말을 하다 보면 들통나지 않기 위해 그만의 정교한 스토리를 만들어 내게 된다. 이런 상황이 반복되고 장기화되면 스스로도 거짓말을 마치 실제인 것처럼 착각하는 일이 생긴다는 점에서 '리플리 증후군'은 꽤나 심각한 경우로까지 발현될 수 있다. 일반적인 경우 거짓말을 하게 되면 탄로 나지 않을까 불안을 느끼지만, 이 증후군에 깊이 빠진 사람들은 자신이 거짓으로 구축한 삶을 마치 사실처럼 믿는다. 이런 경향성은 익명공간인 인터넷에서 더욱 강화되기 쉽다. 설령 탄로가 나더라도 책임을 물어야 하는 것은 아니라는 안일함에서 거짓말을 하기 더 용이하다고 느낄 수 있다.

●● 나를 좋아하지 않아도 괜찮아. 다만 내게 주목해 줘! - SNS 조작글

앞선 명문대 사칭 박 씨의 사례는 오히려 이해가 쉽다. 여러 사람을 속이고 허영심을 채우려 했다는 점이 불쾌하게 느껴지긴 하지만, 자신에게 콤플렉스였던 부분에서 오는 결핍을 해소해 보려는 마음에서 거짓말을 계속했을 것을 짐작해 볼 수 있다. 그런데 '개 막걸리' 사례는 그 의도를 짐작하기가 어렵다. 부러움이나 칭송을 사려는 것이 아니라 그저 논란을 일으킨 것이다. 이 사건의 실체에 대해 여러 이견이 있을 수 있어 논평하기 조심스럽지만, 이런 경우엔 '관심' 자체를 받고 싶어 하는 범주에 속할 것이라고 예상할 수 있다. 요즘의 인터넷 기사 제목들만을 봐도 실감할 수 있는 것처럼 아무래도 자극적인 내용이여야만 빠른 시간에 많은 관심을 끌 수 있기 때문이다. 내용이 긍정적 혹은 부정적인가를 떠나 단순히 유명세를 일으키려 했다는 점에서 '노이즈 마케팅' 전략과 유사하다. 문제는 이런 인터넷의 분위기가 자칫 도덕적 해이, 그리고 때로는 범죄와 가까운 내용들도 SNS에 올려 관심끌기를 시도하는 등의 심각한 문제로까지 이어질 수 있다는 것이다.

1. '된장녀'와 소개팅을 했습니다.
2. 막장 고부갈등 및 '결국 파혼했습니다.'
3. 심각한 마마보이 남자친구.

1. 피해당한 일이 없는데도, 일종의 피해자인 척하는 '피해자 코스프레'를 하는 경우. 주목받고 싶어 하고 관심이나 지지를 받고 싶어 하는 사람들로, 문제가 해결되면 관심이 사라지기 때문에 글에서 묘사하고 있는 문제의 해결에는 전혀 관심이 없다.
2. 자신이 싫어하는 집단이 공격받게 하기 위해 스스로 그 집단원에 속한 사람인양 거짓으로 글을 올리는 경우. 자신이 올린 글에 대한 공격이 오더라도 실제 자신의 정체감에는 전혀 타격을 받지 않는다는 점을 노린다.

실제 자신과 무관한 특정 '집단'을 들어 가짜 경험담을 게시하고, 그 집단이 '집중공격', 비난받는 것을 즐기는 경우도 자주 찾아볼 수 있다. 익명성이 보장되어 부정적인 평가, 인상을 가지고 있던 집단을 인터넷의 처형대에 올리고, 정작 해당사항이 없는 자신은 이것을 관음하면서 묘한 쾌감과 '통쾌함'을 즐기는 이러한 SNS 조작글 유형은 일종의 '관음증'과 같은 심리가 작용한다고도 볼 수 있다.

●●▸ 애증의 SNS, 과몰입되지 않고 '활용'하기

장단점이 공존하는 SNS에 과몰입되어 허상에 집착하지 않고 순기능을 누리며 '활용'하기 위해서는 어떻게 해야 할까? SNS에 열광하고 '온라인에서의 표상'과 '실제 표상'을 분리하기 어려워하는 요즘 현상은 개개인의 성향으로만 치부할 것이 아니라 하나의 사회문제이기도 하다. SNS가 처음의 목적대로 소통의 창구로써 순기능을 발휘할 것인가, 아니면 온갖 조작글과 악플이 난무하는 상처와 단절의 장이 될 것인가는 사용하는 사람들의 의식수준에 달려 있다. 동시에 사회 제도적 차원에서는 허위 글이나 신상정보의 유출은 명백한 명예훼손이자 범죄이므로, 이에 대한 법적 처벌을 강화하거나, 비평을 넘어선 비난, 심각한 수준의 악플들을 정화하기 위한 노력이 동반돼야 할 것이다.

> **'SNS를 긍적적으로 활용하기' 지침**
>
> 1. 실제 자신이 아닌 조작된 허위 글을 올리는 것은 명백한 범죄라는 점을 인식하라.
> 2. SNS를 하면서 소외감이나 상대적 박탈감을 크게 느끼거나 잠시라도 SNS를 하지 않으면 불안해지는 증세가 뚜렷하다면 다음의 방법을 시도해 볼 수 있다.
>   ◆ 일주일에 하루나 이틀은 SNS 없는 날로 지정
>   ◆ 하루 특정한 시간만 한정해 놓고 SNS를 하는 '한계 설정법'
>   ◆ 해야 할 과제를 먼저 한 다음 그 '보상'으로 SNS 사용 허가

PART 17

팔랑 팔랑~ '팔랑귀'
이럴 때 더 잘 속는다?

PART 17
팔랑 팔랑~ '팔랑귀'
이럴 때 더 잘 속는다?

20**년 *월 **일

제목 : 이 말에 솔깃, 저 말에 솔깃하는 '예스걸'… 이젠 정신 차리자!

월급은 분명 이번 주에 받았는데 왜 벌써 돈이 없는 걸까?
원인이 먼지 꼭 알아봐야겠다 싶어
이번 달부터 가계부를 간략하게 써왔다.

들여다보니 이유는 그냥 많이 쓴다. 이것저것 두루두루.
먹는 것도 그렇고 입는 옷이나 화장품, 각종 생활용품까지
참 부지런히도 쓰고 있다.

가장 큰 문제는 내가 귀가 얇디얇은 '팔랑귀'라는 것이다.
계획에 없는 지출이 너무 많다.

사실 오늘만 해도 퇴근길에 사지 않아도 될 과일을 잔뜩 사 들고 집으로 왔다.
병은 병인가 보다.

오랜만에 우리 아파트에 오신 과일 트럭 아저씨만 안 만났어도,
오늘 바로 산지에서 가져와 싱싱하다는 말만 안 들었어도,
토마토를 사면 사과도 깎아 주겠다는 말에 멈칫하지만 않았어도,
이런 일은 없었을 거다!

예전에는 친구들이 날 '예스걸'이라고 놀려도 잘 이해가 안 됐는데,
이제 와 생각해 보니 사실 일리 있는 말인 것 같다.

오죽하면 내가 다음 달에 홍콩으로 놀러 간다고 하니까,

이 말을 들은 가족과 친구들이 가장 먼저 하는 말이

'아무것도 사 오지마'였다.

하긴, 현지 상인들의 말에 넘어가서

지금껏 얼마나 많은 기념품을 사 들고 왔던가...

정말 나는 왜 남들의 말에 이렇게나 잘 솔깃하는 걸까?

이런 성향이 아니더라도, 쉽게 팔랑귀가 되는 상황이 따로 있진 않을까?

아무튼, 긴 반성을 끝으로 이번 달은 이미 너무 많이 썼으니, 그만 자제하자.

진짜 허리띠 졸라매고 아껴 써야겠다!

다음 달까지 힘내자, 아자!

●● 내 귀는 창호지 귀

판매원의 말에 쉽게 넘어가는 것을 방지하기 위해 스마트폰을 사러 갈 때 절대 혼자 가지 않고, 꼭 친구랑 같이 가는 것을 선호하는 사람들이 있다. 그런데 안타깝게도 막상 이야기를 들어보면 판매원의 말도 맞는 것 같고 친구의 말도 맞는 것 같아서 더 갈팡질팡하게 된다. 이렇게 남의 말에 솔깃해 쉽게 휘둘리는 사람을 바로 '팔랑귀'라고 한다. 마음을 먹어도 다른 사람의 말에 쉽게 넘어가고 잘 휘둘리는 '팔랑귀'의 심리상태를 알아보자.

'팔랑귀'는 '주관 없이 다른 사람의 말에 솔깃해 쉽게 흔들리는 사람'을 말한다. 이런 상태를 의지박약이나 결정장애라고 말하긴 어렵고 심리학에서 볼 때는 쉽게 잘 설득당하는 사람, 쉽게 동조(Conformity)하는 사람 정도로 이야기할 수 있을 것 같다. 이들은 홈쇼핑 광고에 쉽게 설득당해 '어머 이건 사야 돼'를 자주 이야기하면서 많은 물품을 충동적으로 구매하고, 뉴스에 나온 내용을 쉽게 믿고, 소문 같은 것도 쉽게 다른 사람들에게 옮기기도 한다.

여러 가지 원인이 있고 개인차가 많지만, '착한 아이 콤플렉스'가 있는 사람은 '팔랑귀'가 될 가능성이 높다. 착한 아이 콤플렉스가 있는 사람들은 타인에게 착한 사람으로 남기 위해서 자신의 바람과 욕구를 뒤로하고 다른 사람에게 맞추려고 지나치게 노력하는 경향이 있다. 그래서 이 유형의 팔랑귀들은 누군가가 '이러한 행동을 안 하면 다른 사람이 피해를 입는다.'는 식으로 설득하면 잘 넘어오는 경향이 있다.

타인과 다른 결정을 내리면 사람들이 자신을 싫어할까 두려워하는 경향이 높은 사람들도 '팔랑귀'가 될 가능성이 높다. 모두가 NO!라고 주장하는 상황에서 나만 YES!를 외치는 것은 미움 받을 용기를 필요로 한다. 그래서 설득하는

상대방과 유사한 생각을 한다면 의견이 같은 모든 사람들이 나를 좋아할 거라고 생각하기 쉽다. 즉, 유사성 원리(Principle of similarity)가 작용하는 것이다. 유사성이란 지각심리학에서 사용하는 개념 중 하나이다. 예를 들어, 이 세상은 수많은 색들로 가득 차 있다. 만약 우리가 색깔을 픽셀단위로 하나하나 별개로 인식한다면 그 색깔의 합이 무엇을 의미하는지 알 수 없다. 그래서 우리 뇌는 모자이크를 보고 전체 그림을 인식하듯이, 유사한 색이나 방향을 모아 집합으로 만들어 지각하는 경향이 있다. 팔랑귀들이 다른 사람들과 동일한 의견을 제시할 때에는 마치 내가 하나의 집합에 섞여들고 있다는 안도감을 느낄 수 있다.

> **유사성 원리(Principle of similarity)**[1]
>
> 모자이크를 보고 전체 그림을 인식하는 것처럼, 유사한 색이나 방향을 모아 집합화하려는 지각경향성.

●● 모노톤의 한국

특히 우리나라는 '팔랑귀'가 많은 것 같다. 치킨집이 우후죽순으로 생기기도 하고, 인형뽑기 가게나 아이스크림 판매점 같이 한 번 히트를 치면 우루루 몰리는 경향이 있다. 우리 사회에의 남의 말에 영향을 많이 받는 측면이 이런 부분을 부추기는 것은 아닐까? 한 외국 디자이너는 "한국은 색깔이 없는 나라"처럼 느껴진다는 방문 소감을 말한 적이 있다.[2] 그 사람의 관찰에 의하면, "한국을 방문했더니 차들도 다 흰색·검정·회색이고 거리에서 만나는 사람들의 옷 색깔도 90%가 흰색·네이비·검정·회색이더라."라고 언급한 바 있다.

즉, 모노톤으로 획일화된 가치추구가 특징적이라는 것이다. 한국과 같은 동아시아는 타인과 사회에 대한 의식, 눈치문화, 자기표현의 억제 등이 강조되는 문화를 지닌다는 점도 영향을 준 것으로 보인다. 모바일 및 SNS 기술이 매우 발달하고 '빨리빨리'의 문화가 발달한 한국에서는 선택을 할 때 '남들은 어떤 것을 선택했나'가 중요하고 주로 상위에 제시되는 공감댓글(베스트 댓글)을 빨리 훑어보고 판단하는 경향이 많은 것 같다.

●● 쉽게 팔랑귀가 되는 조건

❶ 나랑 친한 사람의 말일수록!

공신력 있는 매체보다 친한 사람의 말을 더 신뢰감 있게 듣게 된다.

쇼핑을 할 때나 어떤 계획을 세울 때 '팔랑귀'들이 더 잘~ 넘어가게 되

는 몇 가지 조건들이 있
다.

'친구 따라 강남 간다.'
는 말이 있다. 이야기하
는 사람이 나와 친할수
록 영향을 많이 받는 건
데 이는 아마도 일상생
활에서 자신과 비슷한 상황에 있는 사람이라는 생각이 있기 때문일 수
도 있다. 나와 비슷한 사람이 권하는 것이 그만큼 '안전'하다는 생각, 그
리고 혼자서 복잡하게 고민하는 수고를 덜어줄 수 있다고 생각한다. 물
론 부작용도 있을 수 있다. 옳지 않은 일이지만 내가 믿는 친구가 권한
거니까 뭔가 이유가 있겠지 하는 생각에 집단의 비리나 부정에도 눈을
감는 경우가 생길 수 있기 때문이다.

❷ 주변에 같은 결정을 하는 사람들이 많을수록!

나와 비슷한 의견을 가진 사람이 많을수록 그 말에 따라가기가 쉽

다. 일반적으로 같은 결
정을 하는 사람이 많을
수록 동조하기가 쉽다.
집단의 압력 때문에 같
은 결정을 내리게 되는
데, 솔로몬 애쉬(Solomon
Acsh)는 동조현상 심리

학 실험[3]을 통해 우리가 쉽게 동조하게 되는 경계가 어느 정도인지 구체적으로 밝혔다. 애쉬는 먼저, 참가자에게 선분이 하나 그려져 있는 카드를 보여준다. 그리고 두 번째 카드에 길이가 서로 다른 세 개의 선분이 그려진 카드를 보여주고, 처음에 본 선분과 동일한 선분을 고르도록 했다.

실험 구성원은 1명부터 최대 총 7명까지 이루어진다. 참여자들은 혼자 답을 고르는 상황과 2명 이상이 함께 모여 있는 상황에 각각 배정된다. 이때, 2명 이상의 집단은 참여자 한 명을 제외한 나머지 인원을 실험 도우미로 구성한다. 예를

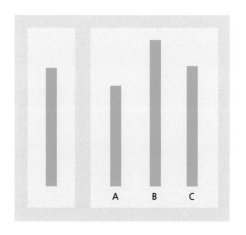

들어 집단 구성원이 7명인 경우, 6명의 실험 도우미는 일부러 오답을 말한다. 실험 결과, 혼자 있을 때 정답률은 99%에 달하는 반면, 집단 상황에서는 정답률이 63%까지 감소했다.

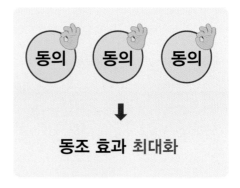

같은 결정을 하는 사람의 숫자와 동조하는 정도가 일직선으로 비례하는 것은 아니고, 3명 정도에서 동조의 크기가 최대화되고 그 이상부터는 비슷한 정도의 동조 효과가 지속되는 것으로 알

려졌다. 삼인성호(三人成虎)라는 말처럼, 세 명이 우기면 없던 호랑이도 만들어 낼 수 있다. 또 반대 의견을 제시하는 사람이 있는지 여부도 동조현상에 큰 영향을 미친다. 한 사람이라도 다른 의견을 제시하면 동조현상이 확 줄어들 수 있다. 즉, 소수집단의 존재여부도 중요한 변인이다.

❸ 정확한 답을 알기 어려울 때!

확신이 안 서면 아무래도 갈팡질팡하기가 더 쉽다. 이것을 (결정 혹은 선택) 과제의 난이도 변인이라고 한다. 동조현상은 특정한 선택을 할 때 어떤 것이 좋을지 명확한 객관적 판단 기준이 없을 때 더 쉽게 일어난다. 즉, 자신이 객관적으로 참고할 수 있는 기준을 '참조준거'라고 하는데, 이 참조준거가 없을

때 타인의 이야기에 더 쉽게 따라가게 된다.

'팔랑귀'는 단순한 성격 차이로도 보이지만 사회에 '팔랑귀'들이 많을수록 사회적인 문제가 될 수 있다. 무분별하게 타인의 의견을 따라 가다 보면 불필요한 물건으로 가득할 수 있고, 심한 경우 주식 실패나 개인파산 등의 부작용을 경험할 수 있을 뿐 아니라 군중심리로 인한 가짜뉴스 양산에 일조하는 결과를 가져올 수 있다. 보고 들은 것을 거르지 않고 퍼나르거나, 남들의 말이나 뉴스를 그대로 믿고 따라서 욕하고, 심지어 군중심리에 동화되어 무분별하게 동조하다가 피해자에게 고소당하는 경

우도 있다.

●● 팔랑귀와 말뚝귀: 정반합(正反合)

팔랑귀 정 반대편에 말뚝귀가 있다. 의심이 많은 사람을 일컫는 말로, 모든 것이 자기중심에서 이해가 되어야만 납득되는 사람들이다. 팔랑귀를 부정하면 말뚝귀가 되지만, 우리는 버릴 것과 취할 것을 선택하여 팔랑귀와 말뚝귀 사이 '합'의 상태에 이를 필요가 있다. '팔랑귀'들이 더 팔랑이지 않도록 마음을 꽉 다잡는 방법이 있을까?

'팔랑귀' 극복 지침

1. 스스로에게 자신이 지금 혹시 정확하지 않은 정보에 휩쓸리거나 혹은 불필요한 일을 하지는 않는지 자문해 보라. 특히, '팔랑귀'인 사람들은 자신의 목소리를 내기보다 우선 다른 사람의 요청에 반응하여 행동하는 데 익숙하다. 따라서 심호흡을 하면서 판단 보류하는 시간을 가질 필요가 있다.
2. 이때, 이전에 남의 의견에 쉽게 따라가서 생긴 결과들을 기억하라. 지나간 일에 대해 자책이나 누군가에 대한 원망을 할 필요는 없고 무엇을 배웠는가가 중요하다. 다른 사람에게 물어보느라 정작 깊이 생각해 볼 시간이 촉박해 곤란했거나, 진짜 하고 싶은 것이 있었는데도 막판에 다른 사람 말대로 마음을 바꾸고 후회했던 경험들이 있음을 기억하라.

어떤 구매나 계획을 세울 때 너무 급하게 판단하지 않도록 하자. 기회는 또 있을 수 있다. 기회를 놓치는 한이 있더라도 정보의 진위를 구별하는 습관을 들이자.

PART

18

시험 날에는 미역국 안 먹는다?
징크스의 심리학

시험 날에는 미역국 안 먹는다?
징크스의 심리학

시험 보는 날에 미역국을 먹지 않는다거나 물건이 떨어져 깨지면 예감이 안 좋다는 말, 한 번쯤 들어본 적 있는가? 이처럼 나쁜 결과를 피하려고 어떤 행동을 조심하는 걸 '징크스'라고 하는데 이런 징크스는 일상에서 어렵지 않게 찾아볼 수 있다.

Q 혹시 당신만이 가지고 있는 특별한 징크스가 있나요?

닉네임 [겨울이 싫은 남자]님이 인터뷰를 시작합니다:
1년 중 가장 로맨틱한 날을 고르라면 단연 '크리스마스'가 아닐까 싶은데요. 그런데 저는 이 크리스마스만 되면 항상 외로웠습니다. 한동안 아예 연애를 못 하던 때도 있었지만, 연애를 잘하다가도 크리스마스가 올 때면 꼭 이별을 겪곤 했어요.
그래서 호감이 있는 이성을 찾아도, 연말이 다가올 때면 아예 고백을 안 하게 되더라고요. 제 친구들은 '크리스마스는 예약 전쟁이다', '집에 있는 게 최고다'라고 말하지만 저도 여자 친구와 연말을 보내면서 분위기도 잡고 싶어요.
이번 크리스마스를 둘이서 보낼 방법은 없을까요?

닉네임 [나도 나름 애국자 or 눈물나는 재방 시청자]님이 인터뷰를 시작합니다:

스포츠 경기는 마음을 졸이며 응원하는 맛에 보는 거잖아요.

그런데 저는 월드컵부터 각종 올림픽 경기, 하다못해 학교 축구 동아리 경기까지 실시간으로 볼 수가 없습니다. 제가 경기를 실제로 보거나 생중계로 보는 날은 정말 예외 없이 지거든요.

오죽하면 동아리 친구들 사이에서는 경기 날에 '재만 안 오면 반은 이긴다'는 소문이 있을 정도입니다.

매번 승패를 다 알고, 경기를 재방송으로 봐야 하는 스스로가 참 안쓰러워요.

저, 스포츠 경기 재미있게 보고 싶습니다. 어떻게 해야 하죠?

닉네임 [최강청결 뽀드득녀]님이 인터뷰를 시작합니다:

저는 이상한 버릇이 하나 있어요.

무언가 집중을 하려면 꼭 손이 깨끗해야 합니다. 그래서 시험을 치르거나 공부를 할 때 하루에도 12번씩 손을 씻습니다.

그냥 씻는 게 아니고요, 한 번 씻을 때 정말 혼신의 힘을 다해 구석구석 씻습니다. 대충 물로만 씻으면 기분이 찜찜해서 꼭 세정제도 있어야 하는데요.

한번은 시험을 보러 갔는데, 화장실에 비누가 없어 시험을 망친 기억도 있습니다. 그래서 그다음부터는 휴대용 스틱 비누나 종이비누를 가지고 다닙니다.

다들 '이상하다', '유난이다'라고 말하지만, 그래야 제 맘이 편하고, 뭔가를 시작할 수 있는 걸 어쩌겠어요.

저도 이 버릇과 상관없이 집중을 잘하고 싶은데, 극복 가능할까요?

●● 바나나는 억울하다

바나나는 시험 전 금기 음식으로 꼽힌다. 미끌미끌한 바나나를 먹으면 시험에 미끄러진다는 속설이 있기 때문이다. 물론 미역국도 같은 처지다. 어떤 일에 실패하는 경우를 빗대어 '죽을 쑤다.'라는 말이 있는데, 이 때문인지 수험생을 둔 어머니들은 자녀의 시험 날 죽 점심도시락을 피한다. 연인에게 신발을 선물하면 헤어지게 된다는 말을 들으면 내심 마음 한 구석이 찝찝해서 슬며시 다른 선물을 고르기도 한다. 이처럼 안 좋은 일을 피하기 위해 행동을 조심하는 것을 징크스(Jinx)라고 한다.

징크스에 대해서라면 스포츠 선수들을 빼놓을 수 없다. 특히, 야구 선수 중에서는 타석에 서기 전 자신만의 정해진 준비과정을 지켜야만 하는 이가 많다. 예를 들어, 삼성 라이온스 타자 박한이 선수는 타격 전 '준비 동작 징크스'가 있다.[1] 그는 먼저 배팅 장갑을 단단히 조이고, 오른쪽 소매로 땀을 닦는다. 그 다음 모자를 벗고 앞머리를 위로 올린 후 야구 배트로 홈 플레이트 앞에 줄을 긋는 준비 동작을 마친 뒤에야 비로소 배트를 어깨 위에 올려 공을 기다린다. 이렇게 정해진 행동을 꼭 해야만 심신이 편하고, 준비 동작이 없으면 타격 자세가 무너지기도 한다.

징크스는 불길한 징조나 재수 없는 일을 가리키는 말이다. '쉽게 깨지는 달걀을 시험 전에 먹으면 시험을 망친다.'와 같이 특정 행동을 결과와 연합시켜서 반복하는 것을 의미한다. 스포츠 선수들뿐만 아니라 우리 일상에서도 이러한 징크스가 많다. 특히, 취업이라는 중대한 관문을 준비하는 청년들은 각종 면접이나 시험을 앞두고 여러 징크스를 겪는다.

'사람인'이라는 취업 사이트의 설문조사 결과를 보면 구직자 1,500여

구직자 4명 중 1명, '취업 징크스'로 불안

"신경 쓰이는 취업 징크스(복수응답)"	구직자 1,502명 설문조사 [자료제공: 사람인]	
첫 질문 징크스	첫 질문부터 막히면 불합격할 것 같은 징크스	57%
낙하 징크스	이유 없이 물건 등이 떨어지거나 깨지면 불합격할 것 같은 징크스	28.7%
대중교통 징크스	버스, 지하철 등을 놓치면 운이 안 좋을 것 같은 징크스	24.1%
꿈 징크스	악몽을 꾸면 운이 안 좋을 것 같은 징크스	20.9%
날씨 징크스	비, 눈 등 날씨에 따라 운이 안 좋을 것 같은 징크스	20.6%

명 중 약 24.4%, 즉 4명 중 1명이 자신만의 '취업 징크스가 있다'고 답했다.[2] 구체적으로, 가장 신경 쓰이는 징크스 1위는 첫 질문부터 막히면 불합격할 것 같은 '첫 질문 징크스'이다. 그 외에 물건이 떨어지면 불길한 낙하 징크스, 대중교통을 놓치면 불길한 대중교통 징크스 등이 있었다. 취업에 대한 심리적인 위축이나 불안감이 이런 징크스를 더욱 키웠을 가능성이 있다.

●● 연합 강화학습

나쁜 기억을 몸이 기억한다. 뇌는 과거의 부정적인 경험을 찰떡같이 기록한다. 느낌이 싸한 상황이 오면 뇌는 방어태세로 전환하고, 옛 기억을 떠올려 그때와 동일한 호르몬을 분비한다. 우리 신체는 긴장하게 되고, 마침 상황이 악화되기라도 하면 그 경험은 징크스로 굳어진다. 또, 징크스는 실질적 인과관계가 없는데도 이를 믿게 되는 '미신'에 속한다고 볼 수도 있다. 사람들은 생각보다 상황과 결과 간의 인과관계를 추론하려고 하는 성향이 강한데 이는 위험성을 피하려는 인간의 생존본능과도 관련이 있다. 위험을 미리 예측하면 자신을 보호하거나 사고를 예방하는데 유리하기 때문이다. 뇌에서는 독립된 두 사건이 짧은 시간 간격을 두고 벌어지면, 두 가지 일의 인과관계를 설정한다.

아울러 징크스는 심리학적으로 특정한 상황과 부정적인 결과 간의 '연합 강화학습'으로도 설명할 수 있다. 즉, 특정 자극과 반응 간에 조건형성(Conditioning)이 이루어지는 것이다. 어느 날 저녁, 집 안에서 거미를 발견하고 놀라서 컵을 떨어뜨렸다고 하자. 컵을 깨뜨린 사고를 나쁜 운으로 여기고, 그 원인을 '저녁 거미'에 귀인 할 수 있다. 특히, 나쁜 운과 저녁 거미는 연관이 없을 수도 있지만, '저녁 거미는 근심 거미'와 같은 통념을 가진 사람이라면 더욱 빠르게 저녁 거미를 나쁜 운과 연합시킬 수 있다. 이와 같은 조건형성이 되면 특정 자극이 주어질 때 훨씬 더 자의식이 발동되어 불안해질 수 있다. 저녁 거미가 나타나면 걱정할 준비를 하는 조건형성이 이루어진 것이다.

●● 루틴의 심리학

앞서 운동선수의 징크스에 대해 이야기했지만, 반대로 좋은 컨디션을 끌어내기 위해서 자신에게 맞는 '루틴(Routine)'을 만드는 선수들도 있다. 징크스와는 달리, 루틴은 긍정적인 영향을 줄 수 있다. 징크스는 좋지 않은 일이 운명적으로 일어날 것이라고 믿는 것을 뜻한다. 반면, 루틴은 자신만의 준비행동을 통해 평정심을 찾는 방법이다. 루틴은 경기의 부담감을 이기고 좋은 컨디션을 유지할 수 있게 돕는다. 평소에 습관적인 동작을 개발시켜 불확실한 요소를 줄이고 집중력과 자신감을 증진하는 효과가 있다. 징크스와 루틴 둘 다 앞서 언급한 연합 강화학습의 예가 될 수 있다. 다만 둘의 차이는 특정 상황이나 행동이 주로 부정적인 결과와 연합이 되느냐(징크스) 아니면 긍정적인 결과와 연합되느냐(루틴)이다. 특히, 루틴은 징크스에 비해 좀 더 능동적이고 체계적인 대처와 관련된다. 사람들은 자신이 한 행동에 대해 강화물이 주어지는가를 기준으로 그 행동을 지속할지의 여부를 결정하게 된다. 이를 조작적 조건형성 과정이라고 한다. 루틴을 만들어 가는 것은 긍정적인 결과를 가져오기 위한 자기 강화학습과 관련이 있다.

● **조작적 조건 형성**
사람의 행동은 그것의 결과에 의해 지속 또는 중단된다는 학습이론

●● 자기 충족적 예언

가끔 불안한 마음에 지나치게 징크스에 사로잡히기도 한다. 이렇게 징크스를 지나치게 의식하여 얽매이는 경우, 긴장감과 스트레스 수준도 높아져서 실제 수행이 떨어지고 사고율이 높아질 수 있다. 리처드 와이즈먼(Richard Wiseman)이 쓴 『괴짜 심리학』[3]이란 책을 보면 13일의 금요일에는 예민한 운전자들이 차를 가지고 나오지 않기 때문에 교통 흐름은 눈에 띄게 줄었지만, 사고는 오히려 52%나 증가한다고 한다. 즉, '운 나쁜 날'이라는 자기충족적 예언 때문에 운전자들이 긴장을 해서 사고율이 오히려 증가했다는 분석이다. 즉, 징크스가 징크스를 만들어 가는 악순환이 계속될 수 있다.

> ### 자기 충족적 예언(Self-fulfilling prophecy)[4]
> 사회학자 토마스 머튼(Thomas Merton)이 사용한 용어로, 늘 말하거나 생각하던 것이 실제로 벌어진다는 것을 의미. 나쁜 일이 일어날 것이라고 반복적으로 생각하거나 부정적인 말을 지속적으로 하면 실제로 그 일이 벌어진다는 것.

●● 징크스 극복하기

이런 징크스를 극복하기 위해 일종의 작은 실험을 해 보기를 바란다. 징크스에 대한 두려움이 큰 사람이라면, 징크스를 지키지 않았을 때 어떻게 되는지 한 번 경험해 보는 것이다. 실제로 징크스를 안 지켰는데도 불구하고 아무 일이 없다면 이후 징크스가 줄어들 수 있다. 우리는 불안할 때 자신도 모르게 안전 행동(Security operation)을 하게 된다. 안전 행동이란 일종의 준비 행동으로 일시적으로 스스로를 안심시키는 기능을 한다. 중요한 발표를 앞두고 좋아하는 명언을 마음속으로 되뇌는 것도 이런 안전 행동에 해당한다. 안전 행동이 루틴이 되어 긍정적으로 작용한다면 불안을 잠재우고 실력을 발휘하게 하는 촉매가 된다. 하지만 안전 행동이 징크스가 되면 족쇄가 되어 잠재력을 제한한다. 회피하다 보면 불안은 눈덩이처럼 불어나기 때문이다. 징크스에 도전하는 실험의 목적은 불안을 없애는 것이 아니라 '예상'을 깨는 것이다.

도전해 볼 만한 징크스를 하나 골라 일부러 그 상황을 만들어 보자. 예를 들어, 시험을 보기 전에 볼펜을 떨어뜨리면 반드시 실수한다는 징크스가 있다면, 시험 보기 전에 볼펜을 10개 왕창 떨어뜨리기에 도전해 보는 것이다. '답을 밀려 쓰면 어쩌지.', '아는 내용도 생각 안 나면 어쩌지.' 같은 온갖 근심 걱정들이 휘몰아칠 수 있다. 하지만 막상 시험 점수가 이전과 비슷하다면! 이 사실은 볼펜을 떨어뜨려서 운수가 사납다는 징크스와 상반되는 증거이다. 또, 앞서 언급한 대로 자신만의 훈련 루틴을 만들어서 이를 오히려 심리안정의 방략으로 사용하면 도움이 된다. 오랜 시간 만들어 온 루틴을 통해 상황에 일희일비하지 않고 자신만의 평정심을 유지할 수 있다. 이때, 신체 건강과 바이오리듬을 유지하는 것이 도움이 된다. 충분한 잠과 규칙적인 운동, 편안한 음악을 듣는 것은 기분을 향상시켜 주기 때문에 징크스로 인한 불안한 마음을 안정시켜 주는 데도 도움이 된다.

불안하긴 하지만, 징크스에 도전한다고 해서 끔찍한 일은 생기지 않고, 심각하게 해를 입지도 않았다는 사실을 직접 확인하는 것이 무엇보다 중요하다. 용기를 내어 불편한 영역으로 들어서서 불확실성을 견디다 보면 징크스와 반대되는 증거들이 쌓이고, 결과적으로 징크스를 극복할 수 있다.

PART

19

운전대만 잡으면 성격이 변한다?

PART 19

운전대만 잡으면 성격이 변한다?

규리
너 얼마 전에 남자친구 생겼다며~ 어떤 사람이야?

친구 소개로 만났는데, 잘생기고 성격도 다정다감 하고
나한테 신경도 많이 써주고, 진짜 괜찮은 사람이야.

규리
잘됐다~

사실... 고민이 하나 잇긴 해.

규리
먼데?

어제 데이트할 때 남자친구가 운전을 했거든.
그런데 운전대를 잡으니까 그 다정했던 사람이
완전 딴판으로 변하더라고.

규리
어떻게 변했는데?

응.. 과속에다가 운전도 엄청 거칠고,
답답하면 험한 말도 해.
지나가는 사람한테 클락션도 울리고,
심지어 사람들이랑 싸우기까지 하더라고.

규리
어떡해; 윈래 운전대 잡으면 진짜 성격 나온다고
그러잖아.
그래서 사람 볼 때는 운전습관이랑 주사를 잘 보라고
하던데.

친구에게 고민을 털어놓았다가 오히려 걱정만 더 늘어 버렸다. 그날 평소와는 다른 남자친구의 낯선 모습에 많이 놀란 건 사실이었다. 데이트할 때는 큰 소리 한 번 내는 일 없고 다정다감한 남자친구였는데, 그날 차 안에서 본 모습은 내가 알던 것과는 딴판이었다. 신경질적이고 예민한 데다 조그만 일에도 화를 내고 험한 말도 서슴지 않았다. 게다가 너무 빨리 달리는 바람에 옆 좌석에 앉아서 사고가 나진 않을까 초조해하며 몹시 걱정했다.

문득 어디선가 주워들었던 말이 떠올랐다. 사람을 볼 때는 함께 술을 마셔보고, 여행을 다녀오고, 운전하는 모습을 봐야 진짜 그 사람의 모습을 제대로 알 수 있다는 내용이었다. 정말 운전대를 잡으면 숨어있던 '진짜 성격'이 튀어나오는 걸까. 그날 본 건 남자친구의 진짜 성격이었던 걸까?

●● 양의 탈을 쓴 늑대?

누군가의 진면목을 알고 싶다면 그 사람이 운전하는 모습을 보라는 말이 있다. 이처럼 운전대만 잡으면 평소와는 다르게 과격해지는 그런 사람들이 있다. 점잖던 사람이 갑자기 난폭운전을 하거나, 심지어 화가 난다고 다른 운전자를 대상으로 보복운전을 해서 큰 사고를 초래하는 경우도 있다. 운전대를 잡으면 나오는 우리의 심리에 대해 알아보자.

운전대를 잡으면 확실히 평소와는 다른 모습을 보이는 사람들이 많다. 혹시 운전이 우리의 심리에 부정적인 영향을 주는 것일까? 사람들은 겉으로 잘 보이지는 않아도 평소 화가 누적되어 있는 경우가 있다. 특히 평상시 온건하지만 운전만 하면 돌변하는 사람들은 스트레스, 피해의식, 분노 감정이 누적된 경우일 수 있다. 사회 대인관계 속에서 자신의 본능을 억제하며 살아가다가 운전이라는 특수한 상황이 여러 가지 기폭제 역할을 하는 것이다. 특히, 보복운전을 하는 사람 중에는 경직된 가치, 지나친 정의감을 보이는 사람도 있다. 예를 들어, '왼쪽에서 추월하는 것은 교통규칙 위반이잖아!', '규칙을 안 지키면 당연히 벌 받아야지!'와 같은 예시가 있다.

●● 가만두지 않겠어!

우리는 운전하는 동안 자동차라는 공간에 갇혀 있게 된다. 일단 자동차는 나 개인보다는 굉장한 힘과 스피드를 가진 도구이다. 운전자는 평소보다 더 많은 힘을 갖게 되면서 자신의 능력에 대해 우월감을 갖게 되기 때문에 자신의 억눌린 감정을 터트리기 더 쉬워지는 것이다. 또한 선팅된 차 안에서는 마치 인터넷을 하는 것과 같은 익명성을 지니게 되는데, 그래서 더 자신 있게 행동하게 되는 경향도 있다.

특히나 운전할 때는 평소보다 분노가 유독 커지는 경향이 있다. 운전할 때 유난히 분노가 커지는 이유는, 자동차 안에 머무는 동안 남을 바라보는 시선이 바뀌기 때문이다. 도로 위의 다른 운전자도 자신과 똑같은 하나의 인격체이다. 하지만 운전자들은 다른 차량을 인격체라기보다 한 대의 자동차로 인식하기 쉽다. 그래서 평소라면 사람에게 분노를 터트리지 않았겠지만, 운전 중에는 상대 운전자를 하나의 사물로 취급하여 마음껏 분노를 표출하게 된다. 또한 소통이 어렵다는 것도 한 몫 한다. 우리가 길을 가다가 사람을 쳤을 때 "죄송합니다." 하고 사과를 하면 사과를 받고 넘어간다. 하지만 자동차와 자동차 사이에서는 원활한 소통을 하기가 쉽지 않다. 옆 자동차와 속도를 맞춰 나란히 달리면서 창문을 내려 상대 운전자와 대화하기란 어려운 일이다. 내 의사를 전달하기 어려우면 분통이 터지고 부당한 일을 당했다고 생각해 더욱 화가 나게 된다.

●● 난폭/보복운전 속에 숨어 있는 심리

❶ 운전심리 1 - "왜 차선에 끼워 주지 않지?", "날 무시하다니 가만두지 않겠어!"

차선을 양보하지 않은 앞 운전자가 자신을 무시했다고 생각하면 화가 난다. 차선을 양보하지 않은 것은 물론 너그러운 행동이라고 볼 순 없겠지만, 개인적으로 악감정

을 가지고 마음을 상하게 할 의도는 없었을 것이다. 하지만 보복운전자의 경우는 이걸 특정 개인을 향한 행동으로 받아들이기가 쉽다. 즉, 나를 무시해서 이런 행동을 했다고 생각하는 것이다.

인지치료에서는 이를 '개인화(Personalization)의 오류'라고 부른다. 개인화란 나와 무관한 부정적인 일을 나와 연관된 것으로 잘못 해석하는 오류이다. 실제로 나를 염두에 두고 한 행동이 아닌데 나와 관련시켜서 불편감을 경험하는 것이다. 아울러 다른 관점에서 보면 자동차를 나와 동일시하는 것이다. 내 차의 순서가 조금 밀렸지만 이것을 마치 자신의 자존심이 손상됐다고 생각하는 것이다. 자신을 과시하기 위해 고급차를 타며 차의 가치를 자신의 지위와 동일시하는 것도 유사한 심리이다.

❷ 운전심리 2 – "저 인간이 잘못한 거야!", "이런 일을 당해도 싸!"

간혹 자신을 추월한
차를 다시 추월하거나,
심하면 바로 앞으로 쫓
아간 다음 브레이크를
확 밟아서 뒤에 있는 차
를 위협하기도 한다. 상

대 차가 위험하게 추월하면 분명 기분이 좋지 않다. 하지만 평상시 사회
생활을 하면서 1) 피해의식이 많거나, 2) 위험한 운전을 하는 사람 중에
서도 '상대방도 똑같은 일을 당해봐야 정신 차린다.' 혹은 '심한 꼴을 당
해도 싸.'라는 식의 경직된 가치관을 가진 경우이거나, 3) 그 사람 때
문에 자신의 안전이 위험했다는 점을 과도하게 지각해서 불안해지는 사
람은 보복 운전을 하기 쉽다. 즉, '상대가 먼저 잘못을 했기 때문에, 나의
보복은 정당하다.'라는 생각이 바탕에 깔려 있다.

❸ 운전심리 3 – "깜빡이만 켰어도 이렇게 화나진 않았을 텐데! 미안하
**   다고만 했어도..."**

애초에 사과를 하지 않
은 상대방을 탓하는 것은
자신의 입장을 방어하기
위한 전형적인 방어기제
로 합리화 또는 정당화라
고 할 수 있다. 자신의 난

폭한 행동, 보복 행동을 상대방의 책임으로 돌리고 자신의 행동으로 인해 느낄 수 있는 자책감이나 죄책감을 피하려는 것이다.

흥미로운 것은 이런 사람들은 '최소한 ~하게만 했어도.'라는 식으로 자신은 최대한 상대방을 이해하려고 했다고 이야기하는 것이다. 자신의 가치가 상식에 준하는 것이라는 생각을 과하게 한다.

●● 타오르는 분노 다스리기

본인이 운전대를 잡으면 화를 좀 많이 내는 편이라면 평소 어떤 방법을 통해 자제를 할 수 있을까?

분노 다스리기 지침

1. 먼저, 분노 폭발에 아무런 후회나 자책이 없고 오히려 더 쏘아붙이지 못해 화가 사그라들지 않는 경우라면 일단 자신이 화내는 모습을 영상으로 찍어서 눈으로 확인하자. '반드시 화를 내야만 한다. 그렇지 않으면 화병 난다.'는 생각을 가진 사람이라면 내가 화를 낼 때 상대방에게 어떻게 보이는지 직접 눈으로 확인하고 지금의 방식이 적당한지 평가를 해 볼 필요가 있다. 특히, 나에게 불편감을 끼친 상대를 내가 꼭 응징해 주어야 한다는 생각도 재점검할 필요가 있다.

2. 순간적으로 화를 참지 못해서 분노를 마구 터뜨리는 동안에 정신이 들어 후회하는 경우이거나, 분노 표현을 한 다음에 후회하고 자책하는 경우라면 홧김에 행동했을 때 따라오는 부정적인 결과를 따져 보자. 특히, 운전에는 예측하지 못하는 상황들이 많기 때문에 순간의 실수가 엄청난 재앙을 불러올 수 있다는 것을 명심해야 한다.

3. 평소에는 언짢은 기분을 표현하기 전에 숙고하는 사람이라도, 운전 중에는

의사 표현이 제한되는 특수한 상황이기 때문에 마음이 혼란스러워 충동적으로 행동할 수 있다. 따라서 화가 나거나 불안할 때 가라앉히는 자신만의 방법을 찾는 것이 좋다. 시간을 가지고 잠시 심호흡을 하면서 생각을 살피면 충동적인 행동을 예방할 수 있다. 머릿속으로 네모 박스를 떠올리면서 호흡하는 네모 호흡법을 추천한다.

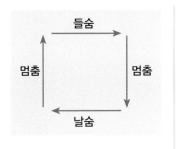

네모의 위쪽 가로선을 왼쪽에서 오른쪽으로 마음속으로 따라가면서 숨을 들이쉬고, 오른쪽 세로선을 위쪽에서 아래쪽으로 따라가면서 호흡을 멈추고, 아래쪽 가로선을 오른쪽에서 왼쪽으로 따라가면서 호흡을 내쉬고, 왼쪽 세로선을 아래쪽에서 위쪽으로 따라가면서 호흡을 멈추는 호흡법이다. 들이쉴 때는 교감신경이, 내쉴 때는 부교감신경이 번갈아 활성화되기 때문에 심리적 안정을 되찾는 데 도움이 된다.

●● 운전자를 위한 사회적 노력

인명사고로 발전할 수 있는 문제이다 보니 사회에서도 운전자들의 심리를 살펴야 할 책임이 있다. 최근 '건강운전심리센터'를 운영하는 곳도 생겨나서 다양한 심리 검사를 통해 더욱 안전하게 운전할 수 있도록 돕고 있다. 면허시험장에서 심리검사를 함께 병행하여 면허를 줄 때는 물론이고, 면허가 있는 베테랑 운전자에게도 역시 정기적으로 스트레스, 운전 분노 등의 검사를 시행한다면 보복운전을 예방하는 데 도움이 될 것이다. 더불어, 난폭운전 및 보복운전은 범죄라는 점, 그리고 그 파국적 결과에 대한 예방교육을 주기적으로 실시할 필요가 있다.

20
PART

막장 드라마…
욕하면서도 보는 이유는?

막장 드라마… 욕하면서도 보는 이유는?

〈 그룹채팅3 / **동 29년 토박이들 　　　 Q ⋮

친구 1
애들아~ 꿀 같은 일요일 밤 보내고 있니?

친구 2
내일이 벌써 월요일이라니…
벌써 기운이 빠진다 🫠

이 와중에 나 지금 옛날 막장 드라마 보고 있는데
꿀잼이다ㅎㅎㅎ 낼 출근해야 하는데ㅠㅜ

친구 1
안 봐도 어떤 이야기인지 다 안다는 그런 드라마?
ㅋㅋㅋ

친구 2
오죽하면 막장드라마 단골 장면까지 따로 있겠니

이거 봐봐

친구 1
아하! 이거 '출생의 비밀'이군
사랑하는 두 남녀는 꼭 배다른 남매라는 불변의
법칙이 있잖아

헐, 지금 내가 보는 드라마도 그래!

친구 2

또 있어, 두 번째 단골 장면ㅎㅎ

뒤에 스포츠카를 보니, 남자 주인공이 재벌이네.
이런 남자들은 꼭 어디 대기업 본부장이더라.

친구 2

맞아ㅎㅎㅎ
그리고 돈 많은 남자 주인공은 가난한 여자 주인공
좋아하지

친구 1

그것도 첫눈에 반하고 말이야.

친구 2

여주인공 힘들 때 타이밍 맞춰서 딱 등장하고
ㅋㅋㅋ

친구 2

이건 막장 드라마의 결말~

친구 1

그렇지. 마지막에는 악녀가 무너지고 벌 받아야지.
이렇게 끝나야 제 맛이지

그러게 말야ㅎㅎ

친구 2

막장드라마가 등장한 지
그래도 10년은 된 거 같지?

친구 1

맞아, 그럴 거야.
그런데 아직도 이런 이야기가 재미있긴 재밌어

응응
자극적이지만 끊을 수 없는
불량식품의 맛이랄까?

친구 1

그런데 진짜 우리는 왜 욕을 하면서도
이런 드라마를 계속 보게 되는 걸까?

음.. 글쎄? 왜 그럴까?

●● 묘하게 빠져든다, 막장 드라마

출생의 비밀이 있고, 표독스러운 시어머니가 등장하며 말도 안 되는 우연들이 계속되는 세상, 바로 막장 드라마 속 풍경이다. 막장 드라마는 일반적인 삶에서는 일어날 가능성이 희박한 매우 자극적인 상황이 동시다발적으로 일어나면서 이야기가 전개되는 드라마를 말한다. 막장 드라마는 2000년대 후반에 처음으로 등장했는데, 매주 새롭게 등장하는 황당한 장면을 따라가며 하루하루를 보내는 것이 특징이라고 할 수 있다. 대부분 출생의 비밀이나 불륜, 배신, 복수 등이 단골 재료로 많이 등장한다. 이런 자극적인 소재들이 연속적으로 나오면서 여러 막장 드라마가 선풍적인 인기를 끌기도 했었다. 자극적이고 개연성 없는 이야기에 "말도 안 돼!" 하면서도 막장 드라마를 끊지 못하는 우리의 심리는 무엇일까?

●● 막장 드라마의 공식

❶ 백마탄 왕자님의 남자 주인공, 평범한 여자 주인공을 사랑하다
MSG처럼 우리의 구미를 확 당기게 하는 막장드라마 구성 요소들을 알아보자.

평범한 사람이 하루아침에 고귀한 신분이 되거나 유명해지는 것을 바라는 마음을 심리학에서는 '신데렐라 콤플렉스'라고 한다. 홀로 서고 싶지만 혼자되는 것을 두려워하는 심리상태를 지칭하는 말로, 미국의 저널리스트 콜레트 다울링(Colette Dowling)이 처음 사용한 용어이다.[1] 의존—독립 사이에서 갈등하면 불안을 느끼게 되는데, 이때 신데렐라 콤플렉스를 가진 사람은 자신의 능력을 확신하지 못해 다른 사람에게 의존하게 되는 모습을 보인다. 더 나아가 신데렐라 콤플렉스를 이용한 드라마가 만들어지고 사람들의 반향을 얻는 사회 현상을 '신데렐라 신드롬'이라고 한다. 하지만 실제 현실에서 하루아침에 신데렐라가 되는 일은 흔치 않기 때문에 사람들의 이런 욕구가 드라마에 이입되면서 일종의 대리만족을 경험하는 것이다.

❷ "사실 너희 남매야"

출생의 비밀, 막장 드라마에 빠질 수 없는 요소이다. 이것 말고도 갑자기 병에 걸리거나 배신을 당하는 것처럼, 반전이 연속적으로 나오는 경우가 있다. 막장드라마의 반전은 대부분 드라마 엔딩장면에 많이 등장한다. 그러면 그 반전에 일단 놀라서 흥미로운 긴장감이 고조되고 그다음 회를 기다리게 하는 효과가 강력하다. 이와 관련된 심리법칙이 '자이가르닉 효과(Zeigarnik effect)', 일

명 '미완성 효과'이다.[2] 이는 끝맺지 못한 일이 마음속에서 쉽게 사라지지 않는 현상을 말한다. 러시아의 심리학자 자이가르닉(Bluma Zeigarnik)의 이름에서 유래했다. 그가 실시한 실험의 예를 들자면, 똑같은 과제를 서로 다른 두 집단에 부여한 뒤, 한 그룹은 과제를 중간에 중단하고 다른 한 그룹은 계속 진행한다. 도중에 과제를 중단시킨 그룹은 그렇지 않은 그룹에 비해 과제 내용을 더 잘 기억했다. 즉, 완결되지 않은 일에 대한 기억이 더 생생하다는 것이다. 막장 드라마에서 반전을 주면 기존에 알고 있던 틀을 중단하게 되고 전혀 다른 스토리가 전개되기 때문에 극의 내용을 보다 더 잘 기억하고 다음 회를 기다리게 되는 효과가 있다.

❸ 권선징악 – 무릎 꿇은 악녀

막장 드라마의 결론에 많이 등장하는 장면은 바로 '인과응보(因果應報)'이다. 극 중 주인공에게 포악하고 잔인한 행동을 서슴없이 저지르던 악인이 결국 무너지는 권선징악

(勸善懲惡)적인 결말도 막장 드라마의 특징이다. 악인에 대해 통쾌하게 복수하는 장면은 강한 감정 정화(카타르시스, Catharsis)를 주기에 충분한 장면이다. 그간 수많은 핍박과 억울한 일을 당한 주인공을 보면서 시청자도 덩달아 감정이입해서 그동안의 긴장과 분노감을 한꺼번에 보상받는 효과가 있다.

●● 대리만족으로 마음 달래기

대리만족은 심리학 용어로 대체 행동(Substitute behavior)[3]이라 부르기도 한다. 대체 행동은 한 목표가 좌절되었을 때 이를 대체하는 다른 목표를 달성해서 처음 욕구를 충족시키는 행동이다. 대표적인 것이 바로 '먹방'이다. 먹방 프로그램에서 출연자들이 윤기가 자르르 흐르고 김이 모락모락 나는 음식을 맛깔나게 먹는 모습을 보고 있노라면 마치 내가 먹은 것처럼 만족스러워진다. 최근 먹방 유튜버들이 수많은 구독자에게 인기를 얻고 있는 것도 비슷한 맥락일 것이다.

정신분석학에서 말하는 방어기제 중 승화(Sublimation)는 대리만족에 속한다고 볼 수 있다. 승화란, 날 것으로 드러나면 사회적으로 바람직하지 않은 본능을 사회문화에 용인되는 방식으로 표현하여 본능을 만족시키는 것이다. 가끔 너무 스트레스 쌓여서 어디 가서 소리라도 지르고 싶을 때, 드라마에서 악다구니를 쓰는 모습을 보면 왠지 모르게 통쾌하고 스트레스 풀리는 느낌을 받기도 한다. 펑펑 울고 싶은 날에 가슴 미어지게 슬픈 영화를 보면 기분이 조금 풀린다. 관객은 배우들의 정서를 대신 경험하고, 일시적으로 감정이 감소하는 효과가 있다. 예술 심리치료에서도 승화를 치료의 핵심기전으로 본다. 예술을 통한 간접적으로 소망을 충족시키는 것 자체로 치료효과가 있기 때문이다. 하지만 예술 심리치료에서도 예술적 표현을 발판삼아 '자신을 올바르게 인식하는 것'을 궁극적인 목표로 한다.[4] 막장드라마 시청도 일시적으로 감정을 해소하는 효과가 있지만, 항상 만병통치약이 되기는 어렵기 때문에 스트레스를 해소할 수 있는 나만의 방식을 찾는 것이 좋다.

●● 보보인형 실험

이렇게 자극적이고 때로는 폭력적인 드라마를 자주 보고 익숙해질 경우 심리적으로 타격이 있지는 않을까 염려되기도 한다. 막장 드라마를 보는 것은 심리적으로는 두 가지 상방된 방향으로 영향을 미칠 수 있다.

심리학자인 앨버트 반두라(Albert Bandura)는 보보인형 실험[5]을 통해 폭력적인 장면의 시청이 공격성을 높일 수 있음을 밝혔다. 보보인형은 오뚝이처럼 넘어뜨려도 다시 일어나는 풍선 인형이다. 연구자는 지정된 구역에서 보보인형을 뿅망치로 신나게 마구 두들기고, 실험에 참여한 아이들은 다른 구역에서 놀이를 하면서 이 장면을 10분간 지켜본다. 보보인형을 때리는 어른을 10분 동안 지켜본 아동은 다른 장소에서 보보인형과 장난감이 주어지자 그 어른과 똑같이 인형을 때렸다. 반면 또 다른 심리학자 페시바스(Feshbach)와 싱어(Singer)는 아동들이 폭력적인 장면을 시청하면 오히려 감정적인 정화감을 경험할 수 있어서 실제 생활에서는 폭력이 줄어드는 긍정적인 효과가 있다고 주장했다. 이 두 상반된 의견 중 어느 쪽이 더 우세한가는 여러 가지 요소에 따라 달라질 수 있다. 심리학자 로웰 후스만(Rowell Huesmann)이 아동을 대상으로 한 종단연구 결과에 의하면, 아동기에 자극적이고 폭력적인 장면에 많이 노출된 사람은 성인이 되어서도 폭력적인 행동을 보일 가능성이 높다고 한다. 따라서 도덕적 윤리적으로 미숙한 아동에게 막장드라마를 보도록 하는 것은 성격발달에 유해한 영향을 끼칠 수 있음을 기억할 필요가 있다.

●●● 사회적 책무

막장드라마에 대한 의존도를 낮추는 과제를 시청자에게만 부과하는 것은 합리적인 방안이라고 생각되지 않는다. 오히려 방송을 만드는 이들이 지나치게 시청률을 높이는 데 집중해서 더 자극적인 막장 요소를 사용하는 것을 막는 제도적 장치가 필요하다.

막장 드라마의 영향력을 조절하려면

1. 막장 드라마를 상영할 때 자막으로 "이 드라마 내용 중 상당수는 허구이며 특히 아동 청소년의 시청을 제한한다."는 분명한 메시지를 전달하도록 의무화할 필요가 있다.
2. 시청자 평가단 등을 적극 활용해서 막말, 패륜, 악의적인 음모 등의 요소를 드라마에서 지나치게 사용하지 않고 수위를 조절할 수 있도록 경계하는 것이 필요하다.
3. 시청자들은 환호하며 시청할 좋은 드라마가 그립다. 방송사 입장에서 막장 드라마는 알토란이다. 노이즈 마케팅이긴 하지만 결국 화제가 되어 높은 수익을 올리기 때문이다. 경제적 측면에서 막장 드라마가 유혹적이긴 하지만, 한류 열풍의 주역인 드라마의 사회적 영향력을 고려한 수준 높은 문화 콘텐츠로 발전하기를 기대한다.

PART

갑질 횡포에도 울지 못하는 우리들

갑질 횡포에도 울지 못하는
우리들

사례 1 | 웨딩홀 알바 단톡방

< 공지) 00웨딩홀 하객 접대 및 홀알바 단톡방입니다. 🔍 ⋮

A

한창 결혼 시즌이다 보니 요즘은 정말 일거리가 넘치네요. 이번 주말은 11시부터 1시간 텀으로 예식 7건, 돌잔치 2건 있습니다. 마음의 준비 단단히 하고 오세요.

B

네. 알겠습니다.

C

일도 많고 하객도 많다 보니 별의별 사람이 많아요.. 저 지난주에 홀 안내 했거든요. 그런데 누가 홀 직원이 행복해 보이지 않는다고 불평을 했대요. 저 진짜 최대한 웃으면서 했거든요. 하도 웃어서 그날 일 끝나고 입가에 경련까지 일어났었는데... 진짜 억울해요.

D

헐... 사람이 어떻게 24시간 웃나요. 잠깐 힘들면 표정이 풀릴 수도 있지...

B

저도 오늘 너무 힘들었어요.. 어떤 하객이 계속 절 따라다니면서 자꾸 트집을 잡더라구요. 서비스 마인드가 부족하네, 자세가 덜 되어 있네 하면서 가정교육까지 운운하는 거예요..

A

세상에, 자기가 먼데 가정교육까지 말하면서 이러쿵저러쿵 한대요?

C

그러게요. 게다가 남의 부모님 교육까지 얘기하는 건 인신공격이잖아요.

B

나도 우리 집 귀한 딸인데 안내 직원이라는 이유로 모르는 사람한테 그런 이야기나 듣고... 계속 이 일을 해야 하나, 회의감까지 들더라고요.

A

사실 뭐 이런 사람이 한둘인가요. 서비스직인데 말투가 상냥하지 않다는 사람, 괜히 꼬투리 잡아서 소리 지르는 사람... 그저 만만한 홀 안내 직원이 봉이죠.

C

맞아요. 여기서 백날 하소연하면 뭐합니까. 정작 하객들 앞에서는 한마디도 못 하고 고개 숙일 수밖에 없잖아요.. 어쩔 수 없는 거 아닐까요..

Q :

상담원

정성을 다하겠습니다. 서비스 센터 상담원 OOO입니다. 무엇을 도와드릴까요?

고객

여기서 사과 배 세트를 시켰는데 너무 맛없어서 못 먹겠어요. 다른 걸로 다시 주시든지, 환불해 주세요. 그게 얼마짜린데 길거리에서 떨이로 파는 사과보다도 맛이 없어요. 손님한테 대접했다가 내가 다 민망했네요.

상담원

그러셨습니까. 제품이 기대에 미치지 못했다니, 정말 죄송합니다. 교환이나 환불이 가능한지 확인해 보겠습니다. 저희 매장에서 구매하신 영수증을 가지고 계신가요?

고객

아니요. 영수증 버렸어요. 현금 결제했고요. 그게 지난 주쯤이었나.. 언제였는지는 잘 기억이 안 나네요.

상담원

아.. 고객님, 식품의 경우 시간이 오래 지나면 교환이나 환불이 어려운 경우가 있습니다만.. 혹시 제품을 가지고 매장을 찾아 주실 수 있으신가요? 저희 매장에서 구매한 상품이라는 점이 확인되면, 이후 최대한 빨리 교환 및 환불 절차를 진행해 드리겠습니다.

고객

아니, 그냥 계좌로 환불해 주면 되잖아요. 그리고 이미 다 먹고 남은 건 몇 개 없어요. 한두 개 남았나..

상담원

고객님, 제품이 거의 남지 않으셨을 경우에는 아무래도 환불이 어려우실 수 있습니다. 제품 자체의 하자를 확인할 수가 없어서..

고객

뭐요? 아까 환불해 준다면서요. 시간이 지나건 다 먹었건 제품에 문제가 있으면 서비스를 제대로 해줘야지. 그리고 먹었으니까 맛이 없는 줄 알지 그럼 먹지도 않고 맛이 없는 줄 아나요? 제품을 팔았으면 품질에 책임을 져야지. 고객이 문제라는데 뭐가 더 필요해.

상담원

죄송합니다만, 고객님.. 저희 측 절차가..

고객

손님 기분이 상했는데 지금 절차가 문제야? 당신들 장사 이딴 식으로 할 거야? 손님이 왕이란 말 몰라? 그리고 당신, 아까부터 계속 죄송합니다, 죄송합니다 라는 말만 하면서 진짜 죄송한 느낌이 아닌데 서비스직이 이래도 돼? 어?

상담원

..죄송합니다, 고객님.

●● 갑(甲)과 을(乙)

어느 순간부터 뉴스에 자주 등장하는 말이 있다. 바로 '갑질 논란, 갑질 횡포'이다. 지난 2014년 일명 땅콩 회항 사건 이후 백화점이며 택배, 음식점 등에서 어처구니없는 서비스를 요구하며 억지를 쓰는 사건을 설명하는 말로 종종 등장한다. 특히 서비스업종, 감정 노동자를 대상으로 이런 갑질 논란이 많이 발생하곤 한다. 실제로, 전화상담자들에게 전화해서는 폭언, 성희롱하는 사람도 있다. 전화상담자 입장에서는 혹시 모를 위급한 상황에 대비하여 최선을 다해 상담하지만, 난폭한 전화를 응대하는 것은 어렵다. 사람 위에 사람 없고, 사람 아래 사람 없다고 하는데, 이런 부당한 횡포에 부딪혔을 때 많은 사람이 맞붙어 싸우거나 항의하기보다는 죄송하다며 오히려 더 굽히는 경우들이 많다. 갑질 횡포에도 울지 못하는 심리에 대해 알아보자.

●● 손님이 왕이다?

감정 노동자들이 진상 고객을 만나거나, 갑질의 횡포에 부딪혔을 때조차도 제대로 화를 내거나 맞서지 못하는 경우가 많다. 물론 갑작스러운 상황에 놀라 대응을 잘 못 하는 경우도 있긴 하지만, 기본적으로 서비스업에 종사하는 경우 이런 상황에 처하게 되면 화를 내거나 맞대응하기가 매우 어렵다. 아무리 '목구멍이 포도청'이라지만 모욕을 당하는 것이 업무는 아닌데 하고 부당한 생각이 들면서도, 생계를 생각하면 어쩔 수 없이 치밀어 오르는 감정을 꿀꺽 삼키고 만다. 화를 참는 정도가 아니라, 오히려 밝게 응대를 해야 하는 입장인 것이다.

서비스업종에 있는 사람들, 전화 상담을 하는 직원, 감정 노동자, 또 연예인들에게는 항상 밝은 이미지를 유지해야 한다는 강박적인 생각이 자리 잡기 쉽다. 심해지면 슬픔, 분노와 같은 부정적인 정서를 솔직하게 표출하지 못하고 늘 불안해하는 증상이 나타난다. 이것을 '스마일 페이스 증후군'이라고 부른다. '손님은 왕이다.'라는 경영지침을 가진 기업의 직원들은 기분과 상관없이 늘 미소를 지어야 고용 상태를 유지할 수 있을 것이라고 믿는 현상을 설명한다.

스마일 페이스 증후군[1]

일본 쇼인여대 나스메 마코토 교수가 처음 사용한 말로, '손님은 왕이다.'라는 경영지침을 가진 기업의 직원들은 기분과 상관없이 늘 미소를 지어야 고용 상태를 유지할 수 있을 것이라고 믿는 현상을 말한다. '스마일 마스크 증후군'이라고도 한다.

진상 고객을 만나 항의를 받는 경우 심하면 욕설이나 성희롱을 당하기도 한다. 고객에게 말대꾸를 하면 안 된다는 회사의 방침이 있다면, 직원들이 자신을 보호할 수 있는 적절한 행동을 하기 쉽지 않다. 고객의 기분을 상하게 하면 고용에 문제가 생길 수 있기 때문이다. 서비스를 원활하게 유지해야 하는 회사 방침이나 사전교육 때문에 긍정적인 어조를 유지하며 고통에 시달리기가 쉽다. 자신의 잘못이 아닌데도 회사 지침 때문에 사과하는 일이 반복되면 웃는 얼굴 뒤에서 우는 경우가 생기고, 자신의 감정과 유리되면서 이 스마일 페이스 증후군이 심해질 수 있다.

●● 착한 아이 콤플렉스

이런 현상은 사회생활에서만이 아니라 가정에서도 일어나기도 한다. 직업적인 특성을 가지고 있지 않는데도 자신의 마음을 억압하고 착한 사람이라는 칭찬을 듣기 위해서 지나치게 애를 쓰는 사람들도 있다. 심리학 용어로 '착한 아이 콤플렉스' 혹은 '착한 아이 증후군'[2]이라고 한다. 심리학에서 착한 아이 콤플렉스의 원인을 어린 시절 주 양육자로부터 버림받을까 봐 두려워했던 공포심 때문에 생길 수 있다고 설명한다. 부모와 정서적인 유대감을 형성하지 못한 아이가 부모의 말을 잘 듣지 않으면 사랑받지 못할 것이라는 심한 불안감에 시달리고, 부모의 눈치를 보는 아이로 자라나는 것을 말한다.

용어에 '아이'가 들어가 있지만, 성인이 되어서도 그 영향력이 계속 지속된다. 어린 시절 경험에 의해 나와 타인에 대한 이미지가 만들어지고, 이는 형상 기억 합금처럼 남는다. 증상이 반복되면 성인이 되고 사회생활을 하면서도 이런 성향을 보이게 된다. 남들에게 인정받기 위해서, 또는 눈 밖에 나지 않게 위해서 과하게 노력하는 것이다. 이런 사람들은 늘 미움받지 않기 위해 애쓰고 화가 나도 숨기는 경향이 많다. 부탁을 거절하지 못하고 싫다는 표현을 잘 못 하기도 한다. 자신이 잘못하지 않은 일인데도 갈등이 생길까 두려워서 먼저 사과하고, 약속이나 규정을 어길까봐 노심초사하게 된다.

어떤 일이 있어도 늘 웃고, 사람들에게 인정받으려고 애쓰고 먼저 사과하고. 이렇게 자신의 감정을 누르고 누른다면 언젠가는 터질 것 같다는 생각도 든다. 한국 사회는 개인의 개성보다는 전체의 이익을 우선으로 두는 집단주의 사회인 동시에 사람 사이의 조화를 중요한 가치로 두는 관계 중심 사회이기 때문에 개인이 튀는 행동을 하는 경우 이를 용인하는 인내력이 낮은 경향이 있다. '모난 돌이 정 맞는다.'는 속담처럼 단체 생활에서 튀는 행동을 삼가는 것이 보편적이다. 유교사회의 영향으로 자신의 감정을 잘 절제하고 예의를 지켜야 한다는 것이 미덕이 되어온 영향도 있다.

●● 분노의 유형

하지만 타인의 욕구나 요구에 반응하는 생활이 오래되면 개인적으로 행복감이나 삶의 만족감을 느끼기 어렵다. 문화적 맥락을 고려하는 것도 중요하지만, 지나치게 자신의 욕구를 뒷전으로 하면 적절하게 스트레스 해소가 되지 않는다. 그렇게 스트레스가 차올라 어느 순간 개인이 견딜 수 있는 역치를 넘게 되면 분노의 감정이 생긴다. 분노의 유형은 다음과 같다.

분노의 유형	특징
돌발성 분노	갑자기 예상치 않게 돌변한다. 무의식중에 화가 폭발해 앞 뒤 생각을 하지 못한다.
잠재적 분노	천천히 누적된 분노이다. 불공평하다고 느끼는 상황에서 오랫동안 쌓인 분노이기 때문에 자신에게 피해를 준 개인이나 모임을 향해서 보복을 하기도 한다.
생존성 분노	자신의 안위, 생존, 생명의 위협을 느낄 때 끓어오르는 강력한 분노이다.

체념성 분노	내 마음대로 할 수 있는 것이 아무것도 없다는 무력감을 받아들일 수 없을 때 폭발하는 분노이다.
수치심에서 비롯된 분노	창피나 모욕을 당했을 때 느끼는 분노이다.
버림받음에서 비롯된 분노	상대가 나를 버리고 떠나거나, 냉담하게 대하면서 밀쳐낼 때 느끼는 분노이다.

출처: 김경희, 이순배, 송진영, 유광수 (2016). 분노 관리론. 교문사

●● 내 마음 돌보기

스마일 페이스 증후군과 착한 아이 콤플렉스에 스스로 대처할 수 있는 방안을 알아보자.

스마일 페이스 증후군과 착한 아이 콤플렉스 대처 방안

1. 때때로 부정적인 감정을 느끼는 것은 자연스러운 일이다. 감정을 느끼는 것 자체를 억제하기보다는, 감정을 적절하게 표현하는 측면에 좀 더 집중해야 한다. (예. "최선을 다해 도와드릴 수 있는 방법을 알아보고 있는데, 그렇게 말씀하시니 무척 속상합니다.")
2. 타인이 부당하게 요구할 때는 정중하지만 분명하게 거절하는 방법을 배울 필요가 있다 (예. 거절할 때는 시작과 끝에 사과의 말을 붙이는 것이 도움이 된다. "죄송합니다. 회사 방침상 어렵습니다. 불편을 드려 죄송합니다."
3. 자신의 현재 스트레스 수준, 취약점을 파악해야 한다. 근무 시간/업무와 일상생활을 분리하자. 과로를 방지하고 온전히 나를 위한 시간을 갖고 스트레스를 줄이는 다양한 방안을 마련하자. (운동 및 취미, 명상 등)

●● 감정 노동자를 위하여

타인의 관계에 연관되어 있는 만큼 사회적 인식 개선도 중요하다. 사회적 차원에서 지원되어야 하는 부분도 있다.

감정 노동자 지원 방안

1. 감정노동자들의 경우 회사에서 진상고객 대응 방침을 정하는 과정에서 노동자들의 입장이 반영될 수 있는 제도적, 체계적 방안 마련이 시급하다.
2. 직원의 권리를 보호하기 위해 갑질에 대해 보고하는 공식 채널 구축이 필요하다.
3. 국가와 기업은 감정 노동자들이 경험할 수 있는 고통을 사전에 예방하는 교육을 실시하고 이들의 복지에 좀 더 관심을 가져야 한다.
4. 감정 노동자들을 대하는 사회 전반의 인식이 개선될 필요가 있다. 나부터 혹시 '서비스 제공자는 반드시 친절해야만 한다.'라는 생각을 가지고 있지는 않았는지 돌아보고, 또 다른 장소에서는 반대로 내가 서비스 제공자일 수도 있다는 점을 기억하자.

22

"그거 TMI야!"… 정보 과잉 시대 +
현대인의 자발적 고독

PART 22

"그거 TMI야!"… 정보 과잉 시대 + 현대인의 자발적 고독

사례 1 | 익명 페이스북

POSTS

'싸이언스 대학교' 대신 전해드립니다 (싸대전)

 익명 87950번째 제보 글

> 우리 학교 학식 자주 먹는 사람?
> 학식 다른 학교에 비해 맛있고 가격도 싼 편이잖아. 그런데.. 난 사실 요즘 자주 먹기가 그래. 이런 얘기해도 될지 모르겠는데.. 이상하게 우리 학교 학식만 먹으면 배가 아프고 설사를 하더라. 같이 먹은 다른 애들은 괜찮은데 꼭 나만 그래. 학식에서 쓰는 재료랑 내 소화기관이랑 잘 안 맞는 건가.. 학식 먹고 지하철 타고 가다가 얼굴 노래져서 뛰쳐나간 적 몇 번 있어. 그러면 진짜 소리나 냄새도 장난 아니더라고.. 내 스스로도 놀랄 정도로. 나만 그러니? 내가 이상한 건가..

 Re) 괜히 봤다. 나는 또 학식 위행에 대해서 건의하는 줄 알았네..
Re) 너 때문에 자꾸 상상하게 되잖아!
　 네가 누군지 모르는데 화장실 사정까지 내가 알아야 해?
Re) 이 글 안 본 눈 삽니다.

 익명 87951번째 제보 글

> 국문과 김 교수님이 하시는 교양 수업 듣는 사람?
> 솔직히 김 교수님 잘생긴 편은 아닌데 나는 은근히 좋더라. 예전에 내가 좋아하던 짝사랑 닮았어. 그리고 교수님 PPT 아니라 칠판을 자주 쓰는 편이잖아. 칠판 쓸 때 보면 뒤태를 자주 볼 수밖에 없는데, 뒤태가 정말 매력적이신 것 같아.. 가끔 수업 시간에 넋 놓고 쳐다보게 되기도 하고.
> 다른 사람들은 안 그런가? 나만 그래?

 Re) 교수님 뒤태라니... 안물안궁
Re) 이 글 본 뒤로 김 교수님 수업만 들어가면 자꾸 뒤태만 보게 돼...
Re) 그만해!! 글 자체가 TMI다!!

 Like　 Comment　 Share

딸기 하나에는 200여 개의 씨가 박혀 있다. 도쿄돔 쓰레기통의 개수는 270개다. 그리고 러시아 푸틴은 '용인대 명예박사'이다... 모두 재미있기는 하지만 실생활에 딱히 도움이 되는 사실들은 아니고, '별로 궁금하지도 않았던' 정보들이다.

"TMI = Too Much Information (너무 많은 정보)"

즉, 너무 과하고 상세하게 많은 '내 관심사 밖의 정보'를 들을 때 사용하는 표현인데, 지적하는 의미를 내포하기도 한다. TMI는 한국에선 비교적 새롭게 유행하는 표현이고, 이전에도 같은 상황에서 사용할 수 있는 여러 신조어, 준말들이 있었는데, "안물안궁(안 물어봤어. 안 궁금해)"도 흔히 쓰인 표현 중 하나이다.

●● TMI 정보는 내게 그만 좀 밀려오라...!

흔히 현대를 정보 홍수, 과잉의 시대라고 부른다. 아침에 눈을 떠서 새벽녘 잠들 때까지 손에서 놓지 못하는 스마트폰은 마치 살아있는 생명체처럼 끝도 없이 새로운 소식과 '알쓸신잡'들을 보내오는데, 결코 이 정보가 모두 도움이 되는 것은 아니다. 때로는 '모르는 게 약, 알아서 병'인 경우도 있는 법. 요즘 우리의 생활이 흡사 파도가 출렁대는 정보의 바다를 바나나보트에 의지해서 항해하는 모습이 연상될 정도인데, 막상 인터넷과 완전히 차단되어 이 정보들을 거부, 단절하는 것은 말처럼 쉬운 일이 아니다.

한편, 실생활에 전혀 쓸모는 없지만 언뜻 흥미를 끄는 TMI성 정보만을 선별하여 공유하는 '아무말 대찬지'라거나 '쓸데없는 정보봇(Bot)'이 SNS에서 유행 중이라는 것은 흥미로운 아이러니인데, 생각보다 많은 사람들이 사사로운 종류의 지나친 정보를 서로 공유하며, 이를 적극적으로 즐기고 있다. 이 경우, "진정 TMI다!"라는 표현은 칭찬의 의미를 나타내기도 한다. 이것을 생각해 보면 마치 한동안 유행했던 '가장 쓸모없는 선물 주고받기' 행사가 떠오르는데, 라면받침으로 기능할 수 있다면 다행일, 당사자가 전혀 모르는 언어로 쓰여진 책을 선물한다든가, 조선시대 짚신과 같이 현재는 '쓸모없고, 쓸 수도 없는' 선물을 주고받는 것인데, 이러한 현상에선 '쓸모없다'라는 개념이 마냥 거부감을 일으키고 있는 것은 아니며, 효율성과 생산성을 강요받는 사회에서 순수하게 '무쓸모'인 것들을 공유하고 선물하는 것이 특별한 재미를 선사할 수 있을 것이라고 짐작된다.

●● 정보가 너무 많아! - 정보 피로, 가치실종/결정장애

하루 종일 강도 높은 수다를 떨고 나면 진이 다 빠지는 것처럼, 과도한 정보에 둘러싸인 현대인들은 그로 인한 피로감을 경험하게 되

었다. '정보 피로 증후군', 'SNS 피로 증후군'이라는 신조어가 등장할 정도인데, 과도하게 빠르고 많은 정보가 공유되고, SNS상 인맥관리 자체도 의무감을 느껴 부담이 되는 요즘이기에, 감당하기 힘들 정도로 많은 정보에 파묻힌 상태에서 극심하게 피로해지기 쉽다.

게다가 많은 정보가 곧 '좋은 정보', '신뢰할 만한 정보'를 의미하는 것은 아니다. 정보를 접할 기회가 많아지면 좋은 선택을 하기 위해 참고할 것들이 많아질 것 같지만, 오히려 과

잉되다 보니 선택에 이르기까지 더 많은 고민과 갈등에 빠지게 될 수 있다. 워낙에 많고, 또 상충되는 '추천과 비추천' 정보들 속에서 내게 해당되는 추천사항은 무엇인지, 어떤 내용이 신뢰할 만한 것인지 선별하는 데 스트레스를 느끼며 한두 권의 책을 참고하는 것보다 오히려 많은 시간을 흘려보내게 되기 십상이다. 특히 선택자가 잘 모르는 영역에 대하여 전문가와 지식인을 자청하는 정보의 홍수 속을 탐험하다 보면 소위 '결정장애'를 경험하게 될 수 있다.

●● 최고의 디톡스(Detox)는 '버리는 것'이다 - 미니멀 라이프, 단일화 전략

최고의 정리이자 디톡스 방법! 편안한 마음을 위한 가장 효과적인 방법은 과감히 버리는 것이다? '미니멀 라이프(Minimal life)'는 쌓아놓은 물건 중 다신 사용하지 않을 가능성이 높은 것들은 과감히 버리거나 기부하고 소비도 간소화하여 '적게 소유하는 삶'을 추구하는 생활방식인데, 요즘은 필요 이상의 것들을 잔뜩 쥐고 살아가는 맥시멈(Maximum)함에서 탈피하여 자유롭고 소탈한 것을 추구할 뿐만 아니라 접하는 정보도 줄이는 추세이다. 이를 통해 불필요하게 과다한 물건이나 정보에 쏟는 에너지를 절약하고, 우선순위에 따라 집중을 발휘하면서 삶을 보다 효율적으로 조절 및 통제할 수 있게 된다.

개인뿐 아니라 상권에서의 변화도 포착되었다. 예전만 하더라도 무조건 다양한 것, 고객에게 더 많은 선택지와 '조합'을 허락하는 것이 트렌드였다면, 요즘의 추세는 메뉴를 단일화하고 고민해야 할 선택지들을 최소한으로 유지하는 판매 전략이 새로운 트렌드로 부상 중인 것. 'OOO전문점'이 다양한 메뉴를 취급하는 경우보다 더 사랑받게 된 것인데, 이런 분위기는 기사나 문헌에서도 긴 글의 내용을 '세 줄 요약'하여 제시하는 등 여러 예를 찾아볼 수 있다. 가능한 최대한의 정보를 '일단 접수'하고 그 중 개인의 기준에 따라 진흙탕 속 진주를 솎아내는 것이 아니라, 핵심만 간략히 추려 정리하는 '큐레이션(Curation: 컨텐츠를 목적에 따라 분류하고 정리하는 일)'을 판매자

의 입장에서도 우선시, 소비자는 더욱 선호하게 된 것을 실감한다.

정보의 바다를 항해하는 바나나보트를 위한 가이드

1. TMI를 개개인 나름대로 '단순화'하려는 노력(즉, 한두 줄로 요약해 보거나 키워드를 찾아보는 연습)이 필요하다. 마치 수험생이 여러 참고서와 문제집의 내용을 자신이 더 쉽게 이해할 수 있도록 요약하는 것처럼.
2. 포털사이트에서도 단순히 정보를 게재하는 수동적인 역할에서 더 나아가서 신뢰할 만한 정보인지를 선별하는 나름의 지침을 개발할 필요가 있다.
3. 남들에게 혹은 '일반적으로' 의미 있는 정보가 아니라 우리 자신에게 의미 있는 정보를 선별하려는 태도와 '눈'을 갖춰야 한다.

●● 과잉 자극 속에서 '침묵'을 추구하는 세대

'자발적 고독'이라는 말을 들어본 적이 있는가? 용어 자체는 아직 생소할지 모르지만 설명을 들어보면 여러분 또한 그 의미에 크게 공감할지 모른다. 길을 걸어가면서도 스마트폰으로 인터넷 기사를 읽고 유튜브

를 감상하는 등 워낙에 현대의 일상이 '끊임없는 대화와 정보공유'로 이어지기 때문에, 이 '초연결 시대'에서 다시금 '혼자임'과 '고독'의 가치를 찾는 이들이 늘어난 것이다. 여기서 의미하는 고독은 완전한 '단절' 혹은 '외로움'과는 그 결이 다른데, 타의적 고립과는 달리 자발적 고독은 주체적인 선택으로 만들어지는 고독을 말한다. 불필요하거나 감당하기 어려운 것들은 잠시 배제하고 '오직 내가 나와 보내는 시간'을 의미한다.

진화심리학적으로 고독은 질병, 빈곤과 함께 '세 가지 치명적인 괴로움'으로 손꼽힐 정도로 사회적 동물인 인간이 무리에서 추방 혹은 이탈하여 고독을 경험하게 되면, 이것은 곧 '위험에 노출된다는 것'을 의미하고, 곧 극심한 정신적 결핍과 위기감을 느끼게 될 것이라고 설명한다. 또한 우리들은 (기질과 성격에 따라 정도의 차이는 있지만) 타인과 소통하고 친밀감을 형성하고 싶은 욕구를 가지고 있기 때문에, 고독한 환경이 조성되면 공감할 대상이 없다는 사실에서 괴로움을 느낀다는 것이다. 하지만 앞서 말했던 것처럼 현대인들은 이미 너무 '과한' 소통, 공유, 피드백에 노출되어 있고, 심지어 자신이 원하는 정보만 접할 수 있는 상황도 아니다. 가용할 수 있는 에너지 수준과 무관하게 외부에서 수많은 자극을 받게 되기 때문에 스스로의 통제범위를 침해받는다고 느낄 수 있고, 결국 안정을 찾기 위해 본능적으로 혼자 보내는 시간, 자발적 고독에 가치를 두는 것이다.

●● '고독'이 주는 선물 1 - 에너지 충전

'사람에게 치인다.'라는 표현에서 느낄 수 있는 것처럼, 아무리 내 몸처럼 사랑하는 사람이라 하여도 타인과 지나치게 '밀착'하게 되면 어느 순간 방전됨을 경험할 수 있다. 대인관계를 맺는 것도, 유지하는 것도 정신적 물리적 비용을 지불해야 하는 일이기에 자발적인 고독의 시간을 가지면서 재충전하고 스스로 원하는 우선순위에 따라 필요한 일들을 수행하면서 복잡했던 머릿속을 '환기'할 수 있다. 요즘 일부 미용실에서는 손님이 디자이너를 대면하기 전 간단한 설문을 실시하여 스타일링을 하는 동안에 미용사가 말을 붙이는 것이 좋을지 미리 조사하는데, 생각보다 많은 사람들이 담소를 나누기보다는 미용실에서의 시간을 조용히 쉬며 보내길 선호한다고 응답했다. 머리를 받는 동안만이라도 원하지 않는 질문에 답해야 한다거나 대화의 주제를 찾는 것을 멈추고 휴식을 취하길 원한다는 것이다.

●● '고독'이 주는 선물 2 - 자아성찰

홀로 조용히 보내는 시간은 개인에게 긍정적으로도, 부정적으로도 작용할 수 있다. 긍정적인 방향은 이 고독한 시간이 '자아성찰'로 이어지는 것인데, 특히 내가 원하는 것, 좋아하는 것, 이루고자 하는 것들의 구체적인 모습과 발전하기를 바라는 부분, 또 내가 가진 것들 중 긍정적인 삶의 요소에 대해 차분히 떠올려 보는 시간을 가지는 것은 상당히 도움이 될 수 있다. 스스로에게 이런 삶의 가치관, 철학, 미래에 대한 질문을 던지는 것을 '성찰적 사고'라고 하는데, 반면 자신이 잘못한 것, 후회되는 과거의 일, 타인에게 상처받은 경험에 대해 반복적으로 떠올리며 당시의 부정적 감정을 재경험하는 패턴으로 혼자만의 시간을 보내게 된다면 오히려 독이 될 수 있다. 이렇게 자동적으로 확대되는 부정적인 생각들을 '반추사고' 또는 '침투사고'라고 한다.

●● '고독'이 주는 선물 3 – 원만한 대인관계

자발적 고독을 즐기는 것은 언뜻 대인관계를 덜 중요하게 생각한다거나 활발하지 않은 것처럼 오해받기 쉬운데, 실제 이것은 대인관계에서도 매우 중요한 역할을 할 수 있다. 타인과 교류할 때 스스로에 대한 신뢰, 자신감과 주관을 갖춘 사람은 사람 간 적당한 거리와 자율성을 존중할 수 있기 때문이다. 자발적으로 고독한 시간을 통해 에너지를 충전하여 집중력을 높이고 자기성찰의 시간을 가지는 이들은 혼자 있을 때뿐만 아니라 대인관계에서도 성숙하고 유능한 모습을 갖출 수 있는데, 이것은 곧 타인에 대한 태도에서 드러난다. 스스로에 대한 통제력을 갖추고 있기 때문에 매력적이고 '내면의 힘이 있는' 사람으로 느껴질 수 있다.

●● 위태로운 바나나보트의 항해사에게 - 자발적인 고독, '명상'의 시간 가지기

나와 내가 온전히 둘만 존재하는 시간, 내 자신과의 대화를 위한 시간이자, 내가 좋아하고 추구하는 것은 무엇인지, 나아가 나는 누구인지 가치관을 다듬어 나가는 자아성찰의 장. 충전이 되는 고독의 시간을 위해 명상을 시도해 볼 수도 있다. 하루 10분 정도 시간을 정해 놓고 명상을 하는 습관을 가지기를 추천한다. 먼저 심호흡과 복식호흡에 집중하면서 신체 근육을 이완한다. 불안한 마음이 떠오르면 이를 억지로 억제하려고 하지 말고 '생각이 떠올랐다가 한 풀 꺾여 그대로 흘러가는 것'을 내버려둔다.

명상 초심자들을 위한 연습

1. **〈감사하기〉** 하루 생활을 하면서 감사한 마음이 들었던 상황을 2~3가지 정도 구체적으로 떠올려 보자. 오늘 하루 자기 자신을 포함해서 나에게 배려해 준 사람들이나 미소 짓게 했던 상황을 떠올려 볼 수 있다. 그리고 마음속으로 감사의 인사를 건네 보자.

2. **〈원하는 일/좋아하는 일, 자신의 강점 생각하기〉** 자신이 생활하면서 하고 싶은 일, 좋아하는 활동, 자신이 잘하는 일에 대해 구체적으로 생각해 보자. 이때 중요한 것은 싫어하는 일이나 단점이 먼저 떠오른다면 이를 '흘러가도록' 두는 것이다.

3. **〈유도된 환상〉** 자신이 가장 편안하게 생각하는 장면을 떠올려 보자. 예를 들어, 햇살이 비치는 오후, 편안한 바다소리, 숲길 산책하기 등. 필요하다면 이런 장면을 연상하기 쉬운 녹음된 소리나 음악(예: 파도치는 소리, 새의 노랫소리)을 활용할 수도 있다.

일과 삶의 균형 '워라밸', 주목받는 이유는?

PART 23

일과 삶의 균형 '워라밸', 주목받는 이유는?

아이디 : rebeca****
제목 : 이대로 살다가는 일만 하다가 죽을 것 같아요, 저 어떡하나요?

안녕하세요? 저는 2년 정도 의류업계에서 일하고 있는 사람입니다.
제 고민은 아마 많은 분이 공감하실 수 있지 않을까 싶어요.
저는 정말 하루를, 일주일을 일만 하며 보냅니다.

저도 처음에는 대기업 취업을 준비하다가
시간이 흐르면서 눈을 좀 낮춰 중소기업에서 일을 시작하게 됐습니다.

그렇게 크지 않은 규모지만, 함께 일하는 팀원들과 마음이 잘 맞았어요.
고단한 시간이었지만 그들 덕분에 지금까지 일해 올 수 있었죠.

하지만, 많아도 너무 많은 일 때문에 이제는 고민이 좀 됩니다.
저는 보통 아침 9시 30분까지 출근을 해서,
기본적으로 하루 12시간 정도 일을 하고 있습니다.

그러니까 매일 거의 9시가 넘어야 퇴근을 하는 거죠.
그것도 평균이고요, 보통 일주일에 한두 번은 막차를 타고 퇴근합니다.
그래도 일이 넘쳐서 주말 이틀 중에 하루는 꼭 일해야 하고요.

바쁜 시즌이 되면 가끔 아예 회사에서 새우잠을 자며 일하기도 합니다.
그래도 저만 힘든 게 아니니까, 다들 고통을 나눠서 지고 있으니
어떻게든 버텨 보려 했습니다.

하지만 억지로 버텨오던 일상이 결국 무너지더라고요.
원래부터 허리가 조금 안 좋았는데, 오랫동안 무리를 한 탓인지
디스크가 심해지고 말았습니다.

평소처럼 회사에 갔다가 퇴근을 했는데, 그대로 넘어져서 일어날 수가 없더라고요.
병원에서는 수술을 권했는데 그것만큼은 피하고 싶어서,
입원한 상태로 쉬면서 상태를 지켜보고 있습니다.

이렇게 몸까지 망가지다 보니 요즘 생각이 많아지고 있어요.
당장 회사 일을 어쩌나 걱정도 앞서고, 다들 이렇게 나만큼 숨차게 살고 있는지
나만 미련하게 일하고 있는 건 아닌지 자신을 뒤돌아보게 되네요.

한편으로는 제 몸 하나 챙기지 못한 자신을 탓하게 되고요.

운동할 여유도 없었으니,
당연히 제가 좋아하는 취미나 여가를 즐길 시간도 많이 부족한 채로 살았습니다.
이제라도 조금 저를 위한 일과 시간을 만들어 가고 싶어요.
어떻게 하면 좋을까요?

●● 워라밸

'워라밸'을 외치는 사람들이 늘고 있다. 워라밸은 '워크 앤 라이프 밸런스(Work and Life Balance)'의 줄임말로 일과 삶의 균형, 또는 휴식이 있는 삶이라는 뜻이다. 하지만 바쁜 일상을 살다 보면 워라밸은 먼 나라 이야기처럼 아득하게 느껴진다. 최근 워라밸의 중요성이 더욱 높아진 이유와 쉼이 있는 일상을 즐길 수 있는 방법에 대해 생각해 보자.

대한민국은 '야근의 나라'라는 달갑지 않은 별명이 있다. 주변만 살펴봐도 우리나라 사람들 정말 일 많이 한다. 야근을 위해 저녁 도시락을 주문하며, '과연 일과 나머지 생활을 균형 있게 맞춰 사는 사람들이 몇이나 될까?'하고 저절로 묻게 된다. 2016년 OECD 고용 동향 조사에 의하면, 한국인의 1년 평균 근로시간이 2,069시간으로 세계 2위를 차지하고 있

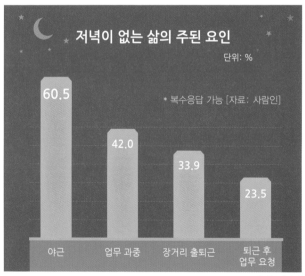

저녁이 없는 삶의 주된 요인

단위: %

60.5

* 복수응답 가능 [자료: 사람인]

42.0

33.9

23,5

야근 업무 과중 장거리 출퇴근 퇴근 후 업무 요청

출처: 사람인

다. 이는 OECD 평균 1,763시간과 비교할 때 훨씬 많은 시간이다. 근로 시간이 가장 적은 독일과 비교하면 무려 706시간이나 길다. 일하는 시간만 따지면 꼬박 한 달을 더 일하는 셈이다. 또 국내 한 설문조사에 의하면 직장인들은 '저녁이 없는 삶의 주요 요인'으로 야근, 업무 과중, 장거리 출퇴근, 퇴근 후 업무 요청 등을 꼽았다.[1]

한국은 근면함을 미덕으로 여기고 일을 많이 하는 것이 자연스러운 문화로 자리잡아 왔다. 오바마 전 미국 대통령도 한국의 근면함에 언급한 바 있으며 특히, 한국을 '할 수 있다(Can Do Spirit)의 철학을 바탕으로 눈부신 경제 성장을 성취한 나라'라고 평했다.[2] 하지만 최근 워라밸을 외치는 목소리가 커지고 있는 이유는 무엇 때문일까?

●● 월화수목금금금 쳇바퀴 벗어나기

일과 생활의 조화(혹은 일과 가정의 양립)가 직장에서 직원의 업무 만족감, 조직에 대한 충성심, 근무 의욕을 향상시키는 데 필수라는 인식이 증가하고 있다. 즉, 행복한 일터 만들기가 중요해졌다. 최근 기업들도 워라밸 지원책으로 탄력적 근로시간제나 보육 지원, 건강촉진, 교육지원, 장기휴가 제도 같은 다양한 사내 복지정책을 고려하게 되었다. 직원들의 저녁이 있는 삶을 위해 오후 5시 30분이되면 컴퓨터가 꺼지는 PC 셧다운제를 시행하는 경우도 있다. 실제로 미국 통계 관련 회사 SAS에서는 워라밸 전담부서가 있다고 한다. 유연근무제, 육아 및 탁아 지원시설, 학습센터, 근로자 지원 프로그램을 운영한 결과, 직원 만족도가 상승했고 무엇보다 이직률이 4% 이하로 줄었으며 고객만족도에 이은 기업 이익증대가 이루어졌다.

젊은 세대들을 중심으로 변하고 있는 가치관도 이런 흐름에 한 몫 하는 것으로 보인다. 회사가 열정을 빌미로 저임금 노동을 강요하는 현실을 꼬집은 '열정 페이'라는 말에서 볼 수 있듯, 최근 젊은 세대는 회사의 발전이 곧 직원 개인의 만족감이라고 생각하던 기존의 가치관에 동의하지 않는다. '사람인'에서 실시한 2018년도 설문조사에 의하면, 직장인의 73.3%는 연봉(26.7%)보다 '일과 삶의 균형이 유지되는 근무환경'이 훨씬 중요하다고 응답했다.[3] 이제 구직활동을 할 때 연봉보다는 워라밸을 얼마나 충족시키는지가 직장선택의 중요 기준으로 떠오른 것이다.

어쩌면 열심히 일하고 버티면서 힘들게 저축하는 미래지향적인 삶을 산다고 해서 젊은 세대가 바라는 모습(안정된 직장, 자기 집의 소유 등)을 가져다줄 것이라고 기대하기 어려운 현실 때문일 수도 있다. 과로가 될 만큼 일해도 생활이 나아질 것을 기대하기 어렵다면 불확실한 미래보다는 지금 현재의 삶을 즐기자는 생각이 들 수 있다. 이와 같이 '한 번뿐인 인생이니 지금 이 순간을 즐기자'라는 라이프 스타일을 '욜로(YOLO; You Only Live Once) 라이프'라고 부른다.

●● 잠자는 희망의 씨앗

미래가 어둡게 느껴지니 노력할 의지가 생기지 않고, 단념하게 된다. 그야말로 희망이 없다. 심리학자 릭 스나이더(Rick Snyder)는 희망의 세

가지 요소로, 목표(Goal), 경로사고(Pathway thinking)와 주체사고(Agency thinking)를 강조한다.[4] 경로사고란, "나는 해결 방법을 찾을 수 있다."와 같이, 방해물이 있더라도 자신이 대안을 찾을 수 있다고 여기는 긍정적인 생각을 의미한다. 우선 바라는 목표에 이르는 경로를 찾아야 하는데, 경로사고가 그 원동력이다. 더불어 "난 할 수 있어. 포기하지 않아."와 같은 주도적이고 긍정적인 생각인 주체사고가 중요하다. 이러한 주체사고는 스스로 동기부여하고 목표를 꾸준히 추구할 수 있는 에너지원이 된다.

희망에는 개인차가 있다. 경로사고나 주체사고 성향이 다르기도 하고, 중요한 도전을 앞두었을 때 느끼는 기분도 사람마다 다르기 때문이다. 예를 들어, 발표를 앞두고 생기는 긴장감을 기분 좋은 떨림으로 느끼는 사람이 있는가하면, 실패에 대한 두려움으로 느끼는 사람도 있다. 이 반응은 우리의 크고 작은 성공 경험 역사를 바탕으로 형성된다. 성공은 뿌듯하고 자랑스러운 마음이 들기 때문에 목표를 추구하는 행동을 강화시키고, 목표 달성이 좌절되면 무척 속상하고 자책하기도 하면서 주눅들기도 한다. 즉, 과거 성공/실패 경험은 나의 행동이 결과에 영향을 미칠 수 있을 것이라는 기대 수준을 결정하고, 이에 따라 희망 수준도 달라진다.

●● 무(無) 민(mean) 세대

불투명한 취업 시장을 감안할 때 자신의 전문성에 대해서도 학습하는 시간을 확보하는 것이 중요해졌다. 일과 삶의 균형의 중요도가 점점 높아지고 있는데, 문제는 현실이 그만큼 뒤따라 주고 있지 못하다는 데 있다. 이런 괴리감 때문에 새롭게 생기는 풍경들이 있다. 최근 액체괴물을 만지거나 혹은 모래를 만지는 소리, 책장을 넘기는 소리 등 아주 작은 소리를 듣는 ASMR(Autonomous Sensory Meridian Response: 자율감각 쾌락 반응[6])이 인기를 끌고 있다. 사람들은 자극적인 광고들이 범람하는 시대에 오히려 이런 별다른 의미 없는 소리를 들으며 심리적인 안정을 찾으려고 한다. 또 고양이가 보이는 의미 없는 행동을 가만히 관찰하는 영상도 유행이다. 이렇게 머리를 비우고 소비할 수 있는 콘텐츠를 찾는 사람들을 '무민 세대'라고 한다. 한자 없을 무(無)자에 영어로 의미를 일컫는 mean의 합성어로, '무자극, 무매락, 무위휴식'을 꿈꾸는 젊은이들을 뜻한다.

무(無)민(mean) 세대[5]

캐릭터 이름과는 의미가 다르다. 없을 무(無)에 영어로 의미를 일컫는 mean의 합성어로, '무자극, 무매락, 무위휴식'을 꿈꾸는 젊은이들을 뜻한다.

이런 변화들은 일상 속에서 어떻게든 작은 여유를 누려 보고 싶은 마음에서 비롯된 문화이다. 소소한 일상 속에서 작은 행복을 찾는 사람들도 점점 늘고 있다. 이와 관련해서 최근 신조어 중에 '소확행'이라는 말이 있다. 소소하지만 확실한 행복이라는 뜻이다. 이 말이 처음 등장한 것은 일본 작가 무라카미 하루키가 쓴 수필집 〈랑겔한스섬의 오후〉에서였는데, "방금 구운 빵을 손으로 찢어 먹는 것, 새로 산 하얀 셔츠를 입을

때 느끼는 행복" 등을 말한다.[7] 아주 비싼 돈을 들이지 않으면서도(가성비) 자신의 삶을 향유함으로써 자존감을 느낄 수 있는 방법으로 주목받고 있다. 아울러 남에게 과시하는 모습으로부터 남을 의식하지 않는 개인적인 가치를 보다 중요하게 생각하는 젊은 세대들의 생각을 반영하기도 한다.

●● 균형 이루기

한정된 시간 안에서 삶의 균형을 맞추기 위해, 또 짧은 여가 시간 동안이라도 충분히 쉬고 재충전하기 위해서 도움이 될 만한 방법이나 마음가짐에는 어떤 것이 있을까?

1. 외부와 연결되는 디바이스 끄기를 실천하라. 스마트폰이 우리의 분신이 된지 오래다. TV를 보면서도 스마트폰으로 틈틈이 이것저것 검색하게 되어 넋을 놓고 TV를 볼 수 없을 만큼 주의가 산만해졌다. 귀가 후에는 스마트폰, 각종 네트워크로 연결되는 기기들을 끄고 가족들과 좀 더 시간을 함께 보내 보자.

2. 삶의 우선순위를 정하라. 넘치는 할 일과, 만나야 할 사람, 다양한 역할을 모두 완벽하게 해낼 수는 없다. 퇴근 후에도 혹시 중요한 업무 사항을 놓칠까봐 불안해서 직장 단톡방 알람에 신경쓰다 보면 문득 왜 이러고 살고 있나 하는 서글픈 생각이 든다. 자신의 삶에서 중요한 것이 무엇인지를 진지하게 생각하자. 자신이 행복해야 주변 사람들을 도울 수도 있고 모두가 행복할 수 있다.

3. 자신이 잘하는 일에 집중하고 힘들 때는 주변에 적절한 도움을 구하라. 일을 내 손으로 해야만 마음이 편해서 전부 끌어안고 있다 보면 지치기 십상이다. 모든 일에 똑같이 전력을 다할 수 있을 것이라는 믿음은 환상이다.

4. 신체가 건강해야 마음도 건강하다. 우리의 마음과 몸은 연결되어 있다. 속 시끄러운 날에 잠을 못 이루거나 소화 불량에 시달리듯이, 몸이 찌뿌둥하고 체력이 달리면 짜증이 늘고 배포가 작아진다. 심신의 건강을 위해 규칙적인 운동과 식이요법, 그리고 7시간 정도로 충분한 숙면을 취하는 것이 바람직하다.

24
PART

봄바람에 흩날리는 벚꽃잎…
왜 사랑하고 싶을까?

PART 24

봄바람에 흩날리는 벚꽃잎…
왜 사랑하고 싶을까?

사랑에 빠지고 싶은 계절—봄. 샛노랑 빛깔로 괜스레 마음이 들뜨게 하는 개나리, 지는 건 순간이지만 만개한 때만큼은 눈부시게 아름다운 벚꽃… 급! 피크닉을 떠나고 싶어지는 봄날, 아직 쌀쌀하지만 따스한 햇살과 만나 기분 좋게 두 볼을 스치는 봄이 오면 빼놓을 수 없는 노래들이 있다. 벚꽃 시즌의 왕좌를 꾸준히 지키고 있는 버스커버스커는 매년 봄이 되면 '벚꽃연금'을 수령할 정도라는데… 불필요한 힘을 뺀 나른한 목소리와 발랄한 템포가 만나 봄의 분위기를 절로 상기시키는 로이킴의 '봄봄봄'이나, 사랑에 빠진 대상에 대한 애절함이 봄이라는 '찰떡' 계절과 더해져 자꾸만 반복재생하게 되는 케이윌의 '러브블러썸' 또한 빼놓으면 서운할 역대급 테마곡이다.

버스커버스커 - 벚꽃엔딩

오늘은 우리 같이 걸어요 이 거리를
밤에 들려오는 자장노래 어떤가요
몰랐던 그대와 단둘이 손잡고
알 수 없는 이 떨림과 둘이 걸어요
봄바람 휘날리며 흩날리는 벚꽃 잎이
울려 퍼질 이 거리를 둘이 걸어요

특정 계절을 떠올리면 마음과 머릿속에서 자동재생되는 저마다의 테마곡들이 있을 것이다. 여러분이 이 장을 읽는 지금의 계절이 언제즈음인지 알 수 없지만, 자신만의 '봄의 노래'를 잠시 함께 흥얼거리며 계절이 주는 그만의 특유의 분위기를 떠올려 보자.

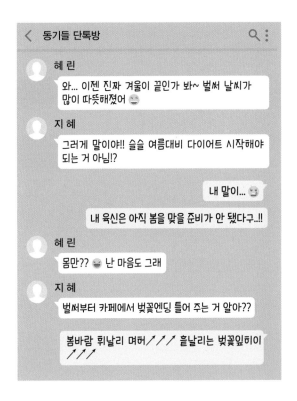

지 혜
근데 진짜 금방 벚꽃 핀다?? 왜 괜히 좀 서글프냐...

혜 린
커플지옥문이 열리는 거지... 😣

우리는 뭐 우리끼리 벚꽃축제 가???

지 혜
벚꽃축제는 벚꽃축제고... 좀 있으면 이제 엄청 외로워진다구..

완전 봄 타고.. 😣

혜 린
그니깐.. 유난히 꽃 필 때쯤 되면 더 그렇지 않아??

지 혜
꽃들은 만개하는데 내 옆자리는 비어 있으니깐 더 그렇지
.. 그냥 그렇다궁..

그래도 우리는 서로가 있잖아.. 울지 말어..

혜 린
그래 진짜 완전 위로가 된다 😅

지 혜
지금 우리 이러는 것도 약간 안쓰러워지는 거 알지??

혜 린
뭐래 😅 벚꽃 그냥 다 빨리 져 버렸으면 좋겠다...

266

●● ♬ 봄이 와, 나의 가슴 속에. 왜 이리 나 들뜨는지 몰라 oh
〈케이윌 - 러브블러썸, 가사 中〉

　　털니트 목도리에서 가벼운 머플러로... 장롱 한가득 걸려 있던 무채색의 두꺼운 옷가지들은 산뜻한 색깔의 맨투맨과, 간절기면 절로 손이 가는 가벼운 트렌치코트에게 자리를 내어 준다. 천천히 낮이 길어지고 꽃이 만발하는 봄엔 그 특유의 설렘이 있다. 봄이라는 그 계절 자체로도 참 설레는 기분을 느낄 수 있지만, '꽃'이 더해지면 그 의미가 배가 된다. 평소라면 스마트폰에 시선을 고정하고 무표정한 얼굴로 인터넷 기사들을 읽어 나갈 등굣길 혹은 출근길에 선물처럼 마주치는 노란 개나리, 문득 창밖을 내다보았을 때 한가득 그림처럼 만개한 벚꽃나무들을 만나게 되는 일은 바쁘고 권태로운 일상에 한 줄 특별함이 되기에 충분하다. 필자도 꽃을 좋아하는데, 50회 생일을 맞아 유난히 기분이 가라앉던 날, 꽃 도매시장에 가서 드물게 온전히 나 자신을 위해 예쁘게 물들인 안개꽃다발을 구입했던 기억이 있다. 투박하지만 충분히 특별했던 그날의 안개꽃다발은 잘 말려 연구실 한쪽에 두었는데, 바라볼 때면 괜히 기분이 좋아지고 자연스레 미소를 짓게 된다. 이런 미소가 '뒤센미소'일까?

> **진짜 웃음 - 뒤센미소(Duchenne smile)**[1]
>
> 얼굴의 근육 전체를 사용하여 행복과 즐거움을 자아내는 상황에서 자연스럽게 미소 짓는 형태로, 가짜 미소(인위적인 미소)와는 차별되는 '진짜 미소'를 말한다.

우리 자신에게 하는 꽃 선물도 기분 좋지만, 가깝고 사랑하는 가족 친구나 연인에게 아름다운 꽃을 선물 받는다면 아주 특별한 하루가 될 것이다. 축하할 일에 맞추어 꽃집을 방문하고, 상대가 좋아할 만한 꽃을 사서 한아름 안고서 약속장소로 왔을 때 기분이 좋아지는 것은 그 꽃에 담긴 관심과 애정이 전해지기 때문일 것이다. 꽃에 대한 우리의 선호와 긍정 정서는 신체적 작용과도 관련이 있다.

럿거스 대학(Rutgers University) 인간정서 랩의 하비랜드−존스(Haviland−Jones) 교수(2005)는 꽃의 시각 및 후각적 자극이 꽃을 받은 사람의 뇌 화학물질을 바꾸고, 때문에 보다 긍정적인 감정을 느끼게 된다고 보고하였다.[2] 즉, 꽃이 행복감을 증진시킨다는 것인데, 이에 관련하여 성별차이는 없었다. 이 결과는 메사추세츠 병원과 하버드 의과대학 넨시 엣코프(Nancy Etcoff) 박사 연구팀(2006)의 꽃이 유발하는 정서경험에 대한 연구에서 다시 한 번 확인되었다.[3] 연구팀은 다양한 연령의 54명 실험 참가자들을 대상으로 꽃이 있는 조건과 없는 조건에서의 감정 상태를 비교하였는데, 그 결과 꽃이 있는 조건에서 기분이 향상되고, 더 긍정적인 정서와 에너지를 느끼며, 슬픔과 우울은 적게 경험하는 것으로 나타났다. 아울러, 꽃을 통해 상승된 긍정 정서를 보고한 참가자들은 타인에 대한 친절함과 자비심도 증가한 모습을 보였다고 한다.

♬ 그대여 나와 함께해 주오, 이 봄이 가기 전에
〈로이킴 - 봄봄봄, 가사 中〉

'5월의 신부'라는 말은 한번쯤 들어봤을 것이다. 선선한 가을인 10월도 그렇지만, 봄기운에 한껏 취하는 따스한 5월의 결혼식을 꿈꾸는 예비 신랑, 신부들에게 예식장 잡기란 그야말로 전쟁이다. 결혼식을 한참 앞두고 식장을 미리 예약해야 함은 물론이고, 호황기를 맞아 이름난 웨딩플래너들은 드레스 투어(Tour)를 위해 청담동과 가로수길을 하루에도 몇 번 씩 바쁘게 오가며 완벽한 봄의 연인을 탄생시키기 위해 두 발에 불을 붙이는 것이다. 비단 결혼뿐이겠는가? 한 결혼정보회사에서 회원 480여 명에게 '가장 연애하고 싶은 달'을 물었더니 전체 응답자 중 36%가 4월을 가장 사랑에 빠지고 싶은 달로 꼽았고, 5월이 그 뒤를 따랐다.

4월과 5월을 꼽은 이유로는 '뭐든 시작하기 좋은 달이기 때문', '봄이라 마음이 싱숭생숭해서', '옷차림이 가벼워 활동하기 좋아서', '연애세포를 자극하는 노래가 많이 나와서' 등등으

출처: 결혼정보회사 가연

로 응답했는데, '마음이 싱숭생숭해서, 그리고 연애세포가 자극되는 계절'이라는 답변에서 봄이 오면 사랑이 끌리는 데에 무언가 특별한 심리가 작용하고 있음을 예상할 수 있다.

미국의 퍼시픽 프라임(Pacific Prime) 보험회사에서 공개한 게시글 내용[4]을 살펴보면 그 심리작용에 대해 엿볼 수 있는데, 보험회사에서 내놓는 설문 혹은 대규모 회원 대상 빅데이터 기반 분석 내용을 검토하다 보면 흥미로운 사실들을 접할 수 있다. 퍼시픽 프라임에 의하면 사람들이 4, 5월이 되면 연애가 끌리는 이유는 다음과 같았다.

4, 5월이 되면 연애가 끌리는 이유

1. 햇볕이 더 많아서 (연인과 함께 야외로 나들이/산책 갈 가능성이 더 높다는 점)
2. 멜라토닌 호르몬 분비가 줄어듦 (**멜라토닌은 잠과 피곤함을 증가시키고, 성호르몬인 테스토스테론의 분비를 억제)
3. 세로토닌 호르몬 분비를 증가 (**세로토닌은 친밀감에 대한 수용성을 증대하여 관계에서 서로 소통, 교류하는 정도를 증가)
4. 감기에 걸릴 확률이 낮음 ('감기는 연애의 방해물')
5. 꽃들이 만개

따뜻해진 날씨로 감기에 걸릴 확률이 낮아 연애관계를 시작하는 데 도움이 될 수 있다니―참 귀여운 이유가 아닐 수 없다. 앞서 언급했듯, 봄의 설렘이 새로운 사랑에 대한 욕구를 불러일으키는 것은 여러 방향에서 그 이유를 짐작해 볼 수 있는데, 봄과 사랑에 관련된 테마곡들에 때마다 노출되게 되면, 그런 '분위기' 속에서 연애에 대한 욕구가 되살아나고, 건조했던 일상의 풍경을 메우는 아름다운 꽃들이 '진짜 미소'와 함께 긍정적인 감정을 불러일으키기도 하고, 신체적 측면에서는 연애를 시작하기 좋은 호르몬의 변화가 나타나면서 종합적으로 오묘한 빛깔을 내는 감정의 칵테일이 만들어지는 것이다.

●● 새 학기의 시작과 함께 맺어진 연인들, 벚꽃이 지면 헤어진다?

사무치게 외롭거나, '이젠 누구든 만나고 싶다!'는 절실함에서 급히 연애 상대를 물색해 본 경험이 있는가? '새터(새내기 배움터: 대학교 신입생들을 환영하기 위한 MT형식의 행사)에서 맺어진 연인들은 벚꽃이 지기 전에 깨진다'라는 일종의 대학생활 괴담이 존재하는 것처럼, 분위기에 취해 혹은 '어떤 누구와'라는 중요한 주제가 빠진 채 '연애를 하고 싶다'는 결과적인 동기에 따라 성급한 관계에 뛰어든다면 자신과 상대에게 모두 씁쓸한 결말을 맞게 될 수 있다. 물론 흔히 말하는 '썸' 기간을 짧게 가진다고 해서 반드시 연애를 길게 지속하지 못한다는 단정적인 의미는 아니다. 연애란 것이 워낙 한 번에 파악할 수 없는 수많은 변수들로 이루어진 복합과제이기에, 중요한 것은 서로에게 마음을 쏟기로 결심한 두 사람이 다름을 조율하며 관계를 유지하고자 하는 태도와 마음가짐이 될 것이다. 지나간 사랑에 대해 말할 때 "난 사실 그 사람을 사랑한 게 아니었어. 그보단 누군가를 사랑하던 내 자신의 모습을 사랑한 게 아닐까" 하며 반추하는 것을 종종 보게 되는데, 상대의 모습을 찬찬히 관찰하고 점차 사랑에 빠져드는 것이 아니라 '사랑에 빠지고 싶은 마음'을 이유로 때마침 설렘을 느끼게 된 이와 연애에 뛰어든다면 관계를 유지하는 뒷심이 딸릴 수밖에 없다.

앞에서 짧게 언급했던 그 '분위기'에 대해 짚고 넘어가고 싶은데, 만남의 로맨틱한 맥락에 휩쓸려 실제 상대의 모습보다는 찰나의 분위기가 구축하는 '멋진 이미지'에 좌우되는 경우이다.

특정한 상황/분위기에서 특정한 행동(예: 평소와는 다른 새로운 시도를 해 보는 것 등)이 그 '맥락'과 일시적으로 상승된 '정서'로 인하여 강화되는 오류이다.

● 분위기 효과에 의한 오류
특정한 상황 · 분위기에서
특정행동이 실제보다 강화되는 현상

그래서일까, 외로움이라는 압도적인 '감정'이 기타 이상적 사고를 마비시킬 때 사랑을 시작하면 역설적으로 더욱 외로워질 수 있다. 연애관계 안에 있지만 필연적으로 서로 타인이기에 존중해야 할 각자의 자율성과, 관계에 대한 책임감을 염두하며 사랑하기보다 분위기가 만들어놓은 한 사람에 대한 이미지만을 추구하게 되기 때문이다. 상대에게 의존하고, 자신의 입장만 이해받기를 원하다 보니 연애의 초반엔 그 '좋은 느낌'을 유지할 수 있을지 모르지만, 가까워질수록 빚어지는 서로 간 차이점을 조율−타협해야 할 시기가 오면 금세 힘을 잃고 만다.

●● 벚꽃이 다 진 후에도 '사랑 중'이고 싶다면

그렇다면 연애 전 '탐색 단계'가 짧은 경우 늘 빠른 이별로 수렴하는 것일까? 물론 그런 것만은 아니다. 이 장에서 쭉 강조했던 것처럼, 누구나 사랑을 시작할 땐 상대에 대해 아무리 심사숙고의 태도를 취했다고 할지라도 여러 상황을 겪어야만 발견할 수 있는 한 사람의 사뭇 다른 '다채로움'이 있기 마련이다. 중요한 것은 새롭게 발견하게 되는 사랑하는 이의 (때론 더욱 매력적으로 발견되기도 하지만) 초기의 이미지와는 다소 상반되어 찰나의 실망감을 일으키기도 하는 차

이점들을 어떻게 인식하고 소통할 것인가—하는 점이다. 만개했던 벚나무가 꽃잎을 모두 떨구고 봄이 기운 후에도 여전히 '사랑 중'이고 싶다면, 관계의 시작보다 어렵다는 '관계 유지'를 위한 몇 가지 태도와 마음가짐을 제언하고자 한다.

1. 상대방을 자신이 원하는 방향으로 바꾸려는 행동을 중지하기. 다른 사람은 바꿀 수 없다. 그 자신이 정말 원하지 않는다면. 바꿀 수 있는 것은 오직 그 사람을 대하는 나의 태도뿐.

2. 연애를 시작한다고 해서 모든 시간을 연인과만 보내고 다른 친구들과의 관계를 끊는 것은 위험하다. 연애가 끝나면 모두를 잃게 된다.

3. 건강한 사랑은 상대와 나의 다른 점을 존중하고 각자의 자율권을 존중하는 데에서 출발한다. 내 품에 가두어 상대방을 소유하려는 마음을 줄이고 안전한 관계 속에서 자유를 선물하라.

4. 당신이 금방 사랑에 빠지는(소위 금사빠) 경향이 있다면 연애를 시작할 때 좀 더 신중하고 천천히 상대를 알아가려는 의식적인 노력을 하는 것이 좋다.

25
PART

상사 때문에 걸리는
직장인 '상사병'… 왜?

PART 25

상사 때문에 걸리는 직장인 '상사병'… 왜?

Q 다들 '상사병', 한 번씩 겪어 보셨죠?

상대를 만나면 눈도 못 마주치겠고, 심장이 두근대고, 가슴이 답답해지는 병이요. 누군가를 좋아해서가 아니라요. 극심한 스트레스를 주는 '회사 상사' 때문에 생기는 상사병 말입니다.
여러분의 상사는 어떤가요?

[새로운 댓글 1] 타고난 소리꾼, 분노 폭발 상사
저는 분노 조절이 안 되는 상사와 일하고 있습니다.

말 한마디에도 버럭버럭, 뭐 하나 맘에 안 들어도 버럭버럭 소리를 지릅니다. 그렇다 보니 사무실은 항상 초긴장 상태고요.

한 번 화를 내면 어떤 말도 듣질 않아요. 업무 진행 상황을 말씀드려도 거짓말한다고 생각하세요. 결국 인성까지 운운하며 심한 말을 하곤 합니다. 오죽하면 저희 옆 부서 사람들이 저희 부서 사람들에게 오가며 응원과 위로를 보낼 정도라니까요.

일이라도 못하면 빨리 잘리기라도 할 텐데. 아래 사람들을 심하게 압박하니 실적은 나쁘지 않은 편이에요. 그러니 더 팔짝 뛸 노릇입니다. 일이고 뭐고 스트레스 때문에 살 수가 없어요.

[새로운 댓글 2] 누가 그를 좀 말려 줘요! 끊임없는 수다꾼 상사

저희 팀장님은 정말 정말 말이 많아요.

일하고 있으면 와서 한 시간도 넘게 떠들다 가십니다. 딴짓도 해 보고 반응을 안 해 봤지만 한결같으세요. 정신적으로 너무 지치고 힘듭니다.

한번은 조심스레 이야기도 해 봤습니다. 아무래도 상사다 보니 최대한 부드럽게, '지금 일이 많아서 이야기 못 들을 것 같다'라고요. 그랬더니 기분 나쁜 듯이 가더라고요. 하지만 그때뿐입니다. 매번 똑같아요. 팀장님 때문에 일할 시간이 항상 부족하고요. 그래서 야근도 자주하는 편입니다.

[새로운 댓글 3] 심부름은 그만! 갑질 상사

일반 사원으로 일하고 있는 직장인입니다.

처음에 일을 배우기 시작했을 때부터 자잘한 심부름을 시키던 부장님이 있었어요. 하지만 신입일 때는 하는 일도 별로 없을 때라, 커피 타는 일부터 이것저것 시키는 건 다 해드렸어요. 하지만 지금은 제 할 일이 많아서 정신없이 바쁜데, 여전히 심부름을 그렇게 시켜요. 빵 심부름, 과자 심부름까지 하고 있으면 정말 자존심까지 상하고요.

얼마 전에는 제가 휴가를 간다고 하니까, 대뜸 '거기에서 파는 양주가 맛있다'며 한 병 사 오라고 하더라고요. 그것도 아주 당연하다는 듯이 말이죠. 아오! 정말 상사만 아니었으면 한 판 싸웠을 텐데. 겨우 마음을 진정시켰습니다. 대접받는 게 당연한 줄 아는 갑질 상사. 진짜 어떻게 해야 할까요?

웃픈(웃기면서도 슬픈) 일이지만 우리나라 청소년의 장기과제는 '좋은 대학'에 입학하는 것이고, 그래서 일단 목표한 대학에 합격하고 나면 얼마간은 굉장한 뿌듯함과, 무언가 이뤄 냈다는 성취감, 짜릿함을 맛볼 수 있다. 중·고등학교 시절 각종 선행학습과 내신, 수능대비... 이뿐인가? 수시지원을 염두하고 있는 경우라면 포트폴리오 꾸미기, 논술, 압박면접 준비 등으로 시달려 왔기 때문에, 일단 대학생의 신분을 획득하고 나면 그동안 억눌러왔던 다양한 재미를 추구하는 일에 한동안 몰두하게 됨이 자연스럽다.

하지만 수능과 대학입시를 치루는 것은 예정되어 있는 수많은 삶의 시험들 중 단 하나일 뿐이라는 말을 들어본 적 있는가? 수능시험이 주는 그 말로 다할 수 없는 압박감을 평가절하하려는 의도는 없다. 하지만 이후의 삶에서 훨씬 다채롭고 복합적인 시험과 과제를 만나게 될 것은 (필자 또한 하나하나 경험하였기에) 분명한 사실이다. 그리고 그 바로 다음 시험이 무엇일지 예상해 보자면 바로 '직장생활'일 것이다. 필자 또한 학원강사, 대학교 부설 연구원, 교수직 등 여러 '직장생활'을 경험했기에, 때마다 "목구멍이 포도청"이란 말을 실감하곤 했다.

●● 지긋지긋한 '상사'병

짝사랑하는 이를 지극하게 그리워하는 그 '상사병'을 의미하는 것이 아니다. 요즘 직장인들이 주로 말하는 이 '상사'병은 직장 내 다양한 이유로 마음을 괴롭게 하는 '상사' 때문에 병이 날 지경이라는 상황을 빗대어 만든 단어인데, 그만큼 현대의 직장인들이 회사 안에서의 관계, 특히 상급자와의 수직 관계 안에서 어려운 점이 많고, 체감하는 스트레스가 상당하다는 것을 증명하는

신조어이기도 하다. 이 단어에 여러분은 얼마나 공감하고 있는지, 스스로 상사병을 겪고 있지는 않은지 먼저 '자가진단 테스트'를 통해 알아보자. 꼭 흔히 상상할 수 있는 사무실에서의 직장생활을 경험하고 있지 않은 경우라도, 편의점 아르바이트를 하고 있다면 매장의 '점장님'을 떠올리며 자가진단해 볼 수 있다.

'나도 혹시?' 직장인 상사병(上司病) 증상

1. 상사의 발걸음 소리에 가슴이 답답해져 온다.
2. 출근길, 지나가는 상사의 모습을 보고도 못 본 척하게 된다.
3. 상사가 친절을 베풀면 '나에게 왜 이러는 걸까?' 의심부터 하게 된다.
4. 상사와 밥을 먹을 때면 미각을 잃은 사람처럼 아무런 맛이 느껴지지 않는다.
5. 상사가 자리를 비운 날은 월급날보다 더 기분이 좋다.

출처: 네이버 블로그-상사병, 직장내 스트레스 [강동 심리상담센터 마이스토리]

필자도 이 장을 작성하면서 자가진단을 해 보았는데, 두 개 정도의 문항에 깊은 공감을 느꼈다. 아무래도 교수라는 직업이 일반 회사처럼 짜여진 규율과 방식 안에서 일하는 것보다는 자율성이 강조되는 영역이

많아, 피부로 체감하는 직장생활의 압박감은 덜할지 모르지만 학교, 그
리고 강단에서 살아남는 것 또한 녹록치 않긴 마찬가지이다.

●● 정말이지 꼴 보기 싫은 김부장

이렇게 신조어가 생겨날 정도로 직장 내 상사로부터 느끼는 스트레스
가 심하다 보니 한 취업포털 사이트에서 직장인 900명을 대상으로 설문
조사하여 '가장 꼴 보기 싫은' 최악의 상사 유형을 꼽아보았다.[2]
자신의 기분에 따라 팀 전체의 분위기를 좌지우지하는 〈이기주의〉
형과, 마땅히 자신이 맡아야 할 업무상 책임을 의도적으로 회피하려는
〈미꾸라지〉형 최악의 상사들이 각각 20%로 동률을 기록했다. 이어, 이
랬다저랬다 자꾸만 지시내용을 바꿔 일 처리를 늦추고 보고하는 내용에

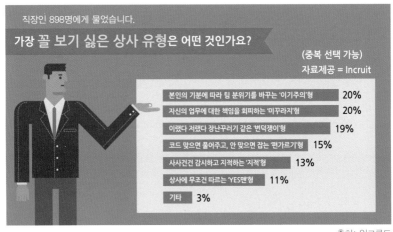

직장인 898명에게 물었습니다.
가장 꼴 보기 싫은 상사 유형은 어떤 것인가요?

(중복 선택 가능)
자료제공 = Incruit

본인의 기분에 따라 팀 분위기를 바꾸는 '이기주의'형	20%
자신의 업무에 대한 책임을 회피하는 '미꾸라지'형	20%
이랬다 저랬다 장난꾸러기 같은 '변덕쟁이'형	19%
코드 맞으면 풀어주고, 안 맞으면 잡는 '편가르기'형	15%
사사건건 감시하고 지적하는 '지적'형	13%
상사에 무조건 따르는 'YES맨'형	11%
기타	3%

출처: 인크루트

대해 명확한 사후평가도 어렵게 만드는 〈변덕쟁이〉형이 19%로 2위를 기록했고, 사사건건 감시하고 지적하는 〈지적〉형 (15%), 상사의 명령이나 요구에 무비판적으로 순응하는 〈YES맨〉형 (13%), 그리고 자신과 취향과 선호 등 '코드'가 맞으면 편애하지만, 그렇지 않으면 차별하거나 끼워주지 않으려는 〈편 가르기〉형(11%)이 그 뒤를 따랐다.

설문에서는 여섯 가지 유형이 언급되었지만, 이 모든 최악의 상사 유형은 사실 한 가지나 마찬가지이다. 한마디로 "이기주의적이고 자기본위적인 상사"가 바로 그것인데, 오직 자신의 컨디션이나 기분만을 중요하게 생각하는 이기주의자, 자신의 책임을 남의 일로 떠넘기려는 상사, 상습적으로 자기 편의에 따라 말을 바꾸고, 상대방의 기분은 고려하지 않고 지적/비난 하거나, 오롯이 자신의 안위와 승진을 위해 (아랫사람 피곤한 것은 아랑곳하지 않고) 아첨한다거나, 자신의 선호 코드만을 강요하는 상사 모두 '자기중심적이고 속물적인 모습'으로 그려진다. 영단어로 '속물'을 뜻하는 단어가 '스놉(Snob)'인데, 의미를 해체해 보면 '강한 사람에게는 아첨하고 약자에게는 갑질 하는' 것을 말한다. 인간적인 배려의식이나 진중함이 결여되어 있는 모습이다. 여섯 유형 모두 자신만의 '기준, 선호, 실익'에 따라 자신의 요구를 거절하기 어려운 하급자들을 못살게 군다는 점에서 하나같이 속물적인 유형이라고 볼 수 있다. 특히 우리나라와 같이 위계적이고 수직관계가 경직된 사회에서는 팀의 분위기를 결정할 때 '팀장'의 성향과 요구가 많은 영향을 끼치기 때문에, 속물적인 상사를 둔 하급자들은 자연히 '상사'병을 앓게 될 수밖에.

●● 상사들도 억울하다?

현재 40~50대인 상사들은 소위 "낀세대"인데, 세대차이가 첨예하게 대립하는 가운데 그 어느 쪽에도 완전히 소속되지 못한 그들에게도 여러 애환이 있다. 지금의 대학 초년생들은 '예전 학창시절'의 호랑이 선생님들이 어떤 모습이었는지 이야기하면 소스라치게 놀랄 것이다. 눈빛이 반항적이라는 이유만으로 시계를 풀고 수차례 뺨을 올려치던 그 시절의 교실, 또한 직장에서 개인은 조직의 이익을 위해 희생하는 것이 당연하게 여겨지는 때가 있었다. (현재에도 다 사라진 것이 아니지만.) 또한 자비 없이 매일 이어지는 야근과 잦은 회식, 강요적인 술 문화에도 노출되었던 세대이다. 반면, 지금의 20~30대 사회초년생들은 개인의 권리와 인권의식이 강하고, '평생직장'이라는 개념 자체가 사회적으로 쇠퇴하였기 때문에 한 조직 전체의 이익과 존속을 위해 소중한 스스로를 희생해야 한다는 것에 전면 반대하는 입장이 대부분이다. 공평하지 못한 처사에 대한 민감도가 높고, 신고정신도 투철해진 세대이기 때문에 전체를 위한 개인에 대한 희생을 부당하다고 인식하는 것이다. 일률적인 것보다 개개인의 개성이 존중받길 원하고, 업무시간 외엔 (서로 원하는 경우를 제외하고는) 연락을 주고받지 않고 회식도 최소화하기를 적극적으로 소망한다.

때문에 대부분의 직장에서 상사의 위치를 점하고 있는 이 낀세대들의 입장에서는 자꾸만 '우리 때는 이렇지 않았는데...' 하는 생각이 들곤 하는 것이다. 당신들은 조직의 요구에 따라 개인의 여러 기준과 선호를 타협하고 희생해 왔기 때문에 그것을 거부하는 신세대들을 쉽게 이해하지 못

하면서도 눈치를 봐야 하는 일종의 고충이 있는 것이다. 역할에 대한 인식전환이 충분히 이뤄지지 않았기에 과도기를 살아가는 어려움이 있다.

●● 도무지 정이 가지 않는 우리 회사 사람들

다른 대인관계에 비해 직장 내 관계가 유독 어려운 이유는 무엇일까? 직장 안에서 만나게 되는 사람들은 위계사회 안에서 만나는 것이기 때문에 아랫사람의 승진/인사고과에 직접적인 영향을 미칠 수 있는 상급자들이 존재한다. 아무리 보기 싫다고 하더라도 '어쩔 수 없이 잘 보여야만 하는' 딜레마 상황이 자주, 긴 시간 연출된다는 점에서 극심한 스트레스를 겪을 수 있다.

또한 각각의 개인이 회사와의 계약관계로 만나게 된 '이익집단' 내 사람들이기 때문에, 공통의 관심사를 자연스럽게 공유하며 친밀감과 신뢰를 느낄 수 있는 친구 혹은 지인관계와는 달리 소문이나 뒷담화가 발생하기 쉽다. 이것이 심한 경우 직장 내 따돌림으로 이어져 피해자를 극심한 신경증과 우울에 시달리게 할 수도 있다. 보다 실제적인 이유로는 시대적 경기 상황에 따라 직장 내에서 요구되는 업무강도가 달라질 수 있는데, 한 차례 정리해고의 광풍이 불고 나면 '살아남은 자들의 2차 전쟁'이 시작되는 것도 같은 이유이다. 주어지는 업무의 총량은 동일한데, 경기와 회사의 사정에 따라 인원감축을 감행한 경우라면 결국 개개인이 감당해야 하는 업무의 양이 늘어나게 되고, 이렇게 '생존 모드'에 돌입하면 내 코가 석자가 되어 동료, 아랫사람들을 배려할 여력을 상실하게 되는 것이다.

●●퇴사도 하나의 방법이다. 하지만! 진정 '다른 방법'은 없는가?

끔찍한 상사병으로 인해, 뒷담화를 일삼고 따돌림을 시전하는 동기, 심지어는 아랫사람으로 인해 깊은 심리적 불안과 우울을 느끼고 '내일도 출근해야 한다.'는 상상만으로도 신체가 경직되고, 체온과 심장박동이 상승할 정도로 괴롭다면 퇴사를 고려하는 것 또한 하나의 방법이 될 수 있다. 물론! 내가 있어야 직장도 있는 법이다. 하지만 이유와 사정이 무엇이든 당장 시원하게 사직서를 던질 수 없는 상황이라면 '또 다른 방법은 없는가?'

스트레스 상황이 내 안에서부터만 비롯된 것이 아니라 복합적인 상황과 관계 안에서 유지되고 있다면, 그것을 한순간 '마음가짐의 전환'으로 극복하는 것은 쉽지 않다. 노력해 봄직한 새로운 관점과 태도, 그리고 직장 내 나와 동료, 상사와 아랫사람을 위한 행동 지침은 다음과 같다.

1. 직장은 사교집단이 아니고 직장 내에서 모든 사람과 친구가 될 수는 없다는 점을 기억하라.
2. 직장 동료에 대한 험담이나 뒷담화는 지양하라. "너만 알고 있어" 식의 말은 곧 모두가 아는 사실이 될 수 있다. 누군가에 대한 좋은 미담은 이야기해도 괜찮다. 직장에 있는 누군가에 대한 불만은 그 직장에 다니지 않는 가까운 지인과만 나누는 것이 좋을 것이다.
3. 가정에서의 스트레스를 직장에 가져오지 않도록 하고 직장 내의 스트레스를 가정에 가져가지 않도록 '경계(Boundary)'를 잘 세우려고 노력하는 것도 필요하다. 그날 끝내지 않으면 안 되는 급박한 일이 아니라면 다음 날 아침 일찍 하는 것이 좋다.
4. 상사의 부당한 지시나 폭언에 대해서는 지나치게 소극적이거나 아니면 공격적으로 반응하기보다는 자기주장적으로 이야기하되(나를 주어로 하는 나 전달법) 상대를 비난하는 방식의 말은 하지 않는 것이 좋다.

속물적인 상사라는 점에서는 같지만 그들의 어떤 말, 태도, 행동이 불편감을 자극하는지는 겪는 사람에 따라 모두 다를 것이다. 그래서 저마다 독특한 이미지로 겪게 되는 불편한 감정의 '핵심'에 어떤 생각이 들어 있는지 파악하는 것이 도움이 될 수 있다. 미국의 인지치료자 데이비드 번스(David Burns)는 간단히 시도해 볼 수 있는 〈수직화살 기법(Downward arrows technique)〉[3]을 제안했는데, 어떤 불편한 상황이 직감적으로 예상될 때 스스로에게 연속적으로 반문해 보는 방식을 취한다.

"이 상황이 실제로 일어난다면 그것이 왜 나를 불편하게 하는 것일까?

이 상황이 발생한다면 그것은 나에게 어떤 의미일까?"

떠올리는 것만으로도 지긋지긋하다고 느낄 수 있지만, 스스로 내면에 같은 질문을 꾸준히 던지다 보면 표면적으로 '아마 이것이 원인일거야'라고 막연히 짐작했던 이유와는 다른 '보다 핵심적인 이유'와 만날 수 있게 된다. 아래의 예시를 참고로 당신만의 수직화살을 따라가 괴로움의 이유와 직면해 보고, 어쩔 수 없이 유지해야 하는 직장생활에 관한 고통 중 일부에서 자유로울 수 있기를 바란다.

보다 중요한 이유와 직면하기 위한 '수직화살 기법' 활동지

[예상할 수 있는 불편한 상황, 두려움의 구체적인 '모습']
팀장이 내가 한 발표에 대해 평가절하하는 말을 할까 봐 두렵다.

[질문 1]
실제로 팀장이 여러 사람 앞에서 나를 깎아내리는 말을 했다고 하면
그게 왜 나를 불편하게 하는 걸까?
➡ [답변 1]
그러면 다른 팀원들도 내가 실력이 없다고 생각하게 될까 걱정이다.

[질문 2]
다른 팀원들이 내가 실력이 없다는 이야기를 하는 것을 엿듣게 되었다면
그것은 어떤 의미일까?
➡ [답변 2]
그러면 나는 ...

(작성하기)

[예상할 수 있는 불편한 상황, 두려움의 구체적인 '모습']

[질문 1]

➡ [답변 1]

[질문 2]

➡ [답변 2]

텅텅 빈 공용물품… 책임감 없는 사회

텅텅 빈 공용물품…
책임감 없는 사회

지하철 역사 공고문

장마철 우산이 없는 시민 분들을 위해
역사 내에 우산을 준비했습니다.
우리 역을 사용하는 분들을 위해 마련한 공용물품이오니,
다음 분을 위해서 깨끗이 사용해 주시고
사용하신 우산은 다음 날 우산 회수 통에
반납하여 주시면 감사하겠습니다.

– 20**년 *월 *일 도시철도 OO역장

우산이 없는 시민 분들을 위해
역사 내 안내센터에 우산을 대여 중입니다.
안내센터에 이름과 연락처를 기재 후 우산을 사용하실 수 있으며,

사용하신 우산은 다음 날까지 반드시 반납해 주시길 바랍니다.
모두를 위해 준비한 공용물품인 만큼
다음 사람을 위해 돌려주시면 감사하겠습니다.

- 20**년 *월 *일 도시철도 OO역장

이번 달부터 역사 내 안내센터에서 우산을 대여할 시
부득이하게 500원의 보증금을 받게 되었습니다.
2박 3일 내에 우산을 반납하지 않을 시
보증금은 돌려받으실 수 없음을 알려드립니다.
원활한 우산 회수를 위한 방편이오니
시민 여러분의 양해 부탁드리겠습니다.

- 20**년 *월 *일 도시철도 OO역장

OO역을 이용하시는 시민 분들에게 알립니다.
올해부터 안내센터에서는 우산 대여를 하지 않습니다.
시민 여러분의 편의를 위해 시작한 우산대여 사업이었지만
그동안 우산 회수에 문제가 있어 어려움을 겪어 왔습니다.
시민단체의 후원과 역 예산으로 우산을 충당해 왔지만
더는 사업을 이어 나갈 수 없을 것 같습니다.
시민 여러분의 양해 부탁드립니다.
- 20**년 *월 *일 도시철도 OO역장

●● "다른 사람보다 하나라도 더 차지하겠어!"

몇 년 전 '양파거지', '연필거지'라는 말이 사회적 문제로 대두된 적이 있다. 마트에서 무료로 제공한 물건을 일부 손님들이 마구 집어가면서 생긴 말이었다. 물론 스스로 책임감 있는 시민이 되려고 노력하며 누가 보든 그렇지 않든 자신의 가치와 공동체 의식을 생각하려는 사람들도 있다. 하지만 일단 '공용'이라는 말이 붙으면 '내 것'처럼 소중하게 여기지 않는 경우를 쉽게 찾아볼 수 있다. 모임에서 공동 경비를 모으면 '나 하나쯤이야' 하는 마음으로 책임감 없는 행동을 하는 사람들도 많다. 요즘 이기적이고 배려 없는 행동을 하는 경우가 점점 늘어나는 것 같다. 책임감 없는 사회 속에 만연한 우리의 심리에 대해서 알아보자.

책임감 없는 사회에는 여러 특징들이 있다. 자신의 가정사만 중요하게 생각하고 공동체의 일에 대해서는 자신의 일이 아니라고 생각해서 타인의 아픔에 무심하거나 방관한다. 그러면서도 사회에 대한 불평, 불만이 가득한 경우가 많다. 즉, 책임감, 공감능력, 양심은 없고 불평은 많은 사람들의 비율이 높아진다. 그중에서도 공용 물건, 공공 서비스를 함부로 대하는 자세도 나타나는데, 이와 관련된 심리법칙이 바로 '공유지의 비극'이다.

●● 공유지의 비극

1968년 학술지 '사이언스'에 발표된 '공유지의 비극'이라는 논문에 실린 이야기이다. 어느 마을에 가축을 방목해서 기르는 공동의 목초지가 있었다. 주민 누구나 공유지에서 양에게 풀을 먹일 수 있었다. 자신이 기르는 양에게 한 번이라도 더 풀을 뜯게 하는 것이 이득이기 때문에 사람들은 남에게 질세라 너도나도 공유지에 양을

방목한다. 목초지는 양들로 붐비고, 사람들은 풀이 채 자라기도 전에 양들을 데리고 왔다. 목초지는 점점 메말라갔지만 사람들은 마지막 풀 한 포기라도 더 자신의 양에게 먹이려고 앞다투어 먹이를 먹였다. 결국 공유지는 메마른 황무지가 되고 만다. '공유지의 비극'은 개인의 사리사욕을 극대화하면 공동체 전체를 파괴할 수 있다는 이론이다. 공유 자원을 사용하지 않으면 사용하지 않은 자신만 손해를 본다는 타인에 대한 불신감이 자리하고 있다. 공유 자원을 남용한 책임이 불특정한 여러 사람에게 분산된다.

'공유지의 비극'은 개인의 사리사욕을 극대화하면 공동체 전체를 파괴할 수 있다는 이론이다.

'공유지의 비극'은 우리 주변에서 쉽게 발견할 수 있다. 서울시는 2018년 7월, 도로교통법 개정에 따른 '자전거 헬멧 의무화'에 따라 자전거 헬멧 무료 대여 서비스를 시작했다. 서울시는 따릉이 대여소 옆에 보관함을 두어 헬멧 1,000여 개를 비치하고 누구나 자유롭게 사용할 수 있도록 했다. 그러나 시범 운영한 지 나흘 만에 절반 이상의 헬멧이 사라졌다. 인천교통공사도 지하철역에서 무료 우산대여 서비스를 제공했지만 회수율은 0%에 가까웠다. 우산, 의약품, 생리대, 휴대폰 충전과 같은 지하철 공공대여 서비스는 시민의 편의를 위해 무료로 제공된다. 하지만 무료라는 생각에 무분별하게 사용하다 보면 결국 필요한 사람은 제대로 이용하지 못하게 되는 상황이 발생한다. 서울교통공사에서 비올 때 급하게 필요한 사람을 위해 지하철 우산대여 서비스를 제공했지만 우산 회수율이 낮아 결국 사라졌고, 올해 시행된 비상의약품 비치도 곧 사라질 예정이라고 한다.

●● 깨진 유리창 이론

공공재에는 도로, 공원과 같은 공공시설이 모두 포함된다. 함부로 사용하다가는 아예 그 서비스를 아무도 사용하지 못하는 결과를 초래할 수 있다. 또한 인간이 제공하는 서비스에만 해당하는 건 아닌데, 공기, 갯벌, 지하자원, 산림자원과 같은 자연환경도 공공재에 해당한다. 그런데, 이런 자연환경을 인간이 공공재라고 생각하게 된다면? 유한한 자원을 남용하면서 이 지구는 결국 엄청난 재앙이 나타나게 될 것. 게다가 모자라기 전에 더 빨리 써야 한다는 생각, 급속도로 자원 고갈될 가능성이 높다.

실제로 어떤 백화점에서 백화점 길거리 앞에 시민들을 위해 쓰레기통을 설치했다. 이후 어떻게 되었을까? 길 가던 사람들이 모두 쓰레기를 그 근처에 버렸고, 쓰레기가 넘쳐도 계속 버려

서 점점 쌓여갔다. 심지어는 집의 쓰레기를 가져와서 버리는 사람도 생겼다. 결국 백화점에서 쓰레기통을 없앴다. 이 같은 현상을 설명하는 개념이 '깨진 유리창 이론'이다.[2] 1969년, 미국의 심리학자 필립 짐바르도(Philip Zimbardo)가 진행한 실험으로, 길거리에 유리창이 깨진 자동차 한 대와 유리창이 깨지지 않은 자동차를 일주일 동안 방치하고 관찰했다.[3] 유리창이 깨진 자동차의 경우 사람들이 부속품을 가져가고 파손하기도 했지만, 유리창이 깨지지 않은 자동차는 멀쩡했다. 사람들은 깨진 유리창을 위법을 허용한다는 신호로 인식하였다. 즉, 작은 무질서가 큰 범죄로 이어질 수 있는 것이다. 백화점 앞 쓰레기통 사례를 보면, 많은 사람들은 "쓰레기가 있는 바로 이곳에 쓰레기를 맘껏 버려도 된다."라고 해

석하여 문제의식 없이 너도나도 쓰레기를 투척한 것이다. 각자가 나 몰라라 하다 보면 모두의 무관심이 되고, 결국 공익을 해치게 될 위험이 있다.

●●● 너도나도 강 건너 불구경

간혹, 폭행 현장을 목격한 이들이 지켜만 보면서 동영상을 촬영하거나 냉담하게 지나쳐 공분을 산 사건들이 있다. 먼저 나서기가 꺼려지고 '누군가 돕겠지.' 하는 생각이 대다수여서 오히려 위험에 처한 사람을 돕는 사람이 아무도 없는 비극적인 현상을 '방관자 효과(Bystander effect)'[4]라고 한다. 특히 주위에 사람이 많으면 많을수록 방관자들이 늘어나는데 그 이유는 책임이 분산되기 때문이다. 실제로 1964년 미국 뉴욕에서 제노비스라는 여성이 칼에 찔려 죽는 사건이 발생한다. 당시 38명이나 되는 목격자가 지켜만 보면서 아무도 신고하지 않았다고 보도되었고, 동정심과 자비가 사라진 사회의 단면을 보여주는 소름끼치는 사건으로 알려졌다. 2007년에 학술지 미국심리학자(American Psychologist)에 이 보도는 심하게 과장됐고, 사실은 일부 목격자들도 여성의 비명을 듣고 살인 사건일 것이라고까지 생각하지 못했음이 밝혀져 인간성이 말살된 사회라는 오명을 일부 씻었다. 하지만 다른 사람이 아마도 경찰에 신고했을 것이라고 추측이 대다수였다는 사실에는 변함이 없다.

위험에 처하게 되면 '빨간색 옷 입으신 분 도와주세요.'라는 식으로 특정해서 도움을 요청해야 효과적이다. 즉, 도움받을 대상을 구체적이고

명확하게 지목하는 것이
그들로 하여금 직접적으로
도움을 줄 책임이 있다고
인식하게끔 하기 때문에
효과적이다.

우리 사회에서 생각보다
무책임한 태도와 행동들이
만연하는 것을 보면 씁쓸하다. 나만 잘한다고 되는 게 아닌 것 같아 사람
들이 전부 바뀌지 않고서야 손쓸 수 있는 것이 없는 것 같고, 또 나만 양
보하는 것은 손해 보는 것 같다는 생각도 든다. 1999년 미국의 홀푸드마
켓(Whole Foods Market)은 칠레산 농어 판매를 중단했다.[5] 불법조업, 무분
별한 남획으로 칠레산 농어는 멸종 직전의 위기였기 때문이다. 농어는
소비자인기 품목이어서 기업은 손실을 감수해야 했다. 6년 후, 무사히
자원을 회복하여 홀푸드마켓은 다시 칠레산 농어판매를 재개할 수 있었
다. 지속가능한 자원량을 유지하고 효과적인 어업 관리에 기여한 공로
를 인정받아 소비자 선호도가 더욱 높아졌다고 한다.

●● 낙숫물이 댓돌을 뚫는다

공동체의 이익을 도외시하는 사람들만 가득하면 결국 공공재는 고갈
된다. 또, 언젠가 자신이 피해자가 되는 순간에 사회로부터 도움을 받
지 못할 수도 있음을 인식해야 한다. 사회 구성원 한 사람, 한 사람의 변

화가 쌓여야만 전체의 변화로 이어진다. '나만 잘한다고 바뀌는 게 있을까?'라는 회의감 대신에 '타인의 행동과 상관없이 나는 어떻게 행동하는 것이 옳은 일인가?'라는 질문에 대해 진지하게 고민하는 태도가 필요하다. 아울러 하나의 힘은 미약할 수 있지만 이런 노력이 쌓여서 보다 바람직한 문화와 우리의식이 형성될 수 있음을 기억해야 한다.

언론과 방송의 책무도 대단히 중요한 부분이다. 사건, 사고만 가득하고 잘못한 일로 가득한 기사 및 방송을 보며 사람들은 남들도 다 저런데 나 혼자 애써 봐야 소용없다는 냉소주의적 패배감에 젖기 쉽다. 그러나 사회 곳곳에는 자신의 위치에서 묵묵히 열심히 사회적 책무를 다하는 훌륭한 사람들이 많다. 이런 분들을 재조명하는 데 언론이나 방송이 앞장서 주는 것이 필요한 시점이다.

마성의 '인형 뽑기, 복권' 안될 줄 알면서도 사는 이유는?

마성의 '인형 뽑기, 복권' 안될 줄 알면서도 사는 이유는?

Fan★★435
제목 : 짜릿한 '손맛' 때문에 끊지 못하는 취미가 있습니다.

저는 30대 초반 직장인입니다.
요즘 제게 아주 비싼 취미가 하나 생겼습니다.
사실 30대 남자가 할 수 있는 여가 활동이란 그리 다양하지는 않아요.

제일 만만한 게 친구들과 피시방에서 게임을 하거나 주로 술을 먹는
일인데, 이보다도 더 비싼 취미 때문에 요즘 고민입니다.

길거리에 보면 인형 뽑기 가게가 참 많잖아요.
저도 처음에는 재미 삼아 친구들과 몇 번 해 보는 정도였어요.

그런데 퇴근길에도 이런 가게들을 꼭 2~3번씩 지나치게 되거든요,
하루 동안 받은 스트레스도 풀 겸 한두 번씩 들리던 게
이제는 아예 습관이 됐어요.

될 듯 말 듯 안 뽑히던 인형이 딱 집게에 걸려드는 순간!
그리고 입구에 도착해 떨어지는 순간!
그 짜릿함은 말로 다 표현할 수 없죠.

하지만 문제는 비용입니다.
사실 피시방에 가면 한 시간에 천 원 정도면 재미있게 놀 수 있잖아요.
그런데 이건 500원, 1,000원이 1초면 끝나요.

한 번 실패했더라도 다음번에는 꼭 뽑을 수 있을 것만 같은

이상한 확신(?)이 들어서 만 원, 이만 원은 금방 쓰게 되고요.

특히 인형 하나를 쉽게 뽑은 날은 괜히 돈이 더 나가기도 해요.
쓸데없는 자신감이 붙어서 다른 인형도 금방 뽑을 수 있을 것 같거든요.

그렇다 보니 한 달 치 지출한 내역을 보면 생각보다 많은 돈이 비어 있습니다.

문제는 돈뿐만이 아니고요,
이게 습관처럼 굳어지고 있는 것 같아 더 걱정입니다.

하루에도 한두 개씩 인형을 뽑다 보니
집 한쪽 벽이 온통 인형으로 가득 찼어요.

인형이 어디 쓸데도 없고, 제가 그런 걸 모으는 취미도 없는데,
인형이 뽑히는 그 '손맛' 때문에 계속 인형 뽑기 가게에 가게 되네요.

제가 어린 학생도 아닌데, 도대체 왜 인형 뽑기가 이렇게나 재미있는 걸까요?
어떻게 하면 인형 뽑기의 마력에서 벗어날 수 있을까요?
도와주세요!

●● "딱 한 번만 더!"

요즘 길거리에 인형 뽑기 상점이 부쩍 늘었다. 재미로 한두 번쯤 해 본 경험이 있을 텐데, '한 번도 안 해 본 사람은 있어도 한 번만 해 본 사람은 없다'는 우스갯소리도 있다. 가끔 생각보다 많은 돈을 투자하는 사람들도 있다. 인형 뽑기에 몰두하는 우리의 심리는 무엇일까?

동전을 넣고 갈고리를 통해서 인형을 뽑는 이 인형 뽑기 기계, 한 번 해 보니 은근히 멈출 수가 없다. 항상 기계 끝에 아슬아슬하게 걸리면서 애를 태운다. 심장이 쫄깃하게 눈앞에서 실패를 하면 돈을 잃었음에도 불구하고 '딱 한 번만 더 하면 뽑을 수 있지 않을까?'하는 생각을 하게 된다. 그래서 눈 깜짝할 사이에 몇 천 원, 몇 만 원이 넘게 돈을 쓰게 되기도 한다. 이 멈출 수 없는 마성의 인형 뽑기에도 심리법칙이 숨어 있다.

인형 뽑기는 돈을 넣고 간단한 조작을 통해서 성공여부를 결정한다는 점에서 보면 도박을 하는 경우와 비슷한 심리상태라고 할 수 있다. 돈을 잃었음에도 다시 하면 이번에는 꼭 될 것 같은 느낌으로 계속 하게 된다는 점에서 '도박사의 오류' 라는 심리법칙이 적용된다.

●● 도박사의 오류

모나코 몬테카를로에 있는 한 카지노에서 룰렛 게임이 진행되었는데 놀랍게도 구슬이 20번이나 계속 검은색으로 떨어지는 일이 발생하였다. 그러자 게임에 참여한 이들은 이제야말로 구슬이 검은색이 아닌 붉은색에 떨어질 것이라고 예상하며 돈을 걸었지만 결과적으로 구슬은 26번째를 지날 때까지 검은색에서 멈췄고, 결국 많은 사람들이 돈을 잃었다.

여기에서 '도박사의 오류'[1]란 말이 생겼는데, 이는 도박에서 계속 잃기만 하던 사람이 이번에는 반드시 이길 거라고 생각하는 것을 말한다. 하지만 이기고 질 확률은 대체로 50 : 50이다. 즉, 확률에서는 선행 사건의 결과와 후행 사건의 결과는 관련성이 없기 때문에, 룰렛 테이블에서 이전에 검은색이 나온 사건과 새로 시작할 사건은 서로 아무 관계가 없다. 앞 사건은 뒤 사건에 영향을 미치지 않고 판은 늘 새로 짜여진다. 도박사의 오류는 이를 이해하지 못해서 발생한다. 다른 말로는 '몬테카를로 오류(Monte Carlo fallacy)'라고도 한다.

인형 뽑기 역시 각 시행마다 뽑을 수 있는 확률과 뽑지 못할 확률은 각 시행별로 50:50의 확률인데, 돈을 이만큼 썼으면 기계가 그 과거를 기억해 이번에야말로 인형을 안겨 줄 것이라는 잘못된 믿음이 작용해서 계속 인형 뽑기에 도전하게 되는 것이다. 그러나 이전 시행에서 인형 뽑기에 성공했든 아니면 실패했든 다음 시행에서 인형 뽑기에 성공할 확률은 반반, 혹은 기계가 조작되어 있다면 뽑을 확률은 그보다 훨씬 더 낮을 수도 있다. 사람들에게는 이전의 결과에 기초해서 앞으로 일어날 일을 추측하는 습관이 있지만, 도박사의 오류에서와 같이 성공확률이 이미 정해져 있을 경우에는 예상한 결과를 얻지 못하게 되고 이는 추론의 오류라고 할 것이다.

●● 대박 기대 심리

인형 뽑기가 한 번 성공했던 경험을 바탕으로 긍정적인 결과를 추론하는 것이라면, 복권은 좀 더 막연한 행운을 기대하는 것처럼 보인다. 로또 1등에 당첨 확률은 814만 분의 1이라고 한다. 그래도 마치 내가 이번에는 당첨이 될 것만 같은 생각이 들곤 하는데, 왜 이런 생각을 하게 되는 걸까?

일반적으로 사람들은 합리적인 결정을 내리기 위해 노력한다. 경제학에서 경제 의사결정을 설명하는 이론 중 하나로 예를 들면, 사람들은 '기대효용이론(Expected utility theory)'[2]에 바탕을 두고 선택한다. 이 이론에 의하면 사람들은 어떤 사건이 일어날 확률과 기대소득을 곱한 것이 큰 가를 기준으로 판단한다. 즉, 예상되는 결과를 확률적으로 계산하고 그 효용이 최대가 되는 경제활동을 선택한다는 것이다. 그런데 사람들은 때로 불확실한 상황 속에서는 비합리적인 판단을 내리기도 한다. 비록 당첨 확률은 엄청나게 낮지만, 로또에 당첨되었을 때 얻는 효용은 상상할 수 없을 만큼 크다. 로또 당첨 결과가 너무나 불확실하기 때문에 오히려 기대심리 효과는 점점 더 커진다. 그렇기 때문에 1등 당첨자가 없어서 당첨금이 다음 회로 이월될 경우 기대를 더 많이 하여 사람들은 로또를 더 많이 사게 되는 것이다.

●● 통제력 착각(Illusion of control) 혹은 통제의 환상

선행사건이 후행사건에 어떤 영향을 미칠 것이라는 추론 오류로 인해 인형 뽑기에 계속 도전하게 되는 것처럼, 우리가 당첨 결과에 영향을 줄 수 있을 것이라는 기대 속에 복권 구매가 반복된다. 왠지 공을 더 들이면 당첨이 잘 될 것만 같은 마음이 들기 때문에 복권을 살 때 어디서 살 것인지 신중하게 선택한다. 그래서 당첨자가 자주 나온 대박 복권 집을 일부러 찾아가기도 한다. 이 현상은 통제력 착각(Illusion of control) 혹은 통제의 환상이라는 심리학 개념으로 설명할 수 있다. 하버드대학 심리학자 엘렌 랑어(Ellen Langer)에 의하면 사람들은 가끔 현실적으로 자신이 통제할 수 없는 일(예: 매우 낮은 당첨 확률에 대해 자신이 할 수 있는 일이 없는데도)의 결과를 좌우할 만한 큰 영향을 끼칠 수 있다고 믿는 경향이 있다.[3] 로또에 당첨되려는 사람들로 1등이 많이 나온 집이 문전성시를 이루거나, 저마다 그간 나온 당첨 번호를 철저하게 분석하는 것처럼 다양한 행동을 하는 것이 그 예이다.

로또는 최고 당첨금액이 무제한인 복권으로, '온라인 연합복권'이라 불린다. 이 복권의 특징은 본인이 직접 번호를 고른다는 점이다. 국내에는 1부터 45까지의 숫자 중 자신이 원하는 6개의 숫자를 자유롭게 선택하는 소위 '645 방식'을 채택하고 있다. 자신이 직접 번호를 고르게 되면 당첨될 것 같은 기대가 더 커지게 된다. 이 역시 앞서 설명한 통제의 환상이 작용한 것으로 볼 수 있다. 즉, 자신에게 선택권이 주어지면 결과에 영향을 미칠 거라는 착각을 하기 쉽지만 사실 실질적인 영향력은 없다고 봐도 무방하다.

이런 심리를 이용한 마케팅 전략이 톡톡히 효과를 보고 있다. 경품 당첨 혹은 이벤트 당첨은 마케팅에서 많이 사용하는 전략인데, 낮은 확률이지만 응모하는 사람 중 극소수에게 어떤 보상을 해 주는 방식이다. 소비자의 입장에서는 상품도 구매하고 운 좋으면 경품에 당첨될 기회도 갖게 되니까 '부가적인 이득'이라고 생각하게 된다. 또 다른 경우로는 양이 어마어마한 음식을 제한 시간 안에 먹으면 공짜로 주는 '도전음식' 마케팅이다. 이 방법이 효과를 가지는 심리적인 이유는 간단하다. 사람은 스스로의 능력을 과대평가하는 경향이 있기 때문이다. 마치 나라면 할 수 있을 것만 같다는 생각. 거기다가 공짜라는 달콤한 보상이 합쳐지면 도전자들이 우르르 나오게 되는 것이다.

●● 나만의 작은 사치

인형 뽑기 열풍이 불면서 인형이 잘 뽑히지 않게 기계를 조작한 주인과 그 설정을 풀고 대량의 인형을 뽑은 소비자의 이야기가 뉴스로 화제가 되기도 했다. 또, 로또 대박집에서 로또를 구매하기 위해 엄청나게 많은 사람들이 줄지어 서 있기도 했다. 우리가 인형 뽑기 게임에 몰두하거나, 일확천금의 꿈을 꾸면서 매주 복권을 구매하게 되는 이유는 무엇일까?

아마도 경제적으로 여유가 없고 사는 것이 만만치 않을 때 뭔가 큰돈이 들지 않으면서도 자기 기호에 맞는 일에 돈을 소비하여 소소한 대리 만족을 얻으려는 모습은 아닐까? 즉, 경제 사정이 좋지 않은 소비자에게 적은 비용으로 기호품을 소비하는 것은 '자신의 형편을 고려한 작은 사치'로서 불황기를 견디는 소비패턴인 셈이다. 관련해서 탕진잼(소소하지만 탕진하는 재미)이라는 신조어도 생겨났다.[4]

이런 현상을 설명하는 경제법칙으로 (여성의 경우 전용 기호품으로) 립스틱 효과, (남성의 경우) 넥타이 효과가 있다.[5] 예를 들어, 립스틱 효과란 미국의 대공황 시절, 산업별 매출 통계를 산출해 보니 어려운 경제 사정에도 불구하고 립스틱이 예상외로 많이 팔렸다는 사실을 지칭하는 용어이다. 인형 뽑기 한 번 하는 것이나, 매주 로또를 구매하는 것은 일종의 자기 형편에 맞춘 자유와 작은 사치이다.

한편, 인형 뽑기처럼 확률이 낮은 게임에 계속 집착하게 되거나 가끔 대박을 꿈꾸면서 형편에 비해 과하게 복권을 사는 경우도 볼 수 있다. 문제는 주머니에서 나가는 돈도 적지 않고 또 안 뽑히면 짜증까지 덤으로 얻게 된다는 점이다.

●● 내 손으로 일궈 낸 소중한 것들

그렇다면 우리는 이 상황 속에서 어떤 마음가짐을 가지는 것이 좋을까? 인형 뽑기와 복권의 열풍에 빠진 우리들에게 진짜로 필요한 것은 무엇일까?

인형 뽑기와 복권 열풍 극복 지침

1. 먼저, 지나친 통제력의 환상에서 벗어나라. 복권 구입은 일정 규모의 취미로만 이루어져야 한다. 실제로는 당첨확률이 엄청나게 낮다는 사실을 인식하고 '다른 사람은 몰라도 나에겐 행운이 올 거야'라는 근거 없는 통제력의 환상에서 벗어나야 한다. 특히, 자신이 '올인(All in)'하는 스타일이라면 복권 자체를 멀리 해야 한다. 평상시 자신이 뭔가에 몰두하면 깊이 빠지는 스타일이거나 중독 성향(예: 인터넷 중독, 게임 중독, 알코올 중독 등)이라면 아예 복권 구매를 시작하지 않는 것이 중요하다.

2. 아울러, 자신의 노력으로 이루어진 성과의 소중함을 기억하라. '내 땀이 내양식'이란 말이 있다. 불로소득, 일확천금의 한탕주의는 설령 이루어진다 해도 과소비, 투자 실패 등으로 이어지는 경우가 대다수라는 보고가 많다. 자신이 성실히 노력해서 이룬 것은 단지 돈뿐만 아니라 성공 경험으로 인한 자존감 및 자기효능감을 높여 행복감으로 이어진다. 우리가 현재 하고 있는 일, 그리고 보다 의미를 느낄 수 있는 일에 집중하는 것이 중요하다. 단시간에 결과가 나오는, 그리고 소비적인 일에 시간과 돈을 소모하는 것은 단기적으로는 만족감을 줄 수도 있지만 그것이 길어지면 지치게 되고 시간과 돈의 측면에서도 오히려 손해일 수 있다.

많은 사람들이 누군가를 돕는 경험에서 삶의 의미와 만족을 경험했다는 이야기를 한다. 소모적인 일, 쉽게 무언가를 얻겠다는 생각에서 벗어나 각자에게 보다 생산적인 일, 자신과 주변 사람에게 현실적으로 도움이 되는 일을 생각해 보는 것은 어떨까.

28
PART

**보복을 부르는 이웃 간 '층간소음',
갈등 심해지는 이유는?**

보복을 부르는 이웃 간 '층간소음', 갈등 심해지는 이유는?

 om***21
제목 : 층간소음으로 강력범죄까지 생긴다더니, 이제야 그 말이 이해가 되네요

제가 요즘 층간소음 때문에 마음고생을 많이 하고 있어요.
우리 집 위층에 할머님이 혼자 사시는데요.
방음이 잘 안 되는 건물인 거 잘 알면서도, 주말이면 어린 손자들 포함해서
6~7명씩 와서 아침부터 밤까지 온종일 시끄럽게 떠들고 뛰어다녀요.
주말이면 집에서 책도 보고 편하게 쉬고 싶은데,
계속 소음에 시달리니 집에 있을 수가 없더라고요.

몇 번 좋게 말씀을 드렸는데도 나아지진 않았고요,
그래서 요즘에는 주말마다 카페에 나가 있거나 밤늦게까지 외출하고 있어요.
그냥 제가 포기한 거죠.
다들 이런 고민 없으신가요? 이럴 때는 어떻게 해결을 하면 좋을까요?

lov*eun**
하아.. 층간소음 문제 진짜 힘들죠.
우리 집 위층에 사는 사람은 뭐 때문인지 매일 밤늦게 들어와요.
그래서 새벽인데도 쿵쿵대고, 문도 쾅 닫고, 세탁기까지 돌리더라고요.
하도 잠을 잘 수가 없어서 몇 번 올라갔다가, 진짜 크게 싸우기도 했어요.
생활 패턴이 그렇다면 어쩔 수 없지만,
새벽 2시에 세탁기 쓰는 건 진짜 아니지 않나요?
주변에는 보복한다고 저음용 스피커를 사서 음악 틀고, 천장도 막 두드리고,
심지어 새벽에 옥상에서 줄넘기까지 하는 사람도 있다던데...
진짜 그렇게까지 해야 하나 싶네요.

soo★★★in
주말마다 그렇다니 힘드시겠어요. 그런데 상황도 상황 나름인 것 같아요.
위층도 힘들긴 마찬가지죠.

저희 부부는 유치원에 다니는 아이 둘을 키우고 있어요. 안 그래도 이사 오기 전부터 아래층이 조금 예민하다는 이야기를 듣긴 했는데, 이 정도일 줄 몰랐어요.
저희 애들은 둘 다 여자아이고, 그렇게 활동적으로 뛰어놀지도 않아요.
그런데 이사 온 지 일주일도 안 돼서, 아래층에 사는 분이 대뜸 찾아오시더니
엄청 신경질을 내시더라고요.
그래서 집에 두꺼운 매트도 깔고, 슬리퍼도 신고 다니고,
행여 아이들이 조금이라도 뛰면 그때그때 혼도 냈어요.
그런데도, 거의 매일 경비원 통해서 항의하고 툭하면 올라오세요.
심지어 우리 가족이 종일 외출한 주말에도 찾아와서
'왜 이렇게 시끄럽냐'며 성을 내네요.
윗집이 우리만 있는 것도 아니고, 우리도 할 만큼 하고 있는데
정말 왜 저러나 싶어요.
이쯤 되니 '우리가 너무 만만해서 시비를 거는 게 아닐까'라는 생각이 들 정도예요.

●● 감각공해의 끝판왕, 층간소음

예로부터 멀리 있는 친척보다 가까운 이웃이 낫다는 의미로 '이웃사촌'이라는 말이 있다. 층층이 세워 올린 아파트 때문에 이웃들은 전보다 더 많아졌지만 이제 이웃사촌은 옛말이 됐다. 옆집에 누가 사는지 모르는 것은 물론, 주차문제나 층간소음 때문에 생판 남보다 못한 사이가 되는 일이 부지기수이기 때문이다.

이웃 간 층간소음은 매년 2만 건 이상의 신고가 접수될 정도로 큰 사회문제가 되고 있다. 주먹 다툼이며 법정소송을 벌이는 일도 있고, 심지어 층간소음으로 인한 갈등이 살인까지 부르기도 한다. 층간소음 때문에 점점 멀어지는 안타까운 심리에 대해 알아보자.

층간소음을 겪어본 사람들은 극심한 고통을 호소한다. 낮에는 윗집 아이들이 쿵쾅쿵쾅 뛰고, 저녁에는 세탁기 돌아가는 소리까지 고스란히 들린다. 반대로, 층간소음 앙갚음을 당하기도 한다. 아래층에서 '시끄럽다'는 메시지를 전달받고 조심하면서 지냈는데, 아랫집에서 천장에 우퍼스피커를 달고 밤마다 음악을 틀어 무척 고통스럽다. 아무래도 좁은 구역에 굉장히 많은 사람이 살다 보니 각종 생활소음 문제에서 완전히 자유롭기는 힘들다.

집은 휴식 공간인데 원하지 않는 소음이 들린다는 것은 큰 스트레스이다. 갈등이 커지면 서로 비난하고 심해시면 각종 주먹다툼, 살인까지 부를 정도로 깊은 분노와 미움이 생긴다. 소음은 40dB(A) 이상이면 수면의 질이 낮아지고, 50dB(A)을 넘으면 호흡과 맥박이 빨라진다. 가끔 다른 소리를 층간소음으로 오해하여 보복한 사건들이 보도되기도 한다.

또, 반드시 엄청난 소음 때문에 갈등이 생기는 것만은 아니어서 고통스럽다고 호소하는 피해자의 이야기와는 달리 객관적으로 심한 소음이 아닌 경우도 있다. 이처럼 층간소음으로 인한 이웃갈등 속에도 개인차를 포함한 여러 가지 심리가 숨어 있다.

●●● 칵테일파티 효과

층간소음과 같은 감각공해는 개인차도 영향을 많이 미친다. 공사장 소리처럼 심한 소음이 아니더라도 사람에 따라서는 가볍고 딱딱한 충격음을 다르게 느낄 수 있다. 우리는 하루 종일 많은 소리를 듣지만 우리에게 필요한 정보를 선택적으로 듣는다. 이를 심리학에서는 선택적 지각, 혹은 '칵테일파티 효과'라고 한다.[1] 아주 시끄러운 장소에서도 대화가 가능한 것처럼, 관심 없는 이야기는 집중하지 않고, 관심 있는 이야기는 시끄러운 곳에서도 알아들을 수 있다. 층간소음이 한번 스트레스로 각인이 될 경우, 아주 작은 소리에도 훨씬 더 민감하게 반응하게 된다. 소음피해 민원 시간대별로 살펴보면, 18~22시가 48.5%, 22시~오전 5시가 31.9%로, 민원의 약 80%가 저녁과 밤에 발생한 층간소음 피해를 호소하고 있다.[2] (낮 시간은 상대적으로 민원이 줄어드는 것을 볼 수 있다. 오전 8시~18시는 15.3%, 오전 5시~8시는 4.3%) 층간소음으로 방해를 받는 영역은 휴식 42%, 독서(공부) 28%, 수면 24%, TV 청취 3%, 대화 3%로 나타났다. 즉, 편안한 휴식을 방해받을 때 층간소음에 민감해진다. 같은 소음을 느끼더라도 일반적으로 느끼는 스트레스와 층간소음에 시달리는 사람이 집에서 휴식시간을 방해받았을 때 느끼는 스트레스는 굉장히 다를 수 있다.

2018년 6월 층간소음이 해결되지 않았다는 이유로 강력범죄가 발생했다. 가해자의 가족은 층간소음을 느끼지 못했다고 해서 논란이 되었다. 간혹 심리적으로 매우 불안정해서 피해의식이 깊거나 열등감이 심하거나, 다른 사람의 행동에 쉽게 상처받는 사람은 층간소음을 더 크게 느낄 수도 있다. 즉, 상대의 의도와는 다르게 자신을 괴롭히려는 악한 의도로 받아들일 수 있다. 일상생활에서도, 시험 전날 너무 긴장해서 평소에 있는 줄도 몰랐던 벽시계의 초침 소리가 갑자기 크게 들렸던 경험이 있을 것이다. 무소음 시계가 꾸준히 판매되는 것처럼, 소리에 대한 민감도에는 개인차가 있고, 우리의 마음 상태도 몸의 감각의 민감도에 영향을 미친다.

미국의 심리학자인 앨버트 앨리스(Albert Ellis)의 ABC 이론에 의론에 의하면, 사람의 마음에는 선행사건(Activating events: A), 신념 체계(Belief system: B), 기분이나 행동적 결과(Consequence: C)의 세 단계가 있다.[3] 우리의 기분이나 행동 반응(C)은 어떤 사건(A) 자체 때문이 아니라, 그 사건을 해석하는 우리의 생각 체계(B) 때문에 발생한다. 즉, 층간소음 자체보다, 층간소음을 유발하는 대상이 나를 표적으로 삼아 괴롭히려는 악한 의도가 있다고 생각되면 더욱 큰 분노의 감정이 생긴다. 이 화를 다루는 방식에 따라서, 화가 밖으로 표출되면 외현화 행동으로 나타난다. 대상에 대한 분노를 폭발시켜 욕설을 하거나 주먹다짐, 우퍼스피커를 설치하는 것 같은 복수, 보복은 외현화 행동에 해당한다. 또한 화가 안으로 향하게 되면 내재화 행동으로 나타난다. 속으로 분노를 삭이느라 흔히 화병이라고 불리는 신경증 반응과 우울, 무기력함을 경험하기도 한다.

●● "저 사람은 원래 나쁜 사람이야."

층간소음이라는 것이 처음에는 소음 자체에 스트레스를 느끼지만, 점차 이웃에 대한 분노로 바뀌어 간다.

층간소음을 겪다 보면, '저 사람은 왜 저러지?', '왜 저렇게 소란을 피우면서 날 괴롭히지?' 하는 생각이 들기도 한다. 층간소음의 갈등이 점점 커지는 결정적 이유 중 하나가 바로 여기에 있다. 심리학에서는 사람들이 자신의 행동, 또는 타인의 행동에 대해 원인을 분석하려는 경향이 있다고 설명한다. 이를 '귀인이론'이라고 한다. 귀인(Attribution)은 '특정 행동의 원인을 어디엔가 귀속시킨다.'라는 뜻이다. 귀인이론에는 대표적으로 내부 귀인과 외부 귀인이 있는데, 내부 귀인은 행동의 원인을 개인 내부의 성격, 동기, 태도 등에서 찾는 것이고, 외부 귀인은 그 원인을 외부환경, 사회규범, 혹은 우연한 기회에서 찾는 것을 말한다. 예를 들어, 길거리에서 노숙자를 보고 "어쩔 수 없었던 사연이 있겠지."라고 생각하는 것은 외부 귀인, "게을러서 그럴 거야."라고 생각하는 것은 내부 귀인에 해당한다. 층간소음은 내부 귀인(기질적 귀인)이 우세할 때 갈등이 심화되는 경향이 있다.

내부 귀인, 기질적 귀인은 외부 요인이나 상황보다는 그 사람 자체의 성격에서 원인을 찾는다. 예를 들어 층간소음으로 시달리는 사람이 있다면 '왜 이렇게 시끄럽게 할까' 하는 생각이 들 수 있다. 우리의 상식으로 비추어 보면 층간소음을 내는 것 자체가 목적인 사람은 거의 없을 것이다. 아이가 주체할 수 없을 정도로 뛰어놀거나 운다거나, 지팡이를 짚는다거나, 악기 연습이 필요한 사람일 수도 있다. 사람에게는 각자 여러 사정이 있다는 것을 알고 있다. 그런데 이런 스트레스 상황이 이어지게 되면, 그 사람이 처한 상황이 아닌 '내부 요인', 즉 그 사람의 성격이 모났기 때문이라고 생각하게 된다. "저 사람은 나쁜 사람이야, 성격이 못되고 나빠서 날 괴롭히려고 이런 짓을 계속 하는 거야." 이렇게 외부 요인보다 내부 요인을 훨씬 과대평가하게 된다. 성격적인 이유 때문 혹은 고의적인 행동이라고 생각하게 되면 그때부터 감정의 골이 훨씬 깊어진다. 상황이나 환경 자체는 가변적이기 때문에 안정적이고 지속적인 요인으로 간주하기 쉽지 않다. 따라서 성격이나 기질과 같은 고정적인 요인에 원인을 돌리는 경향(예: 그 사람은 원래 그래)이 있다. 이를 '기본적 귀인오류(Fundamental attribution error)'라고 부른다.[4]

●● 더불어 사는 세상

도심에서 벗어나지 않는 이상, 결국 서로와 서로를 배려하면서 갈등을 조정할 필요가 있다. 층간소음은 안락하고 쾌적한 휴식에 대한 기대를 좌절시키기 때문에 더욱 심리적인 저항이 크다는 점을 기억하자.

1. 불가피하게 층간소음을 유발하는 입장에서는 사전에 양해를 구하는 태도가 필요하다. 소음이 심할 수 있는 시간을 특정하고 그 전에 다시 연락해서 한 번 더 양해를 구하는 것이 좋다.

2. 층간소음 때문에 어려움을 겪는다는 최초 보고가 있을 때 이 부분을 충분히 심각하고 진지하게 받아들여야 한다. 층간소음 매트나 슬리퍼를 구매했다면 이웃에게 사실을 알리고 소음 방지를 위해 실제 노력하고 있다는 것을 알리는 것도 도움이 될 수 있다.

3. 층간소음 때문에 피해를 경험하는 입장에서는 괴로움이 십분 이해되지만 어려움을 전달할 때 목소리 톤이나 태도, 사용하는 말투를 조심해서 전달할 필요가 있다. 마음이 상해 직접적인 방식으로 원하는 바를 효과적으로 전달하기 어려울 것 같다면, 간접적인 방식을 활용할 수 있다. 아파트와 같은 공동주택이라면 관리실에 부탁해서 중간자가 의사를 전달하게 하는 것도 한 방법이고, 어떤 점이 어려운지 정중하게 적은 메모를 붙여 놓는 것도 고려해 볼 수 있다.

4. 양자 모두 상대를 적으로 바라보기보다 여러 가지 애로사항을 가지고 살아가는 이웃이라는 점을 상기하자. 소음에 대한 반응은 개인차도 있고, 상황에 따라 달라질 수도 있다는 점을 감안하는 것이 중요하다. 민원이 들어왔을 때, 상대방의 상황과 고통에 대한 이해반응을 먼저 보이면 방어적인 태도가 낮아지고 소통이 원활해질 수 있다. (예. 소음 때문에 휴식에 방해가 되니 무척 힘드셨겠어요. 불편을 끼쳐 죄송합니다. 앞으로는 조심하고, 층간소음 매트나 슬리퍼로 예방할 수 있도록 하겠습니다.)

PART

29

선거 후 스트레스 장애(PESD) 발생?

PART 29

선거 후
스트레스 장애(PESD) 발생?

**rise

어제 집에서 TV로 선거방송을 본 후 한숨도 잠을 잘 수가 없었네요. 김OO가 뽑히다니... 정말 어이가 없습니다. 이게 말이 되나요? 선거 전 여론조사 결과도 장OO이 높았고, 심지어 초반 출구조사 결과도 장OO이 높았는데. 제 주변에도 전부 장OO을 찍었다는 사람뿐입니다. 그런데 김OO이라니요? 그 사람은 대통령감이 아닙니다. 전혀 인정할 수 없어요. 음모가 있다고밖에 생각할 수 없네요. 요즘 세상에 부정선거라니... 당장 투표함을 재검토하든지 공정하게 재투표를 해야 합니다. 김OO은 진짜 대통령이 아니에요.

kk***32

선거 결과 봤지? 서OO이라니, 우리 완전 망했어. 주OO가 되기를 얼마나 밀었는데, 하필이면 서OO이 당선될 수 있어? 이래서 정치에 관심 두고 열심히 투표해봤자 다 소용없다는 거야. 앞으로 몇 년 동안이나 그 사람이 당선된 곳에서 살아야 한다니... 세금도 오르고 우리 같은 사람들이 살기는 더 팍팍해지겠지. 정말 망했어. 이젠 될 대로 되라지. 다음 선거까지 정치에 관심 두지 않고 신경 쓰지 말아야겠어.

nar**00

나라 꼴 정말 잘 돌아간다! 송OO 같은 인간이 당선됐는데 지금 태평하게 술 마시고 담배나 필 때야? 앞으로 나라가 어떻게 되려고... 이래서 젊은 애들이 문제야. 보나마나 투표도 안 하고 놀았겠지. 진짜 꼴도 보기 싫어. 저런 애송이들 때문에 나라가 망해 가는 거야!

●● 선거 후 스트레스 장애(PESD)

관심이 집중됐던 대통령 선거가 있었다. 투표 결과, 당선자의 득표율
은 41.08%였다. 이 결과는 투표를 한 유권자 중 41.08%는 본인이 지지한
후보가 당선된 것이지만, 바꿔 말하면 나머지 58.92% 유권자에게는 자
신이 지지하지 않은 후보가 당선된 셈이다.

지난 미국 대선 이후에는 '선거 후 스트레스 장애(PESD)'라는 신조어
가 생기기도 했다. 도널드 트럼프 대통령이 당선된 후 그를 지지하지 않
았던 사람들이 당선 사실을 거부하거나 당선 무효 시위를 한 데서 나온
말이다. 선거 후 이 혼란스러운 마음을 들여다보자.

●● 선거 후유증과 방어기제

선거가 끝나면 상당수의 유권자들은 자신이 지지하지 않았던 후보가
당선된 경우 불안/불편감을 느낀다. 이런 불안/불편감에서 벗어나고 자
신을 보호하기 위해서 여러 반응을 보이게 되는데 정신분석학에서는 이
를 방어기제(혹은 방어기전)라고 한다. 방어기제란, 불안해진 자신을 보
호하려는 자아의 책략이다. 우리는 내적 갈등이 발생하거나 원치 않는
외부 환경을 직면하게 되면 마음이 불안해진다. 이때, 많은 사람들이 이
러한 심리적 긴장감을 줄이기 위해 다양한 심리적 방략을 사용하게 되
는 것이다.

선거 후 나타날 수 있는 다양한 반응들도 방어기제로 설명을 할 수 있다. 아래 댓글을 살펴보자.

선거 후면 으레 나오는 말이기도 하다. 내가 원한 후보자가 당선되지 않았을 때, 그 사실 자체를 부정하는 것이다. 이런 방어기제를 부정(Denial)이라 한다. 특정한 현실이나 생각을 있는 그대로 받아들이는 것이 고통스러워 인정하지 않으려는 것이다. 불치병 환자가 자신의 병을 진단받고 '나는 그런 병에 걸렸을 리 없다.'고 부정하는 것도 이에 해당한다. 현실을 아예 보거나 들으려고 하지 않거나, 혹은 들어도 자신만의 공상에 빠져 다르게 인식한다. 선거에서 당선된 후보가 내가 원한 당선자가 아닐 경우, '설마 그 사람이 대통령일 리 없어.'라고 부정하거나 혹은 '제대로 된 선거가 아닐 것'이라는 생각을 강하게 하게 된다.

"OOO가 당선됐으니 이제 우리는 망했어."
"다 소용없어. 이제 정치에 관심 끊고 신경 쓰지 말아야겠어..."

　　댓글을 보니 상실감이 느껴진다. 이것은 자신을 본인이 지지했던 후보자와 동일시한 것에서 오는 반응일 수 있다. 동일시(Identification)는 자신과 타인을 하나라고 생각하는 정신과정을 의미한다. 무의식적으로 자신이 생각하는 중요한 인물과 자신을 동일시하여 마치 내가 선거에서 진 것 같은 불편감을 경험할 수 있다. 월드컵에서 자신이 응원하는 팀이 지면 자신이 진 것처럼 마음이 아픈 것도 동일시의 예이다.

나라 꼴 잘 돌아가는 군! OOO이 당선됐는데 길거리에서 웃으면서 담배를 펴? 저런 놈들도 다 문제야!

　이 반응은 선거와는 상관없이, 화풀이하는 것 같아 보이기도 한다. 종로에서 뺨 맞고 한강에 가서 화풀이하는 경우인데, 이런 방어기제를 전위 혹은 치환(Displacement)이라 한다. 내적인 불편감을 전혀 관련이 없는 다른 대상에게 분출하는 것이다. 많은 경우 자신에게 덜 위협적인 상대에게 괜히 더 화풀이할 경우가 많다. 내가 원하는 사람이 당선되지 않았기 때문에 생긴 불만과 화를 당선자에게 직접 풀 수는 없으니까 당선자보다 만만하고 덜 위협적인 상대에게 화풀이를 하게 된다. 예를 들어, 직장 상사에게 호되게 지적을 당하고 집에 와서 엉뚱한 사람에게 괜히 화풀이를 하는 경우이다.

●● PESD를 극복하려면?

이런 방어기제의 상태가 너무 오래 지속되면 정신적으로도 힘들 수 있다. 많은 경우 방어기제는 현실의 불편함을 피하기 위한 현실왜곡을 포함하고 있다. 현실은 자신이 바라는 모습과는 다르다는 것을 어느 순간에는 직면해야만 하고, 방어기제로 회피하다 보면 불편감을 모아서 한꺼번에 경험하게 되니까 스트레스가 가중된다. 당선되기를 희망하던 후보가 선거에서 지면 좌절감을 느끼고 화가 날 수도 있다. 하지만 이러한 분노의 감정이 외부로 향하게 되면 타인들과의 마찰을 경험할 수밖에 없고, 분노가 안으로 스며드는 경우는 우울하고 무기력해진다는 것이 문제이다.

언제까지 현실을 부정하거나 합리화하거나 망연자실하고 있을 수만은 없다. 새로운 대통령이 당선된 것을 받아들이고, 새로운 출발을 해야 한다. 이를 위해 우울증 치료나 실제 외상 후 스트레스장애(PTSD) 환자들의 심리치료 일환으로도 쓰이는 한 심리법칙을 추천한다. 바로 '벽에 붙은 파리 효과'이다. 어떤 일로 좌절했을 때 파리가 벽에 붙어서 지켜보듯이 제 3자의 입장이 되어 현재 상황을 객관적으로 생각해 보라는 것이다. 약간의 거리두기에는 긍정적인 효과가 있다. 나에게는 현재 서러운 아픔이지만, 제 3자의 입장에서 보면 본인의 아픔이 아니기 때문에 보다 객관적으로 초연하게 받아들일 수 있다. 오히려 과거 실패나 아픈 기억에 대해 좀 더 긍정적으로 해석하는 경향이 나타나기도 한다. 자신이 원하는 후보자가 당선되지 않았다고 하더라도, 우리에게는 여전히 할 수 있는 것들이 있다. 객관적으로 바라보고 자기 자신을 돌아볼 수 있는 계기가 될 것이다.

●● 사회조망능력

'벽에 붙은 파리 효과'를 활용해서, 자신이 원하지 않았던 당선자를 보며 느끼는 불안과 답답함을 해소하려면 어떤 마음가짐을 가지는 것이 좋을까?

1. '방어'기제라는 말은 어감이 저항적이지만, 단순히 외부 공격을 막아 내는 것 이상을 의미한다. 잔잔한 마음에 파문이 일면 항상성을 회복하기 위해 방어기제가 작동한다. 때로 나를 보호하기 위해 불편함을 회피하는 방어기제가 발동될 수 있음을 기억하라.
2. 우리가 선거 후 스트레스에서 벗어나려면 사회조망능력(Social perspective taking)이 필요하다. 로버트 셀만(Robert Selman)은 사회조망능력을 다른 사람의 기분, 생각, 행동을 그 사람의 관점에서 볼 수 있는 능력으로 정의하고, 어린이-청소년의 발달단계에 따라 조망능력이 성숙하는 과정을 설명했다. 조망능력은 발달단계에 따라 발전하고, 전 생애에 걸쳐 대인 관계를 유지하는 데 중요한 역할을 한다. (다음 표 참조)

발달 수준	사회조망능력	기능
수준0 (4~6세)	자기중심적 사회조망능력단계	세상을 자기 관점에 국한하여 바라봄
수준1 (6~8세)	주관적 사회조망능력단계	친구들과 각자 입장에서 경험을 공유하며 동일한 상황에서 타인의 생각이나 감정이 나와 다를 수도 있음을 인식하기 시작함
수준2 (8~10세)	자기반성적 사회조망능력단계	다른 사람이 나를 어떻게 생각할지 비춰 볼 수 있음
수준3 (10~12세)	상호 조망능력단계	나와 타인의 입장을 동시에 고려할 수 있고, 제 3자의 객관적인 위치에서 각자의 관점을 파악할 수 있음
수준4 (12~15세)	사회구조적 조망능력단계	각자의 이해, 공동의 기대가 모여 사회·법·도덕과 같은 체계를 구성한다는 것을 이해

출처: 원정숙 (2004). 학위논문. Selman의 사회조망능력 기법을 이용한 사례연구

어떤 이유에서든 도저히 선거 결과를 용납할 수 없어 결과를 부인하고 싶을 수 있다. 나의 좌절감을 수용하려면 나와 다른 의견을 수용할 수 있느냐가 성숙도의 지표임을 인식하는 것이 도움이 된다. 한 사람의 개인으로는 참 맥 빠지는 일일 수 있지만, 수준4의 최고 조망능력을 발휘하여 국민 각자는 자신의 권리를 소중히 행사했다는 데 자부심을 가지고 민주적인 절차에 의한 선거결과를 수용할 책무가 있다는 점을 상기하기 바란다.

또, 무의식적으로 자신과 내가 지지하는 후보를 동일시하는 경우에는 후보자가 낙선한 사실에 마치 내가 패배한 것처럼 느껴질 수 있다. 이럴 때에는 당선되지 않은 사람의 결과와 나의 결과를 분리해서 객관적으로 바라볼 필요가 있다. 수준3 단계에 해당하며, 상황을 객관화하여 관찰하는 것이다.

선거를 치른 다음부터 가까운 사람들에게 성을 내는 일이 잦아진다고 판단되면, 수준2의 조망능력을 펼쳐 자신을 돌아보고 한숨 돌릴 필요가 있다. 당분간의 불편감은 자신과 같은 후보를 지지한 사람들과 이야기를 나누는 것이 일시적으로 도움이 된다. 단, 술을 마시거나 하는 것은 감정을 주체할 수 없도록 할 수 있으니 지양하자.

30
PART

'최악의 부부싸움'을 막아라!

'최악의 부부싸움'을 막아라!

아무리 '부부싸움은 칼로 물 베기'라고 한다지만 여과되지 않은 날카롭고 인신공격적인 말을 다툼 중 내뱉는다면 정말 '마음을 베는 일'이 될 수 있다. 결혼 초기엔 많은 사람들이 의견다툼을 겪는다고 한다. 하지만 점차 함께 보낸 시간들이 축적될수록 서로의 예민하거나 감정이 격양되기 쉬운 부분을 피해 갈 수 있는 노하우가 생기고 그러면 거의 부딪히는 일이 드물게 된다. 물론 모두가 그런 것은 아니다.

물은 칼로 베어도 금세 다시 합쳐져 잔잔하게 흐르는 모양을 회복한다고 하지만 우리의 마음은 아무리 겉보기에 흔적이 사라진다고 하더라도 자꾸만 강한 마찰을 빚게 되면 어떨까? 날카로운 칼로 마구 벨 때 튀어 사라지는 물의 양이 있는 것처럼, 연인 혹은 부부 간 서로에 대해 애틋하고 믿음직스러운 마음도 '최악의 싸움'에 영향을 받을 수밖에.

●●위험!! 최악의 부부싸움으로 가는 '최악의 말'

생각해 보면 의견 차이를 겪는 것은 지극히 자연스럽다. 적어도 20년 이상을 서로 다른 가정, 친구와 지인, 교육환경, 심지어 상황에 따라 서로 다른 세대와 문화권에서 저마다의 독특한 가치관을 형성해온 두 사람이 만나 '다른 점'을 발견하게 되는 일이니 말이다. "우리 두 사람, 이런 면에서는 생각하는 방식이 참 다르다"고 생각하게 되는 것, 그래서 가끔은 언쟁을 겪게 되는 것은 사실 연인이나 부부관계에서 뿐만 아니라 우정관계에서도 불가항력적인 일이다. 다만, 다름의 정도가 '얼마나 큰 가'와는 무관하게 '잘 싸우는 것'이 가장 중요하다. 특히 싸움 중 서로에게 던지는 말들 중에선 한 번 이야기하면 다시 취소할 수 없이 최악으로 번지고, 벌겋게 새겨진 감정의 균열을 회복하기 어렵게 만드는 '최악의 언어'들이 있다.

유형 1: 싸잡아 비난하기

우리집여왕님
> 여보.. 오늘 학교에서 홍철이가 또 사고를 쳤대.. 😣

> 또 무슨 일인데??

우리집여왕님
> 같은 반 애 형식이랑 수업 중에 크게 싸웠대..
> 걔를 때려가지고 코피까지 터졌다는데..
> 담임쌤이 심각한 목소리로 전화하셨어

> 아니 도대체 걔는 누굴 닮아서 떡하면
> 친구들이랑 싸움질이야??!

우리집여왕님
> 누굴 닮긴 누굴 닮아? 딱 당신 형제들 닮았지

> 갑자기 우리 집 얘기가 왜 나와??

우리집여왕님
> 얼마 전에 도련님, 행인이랑 시비 붙어서 경찰서까지
> 갔던 거 기억 안 나?
> 상대가 고소한다고 그래서 그 밤에 우리가 합의금까
> 지 내줬잖아.
> 아무튼, 당신 식구들이 문제야. 삼촌이 그러니 애가 뭘
> 배우겠어.

> 당신 정말 꼭 말을 그런 식으로 해야겠어?!

아침 드라마 속 막장 부부싸움의 장면에서 흔히 볼 수 있는 이 '싸잡아 비난하는 말'이 최악의 싸움으로 몰고 가는 말들 중 하나이다.

"이게 다 당신 시댁 문제야", "당신 어머니란 사람은 도대체 왜 그래?",

"처남은 또 왜 그래?"

한 개인인 남편과 아내를 '시댁 혹은 처가'라는 집단에 싸잡아 어느 한쪽 모두가 문제인 것처럼 비난하는 방식으로, 특히 자녀를 앞에 두고 이런 험담을 하는 것은 진정 최악의 말이라고 할 수 있다. 오직 비난하기 위해 한 명의 사람을 '질 나쁜 집단원' 혹은 '게으른 집안에서 나온 게으른 딸, 아들' 취급해 버리는 것은 부부싸움의 원인인 해결해야 할 문제의 초점을 흐리고, 단지 상대를 굴복시키고 싸잡아 비난하는 말을 철회하도록 압박하기 위해 '죽자 살자 싸우는' 최악의 상황으로 몰고 간다. 부부 중 한 사람이 실제 치명적인 실수를 저질렀다고 해도 예시와 같이 싸잡아 비난하는 말을 듣게 된다면 자동적으로 상승하는 분노로 인해 막상 실제 문제는 해결되지 않고 2차, 3차 싸움만 반복하게 될 가능성이 크다.

유형 2: '다 널 위해서 그런거야~'

울서방

우리 아파트 앞에 헬스클럽 있지?
이번 주부터 거기 등록해 놨으니까 틈날 때마다
가서 운동해.

왜? 갑자기?

울서방

갑자기는 아니지. 요즘 당신 집에만 있으면서
많이 늘어졌잖아.
체중 늘고 운동 안 하면 건강에 안 좋아.
보기도 안 좋고.

지금 내가 보기 싫을 만큼 살쪘다는 거야?
그러니까 운동해서 몸매 관리하라고?

울서방

누가 꼭 그렇대? 나는 주말마다 등산도 가고 하잖아.
당신은 움직이질 않고 뻑하면 굶어서 다이어트하려고
하니까 그렇지.
운동하면 다이어트도 되고 건강관리도 되고 일석이조
지 뭐.
다 당신 몸 생각해서 끊은 거야.

내 생각을 그렇게 하느라 나한테 한번 물어볼 생각도
안 했어?
어쩜 나한테 한마디 상의도 없이 그래? 당신 이러는 거
진짜 기분 나쁜 거 알아?

울서방

왜 이렇게 과잉반응이야.
기껏 당신 생각해서 생활비 아껴 헬스클럽까지
등록해줬더니 왜 나한테 화를 내?

지금 화 안 나게 생겼어?

기껏 나를 생각해서 준비했다는 것이 나의 취향과 정반대일 때, 심지어 그 의도가 정말 나를 위한 것인지 잘 전달되지 않을 때 대화는 참 어려워진다.

"다 자길 위해서 이러는 거야~", "기껏 생각해서 해줬더니 반응이 왜 그래?",

"이게 정말 날 위해서 준비한 것들이 맞긴 해??"

인간적인 감정으로는 아내 혹은 남편을 위한다는 마음으로 무언가를 준비했고, 권했는데 상대는 퉁명스러운 반응을 보이니 상대가 내 마음을 알아주지 않는다는 섭섭함, 억울함이나 원망감이 담긴 말들일 수 있다. 배우자가 자신의 노력과 애정에 기반을 둔 의도를 무시한다는 생각이 들면 물론 좌절감을 느낄 수 있다. 이런 억울함과 좌절감은 비슷한 상황이 반복될 때 분노, 우울과 관계에 대한 무력감으로 확대될 수 있다. 이것은 상대에게도 마찬가지인데, 좋은 의도와는 상관없이 권하는 것의 필요성을 느끼지 못한다거나, 그 의도가 정말 날 위한 것이 맞는지—모호하게 느끼고 있다면 대화는 또 다시 답답한 '불통'의 제자리를 맴돌 것이다. 서로 다투게 되더라도 배우자의 '좋은 의도' 부분에 대해서는 비하하거나 과소평가하지 않고 무작정 화를 내는 방식보다는 감정의 골을 허심탄회하게 나눠 보려는, '장기적인 우리 관계'를 위한 태도와 제스쳐가 필요할 것이다.

유형 3: 근데? 뭐 어쩌라고.

정현이엄마

> 싱크대만 누수가 있는 게 아니라 벽지도 곰팡이가 생긴 것 같아.
> 아무래도 다시 새로 해야 할 것 같은데.
> 이번 기회에 도배랑 장판이랑 싹 새로 할까?

돈도 딸리는데 왜 자꾸 쓸 생각만 해.
필요한 것만 고치면 되지.

정현이엄마

> 도배는 새로 했는데 장판은 그대로면 안 어울리잖아.
> 우리 집 장판이 오래되기도 했고..
> 내가 인테리어 업체 몇 군데 알아봤는데 같이 하면 더 저렴하대.
> 내가 견적도 따로 내 봤어.

아직 쓸 만한데 왜 자꾸 바꾼다고 그래?
됐고, 그냥 부분도배만 해.

정현이엄마

> 되긴 뭐가 돼? 당신은 왜 항상 말을 그런 식으로 끊어버려?

그렇잖아. 집 대출금 갚기도 힘든데 무슨 인테리어야.

정현이엄마

> 대출금 갚기 힘든 게 내 탓이야?

그래서 날더러 어쩌라고. 기운 빠진다,
더 입씨름하지 말자.

정현이엄마

> 정말, 당신하고는 말하고 싶지가 않아.

336

자녀교육이나 주거상황 같은 공통의 문제 상황이 벌어졌을 때, 그리고 상황을 함께 해결해 보고자 하는 의도로 무언가를 제안하거나 요청할 때, 돌아오는 상대의 대답이 위의 예시와 같다면 정말 우울할 것이다.

"근데...", "아, 됐고!", "정말... 어쩌라고..."

　비단 부부사이에서 뿐만 아니라 그 어떤 대인관계 상황에서라도 이런 최악의 말들을 갈등을 증폭하고 관계 '단절'을 일으킨다. 간단히 말해서 '더 이상 대화하고 싶지 않게' 만드는 표현들이다. 먼저 '근데'는 '그런데'의 준말이고, 이런 언어는 곧 상대의 말을 끊겠다는 의미로 전달된다. 맥락을 살펴보면 이 '근데...' 하는 것은 상대의 말에 대한 반대의 표현인데, '그러나'라고 말하는 것에 비해 겉으로만 그럴듯하게 포장된 말 끊기, 반대의 신호이기 때문에 당연히 의견 충돌의 상황에서 갈등을 증폭시킬 수밖에 없다. 의견 다툼이 비 온 뒤 땅이 굳듯이, 부부관계를 도리어 돈독히 하는 데 기여하기 위해서는 '그런데'식의 대화가 아니라 '그리고'의 대화를 해야 한다. 앞선 배우자의 의견도 '그럴 수 있다'고 존중한 뒤 나의 (일부는 같고 일부는 다를 수 있는) 의견을 덧붙이는 방식이다.

　"됐고"라는 말은 현재의 대화를 불필요한 것으로 여겨 선 긋고 '단절'하는 분명한 신호이다. 최악의 조합으로 "됐어!"라고 단호하게 말한 뒤 이야기를 하다 말고 자리를 박차고 나가 버린다면, 그리고 이런 패턴이 반복된다면 부부사이는 그야말로 '급속 냉각'될 것이다.

"어쩌라고…"라고 말하는 것은 "더 이상 나도 못 참아"라는 말의 다른 표현으로, 갈등을 증폭시킨다. 배우자는 "어쩌라고"라는 말을 들음으로써 공통의 문제가 자신에게만 전가된다고 느낄 수 있고, 협력하여 해결해야 할 '기나긴 마라톤' 식의 다양한 가정 내 주제에 있어, 마치 배우자는 함께 뛰는 선수가 아니라 저 멀리 벤치에 등 돌린 채 앉아 있는 것 같은 인상을 받을 수 있다.

●● 내 배우자를 이기는 게, 내게 좋은 일일까?

불필요한, 여과되지 않은 날선 말로 크게 싸우는 것도 문제이지만, 최악의 말들을 내뱉으며 다툰 후 생긴 감정의 균열을 회복하는 것은 더 어렵다. 서로의 무책임한 태도, 눈도 맞추지 않는 모습, 경멸 섞인 표정에서 참을 수 없을 만큼 감정이 격앙되기 전에 '싸움의 타오르는 불길을 사전 진화'하는 것이 필요하다.

파괴적인 부부싸움의 불길을 중간진압하기 위한 시도의 일환으로 정신과 의사이자 인지치료자인 데이비드 번스(David Burns)는 '방어를 낮추는 대화법(Disarming technique)'을 제안했다.[1] 이는 상대의 상한 감정에 대해 내 스스로 기여한 부분을 (그 영역이 자신이 생각하기에 크든 작든) '수용'하고, 대화를 단절하는 것이 아니라 공동의 목표인 일련의 합의점에 이르기까지 이어 가려고 '노력하는 마음가짐이자 태도, 그것에 기반을 둔 언어'이다. 다음 부부싸움 중 대화의 예를 통해 '방어를 낮춘' 대화가 어떤 모습인지 느껴 보자.

> ■ 남편: 당신은 어떻게 늘 당신 생각만 해!?
> ■ 아내: 맞아... 당신 기분이 어떨지 충분히 생각해 보지 못했어. 내가 당신 마음을 고려하지 않는다고 느끼면 화가 날 만해. 나도 마음이 슬프네... 당신 기분이 어떤지 더 얘기해 줄 수 있어?

위 대화에서 중요한 다음 두 가지 부분을 찾아냈다면 여러분은 이미 훌륭한 대화를 이끌 수 있는 자질이 충분한 사람이다. 1) 상대방이 화난

부분에 대해 수용하는 반응을 하라. 2) 내가 당신의 이야기를 더 듣고 싶어 한다는 마음을 전달하라.

가능하다면 부부'싸움'으로까지 상황이 내달리지 않도록 상대의 아주 중요한 신념이나 가치에 대해서는 의견이 다르더라도 '일단 넘어가는' 것이 함께 노력하는 부부관계를 위한 1차적인 방법이 될 수도 있다. 하지만 두 사람이 다 통제할 수 없는 상황상의 이유로 혹은 서로의 가치관이 다를 때 타협하기 어려운 자녀교육 방식 등의 이유로 의견이 충돌해 감정이 상하면 부부싸움은 서로를 믿고 아끼는 마음과는 별개로 발생하게 될 수 있다. 방어를 낮추는 대화법에 더해, '잘 싸우기 위한' 좀 더 명확한 방법이 또 없을까?

●● 최악의 부부싸움을 피하기 위한 흔하지만 효과적인 방법 – '나–전달법'

부부관계를 포함한 모든 형태의, 서로를 해치지 않고 건강하고 장기적인 대인관계를 위해 심리학은 '나–전달법(I-message)'를 추천한다. 이미 많은 책과 방송 프로그램을 통해 소개되었기 때문에 '나–전달법' 자체에 대해 한 번 이상 들어본 경험이 있을 것이다. 이 책에서 또한 반복해서 추천하고 있으니 말이다. '나–전달법'은 '너–전달법'과는 반대로 대화를 시작할 때 상대방(You)으로 시작하는 것이 아니라 나(I)를 주어로 시작하는 대화법으로, 예를 들자면 "나는 당신과 오늘 저녁시간을 함께 보낼 수 있을 거라고 기대했는데 동창회로 함께 시간을 보내기 어렵게 되어 속상하고 조금은 화가 나"라고 '나'로 시작하는 대화를 시도하는 것이다. 같은 상황에서 '너−전달법'을 사용하기로 한다면 어떨까?

> "당신이 굳이 오늘 같은 날 동창회에 가야만 한다고 해서 이 지경이 되었잖아...
> 제발 당신은 입장 바꿔서 좀 생각하라고..."

화가 나서 도무지 '좋은 말'이 나오기 어렵다고 느낄 때, 상대방을 주어로 의견표명을 시작한다면 충돌에 '스스로가 기여한 부분에 대해서는 숨기거나 방어하고, 상대의 실책에 대해서는 마구 비난하고 싶은 심리'가 여과 없이 전달된다. 물론 '나−전달법'이 모든 상황에서 언제나 긍정적 효과를 일으키는 것은 아니다. 가령 상대방이 힘든 일을 겪어 어려움을 토로할 때는 "나도 그 마음 알아"라고 하는 표현보다는, "당신이 이 직을 정말 많이 원했는데, 상황이 이렇게 되어 지금 회사에서 더 머물러야 하니깐 정말 답답하고 힘들 것 같아"와 같은 '너−전달법'이 효과적일 수 있다. 지침을 간단히 요약하면 다음과 같다.

> 내가 화났을 때는 '나−전달법'
> 상대가 힘든 일을 경험할 때는 '너−전달법'을 활용한다.

물론 실로 복합적인 부부사이에서 이런 대략적인 원칙에 따라 대화하는 것이 늘 잘 통할 수는 없을 것이다. 효과적인 대화전략을 익히고 연습해 보는 것도 매우 중요하지만, 근본적인 바탕이 될 수 있는 태도는 격앙되지 않은 상태에서 스스로에게 '내가 이 대화를 통해 이루고자 하는 것이 무엇인가?'라는 차분한 질문을 던지고, 그 목적에 맞는 말과 표정, 행동을 유지하기로 마음먹는 것이다. '아내를 굴종시키는 것', '남편에게 수치심을 주는 것'이 우리 부부 대화의 목적이 될 수 있는가? 분노와 짜증으로 가득 찬 감정의 상태로는 이 질문에 현명한 대답을 할 수 없을뿐더러 이미 최악을 말들을 잔뜩 내뱉은 후일 것이다. 배우자와 상의해 해결해야만 하는 문제 상황이 포착되면 당장 달려가 상대를 대면하기 전에 차분한 공간에서 스스로의 '지혜로운 마음'에게 질문해 보길 권하고 싶다―이 대화의 끝에 당신은 무엇을 얻고자 하는가?

1. 가장 최근 배우자와 크게 다툰 이유 혹은 상대의 습관이나 경향 중 도무지 참을 수 없는 것은 무엇인가?

2. 이전에 (1)번의 이유로 배우자와 의견충돌 했을 때 어떻게 불만, 억울함, 혹은 서운한 감정을 표현했는가? (최대한 실제 표현에 가깝게 적어 보라.)

3. 이 장의 설명에 의하면 (2)번의 말은 '나−전달법'이 맞는가? 그렇게 생각한 이유는 무엇인가?

4-1. '나−전달법'이 맞다면 같은 문제(불만)상황에서 다양하게 '나−전달법'을 활용할 수 있도록 같은 상황을 두고 약간 다른 표현을 두 가지 떠올려 보자.

　나는 ＿＿＿＿＿＿＿＿＿＿＿＿＿＿＿＿＿＿＿＿＿＿＿＿＿＿
　나는 ＿＿＿＿＿＿＿＿＿＿＿＿＿＿＿＿＿＿＿＿＿＿＿＿＿＿

4-2. '너−전달법'에 가깝다면 과거의 표현방식을 '나−전달법'으로 고쳐 보자.

　나는 ＿＿＿＿＿＿＿＿＿＿＿＿＿＿＿＿＿＿＿＿＿＿＿＿＿＿

5. (4-1)번 혹은 (4-2)번의 표현을 나의 배우자로부터 듣게 된다면 어떻게 답하고 싶을지 상상해 보고 실제 표현에 가깝게 적어 보자.

참고문헌

PART 1

1. https://blog.naver.com/rocoact?Redirect=Log&logNo=220938650855
2. Sirois, F. M. (2015). Is procrastination a vulnerability factor for hypertension and cardiovascular disease? testing an extension of the procrastination—health model. *Journal of Behavioral Medicine, 38*(3), 578—589.

PART 2

1. http://yozmidea.tistory.com/191
2. Lewicki, R. J., Polin, B., & Lount Jr, R. B. (2016). An exploration of the structure of effective apologies. *Negotiation and Conflict Management Research, 9*(2), 177—196.
3. McCullough, M. E., Worthington Jr, E. L., & Rachal, K. C. (1997). Interpersonal forgiving in close relationships. *Journal of Personality and Social Psychology, 73*(2), 321.
4. https://blog.naver.com/imjey772/130105744613

PART 3

1. https://www.nongmin.com/plan/PLN/SRS/246947/view
2. http://www.upkorea.net/news/articleView.html?idxno=50364#07Pk
3. http://news.hankyung.com/article/2017061698041

PART 4

1. Ainsworth, M. D. S., Blehar, M. C., Waters, E., & Wall, S. N. (2015). *Patterns of attachment: A Psychological study of the strange situation.* New York, NY: Psychology Press.
2. http://www.segye.com/newsView/20160812002601

PART 5

1. 이동귀(2016). **너 이런 심리법칙 알아?.** 북이십일.

PART 6

1. https://terms.naver.com/entry.nhn?docId=3397254&cid=58345&categoryId=58345
2. http://www.ikld.kr/news/articleView.html?idxno=101563
3. http://rakers.tistory.com/433
4. 이동귀(2016). **너 이런 심리법칙 알아?**. 북이십일.

PART 7

1. 이동귀(2016). 너 이런 심리법칙 알아? 북이십일.
2. Forer, B. R. (1949). The fallacy of personal validation: a classroom demonstration of gullibility. *The Journal of Abnormal and Social Psychology*, *44*(1), 118−123.
3. 이동귀(2016). **너 이런 심리법칙 알아?**. 북이십일.

PART 8

1. https://terms.naver.com/entry.nhn?docId=3484393&cid=43667&categoryId=43667
2. Aronson, E., & Linder, D. (1965). Gain and loss of esteem as determinants of interpersonal attractiveness. *Journal of Experimental Social Psychology*, *1*(2), 156−171.
3. 이동귀(2016). **너 이런 심리법칙 알아?**. 북이십일.

PART 9

1. https://terms.naver.com/entry.nhn?docId=5683807&cid=43667&categoryId=43667
2. http://www.sisunnews.co.kr/news/articleView.html?idxno=75497
3. http://www.segye.com/newsView/20181114001554
4. http://cogpsymania.tistory.com/375
5. Beaman, C. P., Powell, K., & Rapley, E. (2015). Want to block earworms from conscious awareness? B (u) y gum!. *The Quarterly Journal of Experimental Psychology*, *68*(6), 1049−1057.

PART 10

1. 이동귀(2016). **너 이런 심리법칙 알아?**. 북이십일.

PART 12

1. http://news.heraldcorp.com/view.php?ud=20180223000455
2. 이동귀, 양난미, 박현주(2013). 한국형 자존감 평가영역 척도 개발 및 타당화.

한국심리학회지: 일반, **32**(1), 271−270.

3. 이동귀(2016). **서른이면 달라질 줄 알았다.** 북이십일.

4. 구재선, 서은국 (2011). 한국인, 누가 언제 행복한가. **한국심리학회지: 사회 및 성격, 25**(2), 143−166

PART 13

1. https://blog.naver.com/kidarikhfc/221173664852

2. http://futureplan.tistory.com/entry/한국−직장인−1주−평균−50시간−노동

PART 14

1. http://news.mk.co.kr/newsRead.php?&year=2017&no=363303

2. https://terms.naver.com/entry.nhn?docId=2176164&cid=51065&categoryId=51065

3. https://terms.naver.com/entry.nhn?docId=2176164&cid=51065&categoryId=51065

4. https://terms.naver.com/entry.nhn?docId=2094266&cid=41991&categoryId=41991

PART 15

1. https://terms.naver.com/entry.nhn?docId=3481887&cid=58439&categoryId=58439

2. 이동귀(2016). **너 이런 심리법칙 알아?.** 북이십일.

3. Wildschut, T., Sedikides, C., Arndt, J., & Routledge, C. (2006). Nostalgia: Content, triggers, functions. *Journal of Personality and Social Psychology, 91*(5), 975−993.

PART 16

1. https://terms.naver.com/entry.nhn?docId=3582636&cid=43667&categoryId=43667

2. 이동귀(2016). **너 이런 심리법칙 알아?.** 북이십일.

3. http://mbn.mk.co.kr/pages/news/newsView.php?category=mbn00009&news_seq_no=2439493

PART 17

1. https://terms.naver.com/entry.nhn?docId=273566&cid=41990&categoryId=41990

2. https://blog.naver.com/josgo/221134318512

3. Asch. S. E. (1970). Studies of independence and conformity : A minority of one against a unanimous majority. *Psychological Monographs, 70*(9), 1−70.

PART 18

1. https://m.post.naver.com/viewer/postView.nhn?volumeNo=15081512&memberNo=3
6678582&vType=VERTICAL

2. https://blog.naver.com/mudarbong/221244499313

3. https://blog.naver.com/7434554/221158394260

4. 이동귀(2016). 너 이런 심리법칙 알아?. 북이십일.

PART 20

1. 이동귀(2016). 너 이런 심리법칙 알아?. 북이십일.

2. 이동귀(2016). 너 이런 심리법칙 알아?. 북이십일.

3. https://terms.naver.com/entry.nhn?docId=383498&cid=42128&categoryId=42128

4. 강경선(2011). 승화로서 예술의 치료적 기능에 관한 고찰. **예술심리치료연구, 7**(3),
21-37.

5. 이동귀(2016). 너 이런 심리법칙 알아?. 북이십일.

PART 21

1. 이동귀(2016). 너 이런 심리법칙 알아?. 북이십일.

2. 이동귀(2016). 너 이런 심리법칙 알아?. 북이십일.

PART 23

1. http://magazine.hankyung.com/money/apps/news?popup=0&nid=02&c1=2001&nkey
=20171228001520094872&mode=sub_view

2. http://www.munhwa.com/news/view.html?no=20091119010704231110020

3. http://www.fnnews.com/news/201810010932400460

4. http://ldysinger.stjohnsem.edu/@books1/Snyder_Hndbk_Positive_Psych/Snyder_
Lopez_Handbook_of_Positive_Psychology.pdf#page=276

5. http://www.knnews.co.kr/news/articleView.php?idxno=1268928

6. http://www.edaily.co.kr/news/read?newsId=01446486619409000&mediaCodeNo=257
&OutLnkChk=Y

7. https://blog.naver.com/yunhuh6367/221216142875

PART 24

1. http://dalbat.info/221210844105

2. Haviland-Jones, J., Rosario, H. H., Wilson, P., & McGuire, T. R. (2005). An

environmental approach to positive emotion: Flowers. *Evolutionary Psychology*, *3*(1), 104−132.

3. http://blog.exoticflowers.com/blog−0/bid/109595/Harvard−Study−Shows−That−Fresh−Flowers−Decrease−Anxiety

4. https://www.pacificprime.com/blog/the−top−5−reasons−spring−is−a−season−of−love.html

5. http://www.oxfordreference.com/view/10.1093/oi/authority.20110803095432159

PART 25

1.http://www.asiatoday.co.kr/view.php?key=20160908001643442
(아시아 투데이: "퇴사충동 유발자 그 이름은 '부장님'…상사병(上司病) 아시나요?"
− 유지은 기자)

2. https://m.post.naver.com/viewer/postView.nhn?volumeNo=7841275&memberNo=1957461

3. 이동귀(2016). **너 이런 심리법칙 알아?.** 북이십일.

PART 26

1. 이동귀(2016). **너 이런 심리법칙 알아?.** 북이십일.

2. 이동귀(2016). **너 이런 심리법칙 알아?.** 북이십일.

3. http://naeko.tistory.com/1783

4. 이동귀(2016). **너 이런 심리법칙 알아?.** 북이십일.

5. http://m.ecomedia.co.kr/news/newsview.php?ncode=1065569034158374

PART 27

1. 이동귀(2016). **너 이런 심리법칙 알아?.** 북이십일.

2. https://terms.naver.com/entry.nhn?docId=1070786&cid=40942&categoryId=31819

3. https://blog.naver.com/misulmun94/220956658930

4. https://cafe.naver.com/dakchi/1467718

5. 이한영(2016). **너 이런 심리법칙 알아?.** 북이십일.

PART 28

1. 이동귀(2016), **너 이런 심리법칙 알아?.** 북이십일.

2. http://m.ksilbo.co.kr/news/articleView.html?idxno=622237

3. 이장호, 이동귀(2015). **상담심리학.** 박영Story.

4. 이동귀(2016). **너 이런 심리법칙 알아?**. 북이십일.

PART 29

1. 이동귀(2016). **너 이런 심리법칙 알아?**. 북이십일.

PART 30

1. Burns, D. (2010). *Feeling good together: The secret to making troubled relationships work.* Random House.

YTN 사이언스 생각연구소

초판발행	2019년 3월 8일
2쇄발행	2019년 6월 10일
지은이	이동귀
펴낸이	노 현
편 집	박송이
기획/마케팅	노 현
컨텐츠구성	김유진 · 서혜원
삽 화	김미진 · 안은지
표지디자인	조아라
제 작	우인도 · 고철민
펴낸곳	(주)피와이메이트
	서울특별시 금천구 가산디지털2로 53 한라시그마밸리 210호(가산동)
	등록 2014. 2. 12. 제2018-000080호
전 화	02)733-6771
f a x	02)736-4818
e-mail	pys@pybook.co.kr
homepage	www.pybook.co.kr
ISBN	979-11-89643-35-5 03180

copyright©이동귀, 2019, Printed in Korea

정 가	17,000원